王阳明全书

王阳明

全书

中国传统文化
优秀读本

（明）王阳明◎著
宇枫◎编

中国华侨出版社
北京

图书在版编目（CIP）数据

王阳明全书 /（明）王阳明著；宇枫编.—北京：
中国华侨出版社，2018.1（2020.10重印）

ISBN 978-7-5113-6638-2

Ⅰ.①王… Ⅱ.①王… ②宇… Ⅲ.①王阳明（
1472-1529）—文集 Ⅳ.①B248.21-53

中国版本图书馆CIP数据核字（2017）第021237号

王阳明全书

著　　者：	（明）王阳明
编　　者：	宇　枫
责任编辑：	浦　约
封面设计：	阳春白雪
文字编辑：	单团结
美术编辑：	于鹏东
经　　销：	新华书店
开　　本：	720毫米×1020毫米　1/16　印张：24　字数：387千字
印　　刷：	北京德富泰印务有限公司
版　　次：	2018年6月第1版　2020年10月第2次印刷
书　　号：	ISBN 978-7-5113-6638-2
定　　价：	45.00元

中国华侨出版社　北京市朝阳区西坝河东里77号楼底商5号　　邮编：100028

法律顾问：陈鹰律师事务所

发行部：（010）88866079　　　　　传　真：（010）88877396

网　址：www.oveaschin.com　　　　E－mail：oveaschin@sina.com

前 言

明朝中叶，是社会动荡、政治腐败、学术萎靡的时代，王阳明怀着成为圣贤的抱负，以天下苍生为己任，创下了令人瞩目的"知行合一"说。

王阳明，字伯安，余姚人。因曾在余姚阳明洞天结庐，自号阳明子，学者称其为阳明先生。他是中国历史上罕见的全能大儒，不仅是明代思想家、教育家、文学家、书法家、哲学家，还是军事家；精通儒、释、道三教，官至南京兵部尚书、南京都察院左都御史，曾受封为新建伯，后被封侯爵。纵观王阳明的生命历程，虽然一路坎坷，但他世功显赫，学名昭昭，成为中国历史上在立德、立功、立言三方面都有显著作为的大家。中国著名学者郭沫若先生曾说："王阳明是伟大的精神生活者，他是儒家精神的复活者。"哈佛大学教授杜维明甚至认为，王阳明是近五百年来儒家的源头活水。可见，王阳明在中国传统儒家文化精神的传承和立新两方面有着重要地位。

"为天地立心，为生民立命，为往圣继绝学，为万世开太平。"这是宋代大学者张载提出的儒家最高道德理想，以此来形容王阳明的一生亦不为过。王阳明是陆王心学之集大成者，其学说世称"阳明学"，在日本、朝鲜都有重要而深远的影响。王阳明的思想流传千古，响彻中外，不仅张居正、曾国藩、章太炎、康有为等人都从中受益，有着"日本经营之圣"之称的稻盛和夫也将王阳明视为精神偶像，他的经营哲学中无不渗透着王阳明"致良知"的思想。

王阳明的思想，大致可分为三个部分：心即是理的人生论、知行合一的认识论、致良知的修养学说。心是天地万物的主宰，心外无理，心外无物，是心学说的基本观点。王阳明认为人心是根本的问题，是产生善与恶的源头，任何外在的行动、事物都是受思想支配的，一切统一于心。针对当时社会言行不一的弊病，王阳明提出了知行合一说，纠正了朱熹先知后行的知行观。他认为知和行是不能够相分离的，有知必有行，有行必有知。王阳明摸索的致良知的道路，用他自己的话说是"从百死千难中得来"，是"千古圣贤相传的一点真骨血"。良知人人都有，致良知就是让心回到"无善无恶"明洁的本真状态，是通过主体的意识达到自我道德的修养，规范自我的行为。致良知被称为王阳明心学的核心部分。

《传习录》由王阳明弟子所记，是王阳明问答语录和论学书信的简集，是儒家一部具有代表性的哲学著作，包含了王阳明的主要哲学思想，是研究王阳明思想和心学发展的重要资料。"传习"一词源自《论语》中的"传不习乎"一语。该书卷上主要阐释知行合一、心外无物等观点，经由王阳明亲自审阅。卷中收集了八篇王阳明亲笔写的书信，除了回答有关知行合一、格物说等问题之外，还讲了心学的内容、意义以及宗旨，另还附有两篇阐释王阳明教育观点的短文。卷下主要是说致良知，虽未经王阳明本人审阅，但较为具体地展示了他晚年的思想，其中最引人注目的是记载了他提出的四句教："无善无恶是心之体，有善有恶是意之动，知善知恶的是良知，为善去恶是格物。"《传习录》中的立场和观点表现了王阳明的心学思想，同时还体现了他辩证的授课方法，以及生动活泼、善于用譬、常带机锋的语言艺术。因此该书一经问世，便受到士人的推崇。

王阳明的心学思想旨在呼唤人的本体意识，着重强调个体本身的价值和自我人性的修养，不仅对当时的社会产生了巨大的影响，而且对现在的社会也具有深刻的意义。因此，翻阅本书，不仅可以了解王阳明颇为传奇的一生，了解他流传千古、响彻中外的心学思想。同时有助于读者借鉴、学习有关立志、修心、仁爱、至诚等方面修身处世的人生智慧，以提高自身修养。

然而，随着时光流逝，王阳明著作中原本精彩的语言给当代人造成了一定的阅读障碍，影响了普通读者对于这座巨大宝库的开掘。有鉴于此，我们秉承大众阅读的原则，精心选编了王阳明著作中最为人称道的篇章，推出了这本书。

全书分四个部分：开篇的绪论概括介绍了王阳明的生平和其学说。上篇是王阳明的人生传记，详细介绍了他传奇的一生。中篇精心挑选了王阳明箴言，并加以解析，全面阐释了王阳明在立志、修心、仁爱、至诚等方面修身处世的人生智慧。下篇《传习录》，在原文的基础上，对其进行精准的译白，用通俗而不失文采的现代语言精彩扼要地解读王阳明思想，以期帮助读者正确地理解王阳明的言论及其心学的基本宗旨。另外，本书采用了现代审美需要的设计要素，版式新颖，装帧精美，可以让读者直观领略名著的风采，获得愉快的阅读体验。本书还是不可多得的可永久珍藏的精品图书，对提高书房藏书的文化品味大有裨益。

这是一本名副其实的《王阳明全书》，全新的设计，集阅读价值、研究价值、收藏价值于一体，不仅是研究王阳明心学的理想读本，还是儒学爱好者的必备图书，适合收藏。可谓雅俗共赏，弥足珍贵。

目 录

上 篇　大儒王阳明

中 篇 王阳明的人生智慧

下 篇 《传习录》

上 篇

大儒王阳明

第一章
乘云降生——明朝出了个王阳明

有子生于彩云中

"山黯惨兮江夜波，风飕飕兮木落森柯。泛中流兮焉泊？湛椒醑兮吊湘累。云冥冥兮月星蔽晦，冰峻嶒兮霰又下。累之宫兮安在？……乘回波兮泊兰渚，睠故都兮独延伫。君不还兮郢为墟，心壹郁兮欲谁语！……"

五百年前的洞庭湖上，一叶扁舟逆水而行，一位青年站在船头低声吟诵。诗不仅是触景生情用来凭吊楚国大夫屈原，还是在凭吊自己。微风撩起了落在额前的散发，露出了一双明亮的眼睛，眼眸中透露出一路奔波的劳累，间或闪烁着些许忧郁，然而这忧郁又不同于哀伤、绝望，反而带着几分刚毅。

这位青年正是继二程、朱、陆后的又一位大儒——王阳明。

王阳明，本名王守仁，字伯安，号阳明，生于明宪宗成化八年（1472），卒于明世宗嘉靖七年（1528），浙江余姚人，因早年曾隐居在会稽阳明洞中，并创办过阳明书院，所以又被世人称为阳明先生。

王阳明的一生是智慧的一生，传奇的一生，他不但在明朝名动天下，对后世更是影响深远。他的大名甚至还远渡重洋，传到日本，为时人所敬仰。

王阳明出身官宦地主家庭，祖上可以上溯到晋代大书法家王羲之。两晋时期，战乱频繁，时局动荡，很多中原士大夫举家迁往江南。当时，位居东晋王、谢、桓、庾四大姓家族之首的山东大族琅琊王氏也在其中。

王氏一族为晋王朝立下过汗马功劳，身份地位超绝一时，南迁之后，王家烟火续传，后人一直过着半耕半读的逍遥生活，虽再未出过显赫人物，但也被视为书香门第，受到人们的尊重。

到了明朝的成化年间（1465～1487），王氏家族的王伦，品行高雅，喜爱读书，尤痴迷于竹，自认月下抚琴，竹林吟诗乃人生乐事。家人受其熏陶，也是爱读诗书，胸怀宽广，对于富贵名利，都看作过眼云烟，不甚在乎。

据传，王阳明的出生颇富神话色彩。

成化八年（1472），王伦之子王华外出教书，儿媳郑氏身怀六甲，一家人欢天喜地地准备迎接孙儿的到来。可是，直到立秋之后，儿媳过了产期数月，仍然没有生产。日子一天天过去了，眼看着儿媳怀孕已经十四个月了还没有生产的迹象，王家上下焦急不已。虽然有哪吒的母亲怀胎三年，秦始皇在母腹中待十四个月的传说，但这毕竟不能当真。

一天，王伦的妻子岑氏夜晚做梦，梦境中自己到了云雾缭绕的天庭，天门向她敞开，四处缭绕着仙乐，美不胜收。这时，从云朵深处飘来一位绯衣女子，怀抱着一个模样乖巧的男婴，仙女笑盈盈地将手中的婴儿交给自己。岑氏高兴地从梦中醒来，却真正听得一阵阵婴儿嘹亮的啼哭声，赶紧下床来寻找，竟然是从儿媳妇的房中传出，她赶紧推醒睡梦中的丈夫王伦。

王伦醒来，听到这般嘹亮的哭声，猜想一定是个男孩。这时，家里的仆人前来报喜。

岑氏迫不及待地进入儿媳屋内，抱起孙子，认真细看，竟发现孙子同梦中的孩子一模一样。岑氏赶紧将孙子抱给门外的王伦看，并告诉他自己的梦境之事。王伦欢喜得不得了，直呼孙儿是上天赐的，来自天上的彩云中。

次日，王伦为孙子取名为王云。

王伦的孙子来自彩云间的消息不胫而走，周围的人们也都纷纷前来道贺，大家端详着王云出生的那座小楼，越看越觉得是祥瑞之兆，于是将其称为"瑞云楼"。

王云一天天长大，一家人都视其为心肝宝贝，小心呵护，生怕有一点闪失。尽管如此，王云还是与正常的孩童不一样。孩子虽然长得白白胖胖、模样乖巧，可是直到五岁的时候，居然还是不会说话。王氏一家使出了浑身解数，仍然无法使王云开口说话。这可愁坏了王伦，他遍访名医，却无法弄清其中的缘由。

一日，王云正在与一群孩童嬉戏，从远处走来一位衣衫褴褛的和尚，模样甚为丑陋。和尚看到一群孩子在玩耍，也被吸引住了，驻足观看。他的眼光久久地停留在王云身上，并走过去与他交谈，王云自然无法答话。于是，和尚怜惜地抚摩着王云，感慨地说这个孩子应该是个神童，只可惜"道破天机"。说完这"道破天机"四个字，和尚也未解释原因，就转身离去了。孩童们不知什么意思，一窝蜂涌到王云家，将此事告知王伦。王伦听了孩童们的话，却也不解和尚之意。

此后，和尚的话一直围绕在王伦的耳边。终于有一天他悟出了其中缘由：莫非云儿不说话，是在于名字？于是，王伦就为孙子取了另外一个名字"守仁"。之后奇迹出现了，王云不但能够口齿伶俐地说话了，而且还一字不差地背出了一篇王伦时常吟诵的文章。一家人都非常惊讶，而他只是说，平日里祖父吟诵，就记下来了。大家听后，惊喜万分，都夸他是个神童，日后定当有所作为。

书香门第，承继香火

王阳明的父亲王华是王伦的次子，于成化十七年（1481），进京参加殿试位居榜首，天下皆知。

王伦获知消息后非常高兴，这是王氏家族迁往浙东后中的第一个状元。受父亲王伦的影响，王华不仅饱读诗书，才华横溢，而且为人正直，极富同情心。这种品性在他很小的时候便显现了出来。

有一天，他与伙伴们在河边玩耍，一个喝得醉醺醺的人，脚步蹒跚地走到河边，随后又东倒西歪地走了。没过多久，伙伴们都相继返家，只剩下王华，正当准备离开的时候，他却在醉汉待过的地方发现了一个包袱。他感到好奇，于是打开包袱来看，里面竟然有不少的银子。他猜想，包袱很有可能是刚刚那个醉汉遗失的，他心里想：不管是不是，把银子丢失的人肯定会回来找的。为了不让别人把包袱拿走，王华自己坐在河边，等着失主。

到了夜幕将要降临的时候，王华终于听到急匆匆的脚步声。一看，果然是那个醉汉。王华迎上前询问他是否丢了东西。醉汉激动地将他如何醉酒走到河边，如何丢失包袱一事讲给王华听。王华听后把包袱还给这个醉汉。那人打开包袱发现自己的银子分文不少，连声道谢，并拿出银子表示谢意。王华推辞了，并说，自己若是在乎银子，就应该早拿着包袱走人了，而不是在这等着他回来取。那人听后更为感激，执意跟随王华到家中，特向王华的家人道谢。王伦得知此事后，为儿子的行为感到骄傲。

王华十四岁的时候，在余姚的龙泉山寺院读书，同窗的伙伴大多是富家子弟，平时常常仗着自家财大气粗，捉弄和欺负寺中的和尚。和尚们为了报复，便有意散布谣言，说寺中经常有鬼魂出入，并经常假扮鬼的模样来吓唬他们。果然，这招非常奏效，同伴们都被吓得仓皇离去，不再到寺院读书了。然而，王华却若无其事地继续在寺内读书，和尚们实感惊奇。为了赶走王华，在一个雷雨交加的夜晚，和尚们故技重演。他们来到王华的屋外装神弄鬼，却发现王华丝毫不为所动，神气自若地在读书。

第二天，无计可施的和尚们跑来问王华，昨夜寺院被鬼闹出这样大的动静，他为什么不害怕。王华说："我没有看到鬼，只是看到几个和尚在装鬼。"大家一听小小年纪的王华说出这样的话，非常惊讶，暗暗佩服王华的睿智和勇气。

王华的品学德行颇被当时浙江学政张时敏看重，恰逢浙江布政使宁良要为其子弟挑选老师，张时敏力荐王华前去宁家任教。王华到了宁家，被宁家的数千卷藏书所吸引。他白天认真教课，晚上则挑灯夜读。宁家的子弟中有几个颇为顽劣的，想要拉拢王华和他们一起玩乐。他们经常备上好酒，安排美色来引诱王华。王华倒是也颇爱饮酒，但是对于美色却全然不为所动。一日，饮酒归来的王华微微带着几分醉意回到江边房中，竟在自己的床上发现两名娇艳欲滴的女子，他想要退出房时，又发现房门竟被锁上了。慌乱中，王华卸下一扇门板，破窗而出。他就这样，拥着门板，随着江流而去。王华的这种坚持令宁氏子弟颇为敬佩。

在宁家的三年时间，王华差不多看完了宁家所有的藏书，学问大长。因此，王华日后高中状元，在很多人看来也是意料之中的事情。王阳明年少的时候就经常听到大人们将父亲王华的逸事传为美谈，也颇受影响。

少年得志

王华的光芒，对王阳明的成长产生了潜移默化的积极影响。

自宣宗宣德元年（1426）开始，内府便设立了内书堂，专门用来培训小宦官的参政能力。而在内书堂任教的翰林官日后则多会得到宦官们的关照，虽然并无直接资料证明王华曾在内书堂任职，但他的几位同僚却教过正德朝的大宦官刘瑾，还常向刘瑾推荐王华的人品和学问。

再加上王华高中状元，随着内阁地位的不断上升，新进士一入翰林，便被时人视为"储相"。基于此，王华在当时是被人刮目相看的。

但面对十里八乡亲友的道喜和祝贺，王伦却是淡然处之，依然表现得和平日无任何异样，儿子的风光似乎与他无关。这份不动声色的态度，对当时仅有十岁的王阳明来说，无疑是个触动。

虽说文人常言要淡泊名利，但生活在一个充满名利诱惑的社会环境中，又有谁能真的看空这一切呢？

虽然王阳明也为父亲高兴和自豪，但是他更多的还是攻读自己的书本，以学业为重。或许是受了祖父处世观的影响，王阳明不以一般的读书、作诗为满足。他有自己的志向，即通过读书成为圣贤。

一次，私塾先生对在座的同学发问："世上什么是第一等重要的事？"大家纷纷说登科及第最为首要。唯王阳明不以为然，他自认为仕途并非读书的最终途径，成为圣贤才是归途。

虽是想成为圣贤之人，但王阳明却并未像古往今来那些圣贤之人一样，循规蹈矩地恪守古训，安分守己地去攻读圣贤之书。他认为要成为圣贤，读死书是没有用的，需要从多方面来锻炼自己，增长才能，扩展知识。

这样才能成为圣贤，对于王阳明的这种心态，郭沫若如是说："一种不可遏抑的自我扩充的努力明明是在他青春的血液中燃烧着的。他努力想成为伟人，他便向一切技能上去追求。人所一能的他想百能，人所十能的他想千能，人所百能的他想万能了。"（《郭沫若全集·王阳明礼赞》）

王阳明并不因为自己跋涉在追求圣贤的道路上，就恪守规矩。他天资聪颖，脑子灵活，所学知识一看就会，所以不愿意长期待在私塾，经常偷跑出去玩游戏。他最爱玩的是军事游戏。因为他对《孙子兵法》尤为感兴趣，每逢家里请来宾客时，王阳明便用果核与客人们摆兵阵。常常是客人们的兵阵刚摆出来，王阳明就立刻想出了克敌的阵势。虽然，为此事没少挨父亲的骂，但他依然乐此不疲。

少年天性，总是无法遏止。因为逃学偷玩之类的事情，王阳明没少受到父亲和祖父的责罚，但他依然不克制自己崇尚自由的天性。在他少年时候，还有一件传闻更加出格。

他十三岁时生母去世，王华的妾便仗势常常欺侮、虐待他。他不堪忍受，便想出了一个前无古人的应对之法。

王阳明偷偷在街上买到一只叫长尾林鸮的怪鸟，放到父妾的被褥里。然后和一位神婆串通好，等那位妾被怪鸟惊吓，派人请来这位神婆作法时，神婆便依照王阳明之前教她的话说，说这只鸟是王阳明的生母化成的，是来惩戒她平日对王阳明的不好。

至此之后，那个小妾再也不敢对王阳明无礼了。而王阳明玩世不恭、豪迈不羁的名声也传了出去，但王阳明并不在乎外人对他的评论，他依然恪守当初自己立下的目标，要争当一位圣贤人。

但这样一个性格乖戾，不循规蹈矩的孩子，将会走上一条怎样的"成圣"之路呢？

锋芒乍现

王华在京任职，王阳明便一直跟随在祖父身边。虽不能时常见到父亲，但从乡亲和街坊的口中，王阳明还是能够听到有关父亲的一些消息。王华的成就让王阳明对自己的父亲深深敬重。

成化十八年（1482），王华任职翰林的第二年，王阳明得到了一个和父亲团聚的机会。王华在京城略有小成，他便差人前去家乡接父亲和儿子到京城生活。在尚未出过远门的王阳明看来，这简直是个天大的喜讯。得到消息后，他就日日盼着能够早日启程，这次上京，少年王阳明既领略了沿途风光，又见到了自己敬重的父亲。

王伦妥善安排完家里的事后，就带上孙儿，乘船前往京城。那时的河运已是非常发达了，北上的船只沿途所经之处，如杭州、苏州、无锡、扬州、淮安、德州、天津等地，均是繁华的都市，这让王伦祖孙二人大开眼界。

王伦虽然饱读诗书，对各地的名胜古迹了如指掌，但是，经济上并不宽裕的他，却一直没有机会外出游览。趁这次去京城的难得机会，王伦亲临了这些地方。而对于年幼的王阳明，这样一个机会就更是难得了，每到一处他都是兴奋不已。

一日，王伦一行到达镇江西郊的金山寺，这是传说中青、白二蛇和法海苦斗的地方。金山寺始建于东晋，是镇江的名胜古迹。到达时虽然天色已晚，但是寺中仍然人来人往，香火极旺。站在金山寺向远处望去，暮霭之中的群山、楼阁、树木都若隐若现，再加上天空中点点繁星与江上的灯火互相辉映，一阵风吹来，令人心旷神怡。大家游兴正浓，兴致颇高时，有游客邀请王伦作诗来助兴。正当王伦冥思苦想，不知如何下手时，只听：

金山一点大如拳，打破维扬水底天。

醉倚妙高台上月，玉箫吹彻洞龙眠。

这让大家颇感意外，循声望去，吟诗者竟是王阳明。众人齐声赞叹：好诗，好诗！见他如此才思敏捷，一位游客有意想要考考他，希望他以天上的明月和远处若隐若现的群山为题，再作诗一首。王伦听后生怕为难了王阳明，连忙以孩子年纪尚小，不会作诗为由推辞着。但是，王阳明却镇定自若，稍作思索，便吟诵道：

山近月远觉月小，便道此山大于月。

若有人眼大如天，还见山小月更阔。

好一个"人眼大如天"，小小年纪便能作出这般气势雄浑且耐人寻味的诗句来，是相当不凡。顿时，喝彩声四起，大家纷纷向王伦祝贺有如此聪明伶俐的孙子，说王阳明日后定会成大器。

少年时期的聪悟，为王阳明以后的深入求学奠定了良好的基础。而王阳明却没有因此而洋洋得意，他依然坚持博览群书，勤于思考，不断深入地研究世人的思想。

何为人生第一等事

王伦祖孙二人一路游山玩水，好不自在。当船到达通县后，就转为乘车前往京城。对于京城这个有着说不完道不尽的历史的文化名城，王阳明甚是好奇。一踏上京城的土壤，他就迫不及待地四处张望，宽阔的街道、宏伟的城楼、各式各样的服饰以及往来的牲畜都让他惊喜不已，他恨不得立刻去游览京城的大街小巷。

等候多时的王华和父亲王伦寒暄几句后便着手安排儿子的生活。其实，从准备接儿子来京城起，王华就已经为儿子的一切做好了安排，起居饮食，包括学业。亲自调教儿子，是王华安排这次出行最为主要的目的。由于王华常年在外的缘故，儿子王阳明受祖父的影响极深，虽然王伦教育子女十分严格，但是对着这个孙子又多少有些溺爱，所以接到京城亲自管教对儿子的将来应该是最好的。

王阳明慢慢熟悉并且适应了京城的生活后，王华便安排他去家附近的私塾读书。这让尚沉浸在兴奋中的王阳明感到些许不满。但是，王阳明不敢违背父亲的意愿，只得每日勉强前往私塾读书。时间久了，王阳明便在枯燥的生活中找到了新的乐趣，那就是四处游玩。他一有时间就和同学到街上游玩，尽情地在川流不息的人群中看小商小贩们叫卖，看各行各业的人做自己的事情。

玩闹归玩闹，王阳明的思想却也随着年纪的增长而日趋成熟稳健，他并没有忘记当日立下的成圣贤人的目标。

一日，私塾先生与学生在讨论何为人生在世的第一等大事的时候，王阳明要成为一个圣贤人的心愿更加强烈了。大家都说像他父亲那样，金榜题名，考取功名是大事。

但王阳明却无法认同他们，虽然大家言辞一致，不过，王阳明依然坚持自己的看法。小小年纪的王阳明竟口出狂言把"做圣贤"视为人生第一等事，在别人看来有些好笑，又有些张狂。

这件事情传到了王阳明家中，王华对儿子这种桀骜不驯的性格很是担忧。祖父王伦倒是非常兴奋，他没想到孙子小小年纪竟然有如此追求，他相信，假以时日，小孙子肯定会有大出息。

当时年仅十二岁的王阳明是否真的明白圣贤为何物并不重要，重要的是这个人生的理想确实已经悄悄地在他的心中生根发芽。讲到做圣贤的理想，王阳明曾在晚年时回忆说，应该是受到一个街头相士的点拨。

有一天放学，王阳明像往常一样和伙伴们在大街上闲逛，偶遇一个相士，他看见王阳明，留下一句"须拂颈，其时入圣境；须至上丹台，其时结圣胎；须至下丹田，其时圣果圆"便离去了。这句话被王阳明深深地记在心中，他常常深思这句话的含义。

何为人生第一等事？少年时期的王阳明能思考这样的问题，足以说明，他已经对人生开始进行思考，而且不是人云亦云，而是用属于自己的方式。

另类出走，试马居庸关

朝夕如流，一晃王阳明已经在京城居住两年有余，十三岁的王阳明生活的年代，正是明朝末期，皇帝昏庸，贵胄沉迷酒色之中。黎民苍生正为了一条卑微的生路而拼死反抗。

华夏大地上，狼烟四起，刀光剑影。王阳明看到这连年的征战，不无感慨地对父亲说："今天下波颓风靡为日已久，何异于病革临绝之时。"意思是说，现在天下纷然扰乱这么长时间，就像一个人久病快死亡了，这可怎么办呢？

与此同时，边关也不太平，明朝曾多年遭受周围其他部落的侵袭，先是蒙古瓦剌部的挑衅和掠夺，瓦剌衰落后，又被势力日渐升起的鞑靼所侵扰，民众苦不堪言。

英宗正统年间，瓦剌部落部长脱欢向明朝发动大规模进攻，竟然直取皇都，俘获了英宗皇帝，明朝耗费了数以万计的金银珠宝，才得以换回偌大江山的主人。日暮西沉，王阳明所生活的王朝此时已经建立一百年了，经历了惊心动魄的开国时代，经历了五光十色的兴盛发展，而今留在王阳明眼中的，除了积弱，便是无奈。

眼看国不成国，虽然父亲王华一再督促他好好读书，以待将来考取功名，可王阳明却无法在这样的环境下安心只读圣贤书。终于，有一天，他偷偷地从家里马厩偷出一匹快马，策马狂奔，出了关外。

远离京城，王阳明不由得心事浩茫起来，一心追求圣贤之道的他，面对广阔的天地，不禁思绪翻涌。大明朝自开朝至今，多少圣贤人前仆后继地倒在了前行的道路上！

如果说圣人方孝孺的倒下是明朝文人悲剧的伊始，那么贤人于谦之死则就是苍生沦陷的开始。方孝孺乃大义凛然，于谦则是众生活下去的契机。人，总是要有一些精神的支撑才能活下去的。

大义失去，还有活的希望，依然可以勉强地走下去，可是时至今日，内忧外患，那么脚下的路究竟还在何方？王阳明正是在这无穷无尽的思索中慢慢成熟的，他不断地思考，不断地在复杂的环境中寻找自我的根本。在居庸关考察的那一个多月的时间里，他登长城，评古迹，思战略，经略四方之志在那个时候终于酝酿成熟。

边塞之行如果说是王阳明的任性为之，在回程途中，王阳明更是任性了一次。

他和随从正骑马往回走，迎面看到两个骑马的鞑靼人向他们走来，在那个谈"胡"色变的时代，王阳明不但不躲闪，反而迎上前去。双方大战几个回合，王阳明因为年纪太小，虽然伤了这两个鞑靼人，但未能取其性命，让他们逃走了。

但是这件事情后来流传开来，王阳明过人的胆略和勇气一时传为佳话。

一个月的行程使王阳明收获了在京城养尊处优的生活中无法体验的感受。经过一趟关外之行，他身上少了一些斯文，增添了一些侠客的勇猛和威严。在回京的那天夜里，王阳明还做了一个梦。他梦见了自己特别崇拜的东汉将领马援，两人不仅相见，王阳明在梦中还作了一首诗：

卷甲归来马伏波，早年兵法鬓毛皤。

云埋铜柱雷轰折，六字题文尚不磨。

马援的一生经历过无数次的战争，建立过卓著的战功。他的事迹激励着后世许多人报效国家，血溅沙场。从这首诗中，可以看出王阳明对马援的崇拜，也可以看出小小年纪的他就已经有了要建功疆场的志向。

第二章
求学生涯——吾当上下而求索

新婚之夜不知去向

到了弘治元年（1488），十七岁的王阳明从余姚来到父亲身边已经五六年了，刚到京城时那个乳臭未干的毛头小子如今已经长成气宇轩昂的大小伙了。

王华看着儿子长大成人，到了参加科举考试的年纪，十分欣慰。按照当时的规定，参加乡试是要回原籍的，所以王华打算让王阳明回老家。

就这样，带着如何成圣的疑问，王阳明回到了浙江老家。那时，他的生母郑氏早已去世多年，家乡虽还有一些旧时的亲朋，但毕竟时间太久，生疏远离，内心上无法做到真正的亲情接近。

王阳明回到老宅，睹物思人，再一次感受到人生一世，生死不由命的残酷。他觉得人生一场，不过是本来无一物的旅程。消极的情绪逐渐滋生，占满了王阳明的内心，他开始刻苦地钻研道家思想。

说起回乡，王阳明还有任务在身，他还不能随心所欲地做他想做的，想他所想的。他这次返乡，还需要完婚，完成一个懵懂少年变成一个成年男子必经的程序。

他未来的岳父叫诸介庵，是本地人，是王华的至交好友，时任江西布政司参议。所以，这门亲事在王阳明很小的时候，两家人便已经说定了。此时，王阳明成人，可以娶妻生子了，他便需要完成双方家长定下的这个约定。

俗话说，人生有四喜：久旱逢甘霖，他乡遇故知，洞房花烛夜，金榜题名时。但王阳明对这人生之大喜却似乎并不感兴趣。在家人为了他的婚事忙翻天的时候，他却还有心情在野外踱步思考，思考宇宙之奥妙。

一天，在野外散步思考时，王阳明猛一抬头，却发现自己早已不知道跺步到了哪里，他眼前出现一个道观，名为"铁柱宫"。

"铁柱宫"又叫万寿宫，是为了供奉为民除害的许逊而建的。这个许逊是东汉时期人，传说其英勇无比，曾带领百姓与猛兽孽龙搏斗，保护了一方百姓。之后又传言许逊修炼长生之术，大功告成后一家人都升天成仙。当地的百姓尊称他为"许真君"，还专门为其修建了庙宇，以供奉祀。

王阳明走进道观，发现道观里坐着一个闭目养神的道士，鹤发童颜，两个人便攀谈起来，越交谈越是觉得相见恨晚。两人从人生谈到世事，从世事又谈到养生。不知不觉中竟然到了深夜，尚不觉得尽兴，一直欢谈到了天亮。这时，王阳明才猛然想起自己错过了新婚，于是赶忙回府。

此时，府内上下早已经闹翻天了，新婚当日，新郎官无故失踪，满堂宾客就这样看了一场大笑话。

诸老爷很生气，他派人四下寻找无果，正想要不要退婚之时，王阳明气喘吁吁地跑了回来。大家详细追问之下，得知新郎官居然与道士畅谈一夜，这种理由，让诸老爷觉得好气又好笑，但既然回来了，亲还是要成的。

于是，有惊无险，王阳明完成了人生的一件大事。但鉴于这次教训，诸介庵为了防止这个"落跑新郎"到处乱跑，便让他到自己的官署上班，每日按时报到，处理公文。

而王阳明也算老实，没再做出让诸老爷心有余悸的事情来了。官署清闲，实在无事可做，每日的公文只需半个时辰就可以完成，实在无聊的王阳明便用练习书法来打发时间。

日积月累地练习，倒是让他的书法精进不少，明朝著名书法家徐文长在评价他的字时认为：王羲之以书掩人，王守仁以人掩书。

苦心追求心学的境界

成婚第二年，王阳明带着妻子返回京城，途中经过上饶，特意下船拜访了大儒娄谅。

娄谅是个怪人，他早年进京参加会试，走到杭州之时，却突然返回。大家问他缘由，他只是神秘地说："此行非但不第，且有危祸。"果然，没几天，会试的贡院起火，烧死了很多人，而他因为没去参加，逃过一劫。

这件事情后来在黄宗羲的《明儒学案》中经过论证，得出结论说这是因为娄谅"静久而明"有了神术。古人自有古人的理论之法，不管怎么说，娄谅的学问却是真材实料。

早年，他四处拜访名师，为的也是能够成为圣贤之人，可是在遍寻天下儒士之后，他失望地发现，"都是些举子学，不是身心学"。他认为这些人都没有自己真正的想法，不过是在捧着一堆书本，然后人云亦云。

所幸的是，他最终找到了江西临川的著名理学家吴与弼。吴将朱学视为正宗，自然影响了娄谅。娄氏认为"圣人必可学而至"，只要不断地努力，就可以成功。从儒学来讲，这个道理其实是通则，不过它正好解答了王阳明存在于内心多年的疑惑，也坚定了他想要成为圣贤的志向。

所以，王阳明与娄谅相见恨晚，二人相谈甚欢。

娄谅很是欣赏王阳明，因为他和自己年轻的时候有很大的相似之处，都有成圣的志向。娄谅接触过很多的年轻人，但是很多人做学问都是凭借一时兴起，难以真正静下心来，始终如一地做下去。看到王阳明之后，他心想：倘若王阳明能做到如此，那么也是天下一大幸事。

王阳明受到娄谅的影响，从他早期的一些思想就能够看出来，两人有很多共通之处。黄宗羲就曾经在《明儒学案》中讲，心学的始端来自娄谅。娄谅提倡"身心学"，反对"举子学"，这些也都是心学的思想。

娄谅对王阳明思想的点拨起了很大的作用，因此，王阳明十分敬重娄谅。这从后来王阳明平定宁王叛乱之后，按照礼数安葬娄谅的女儿就能够看出来。

落第的苦闷

拜访娄谅，使王阳明受益匪浅，尤其是萦绕在他头脑中很久的问题，即

"如何才能成为圣贤",得到了解答和贯通。在经过娄谅的点拨之后,王阳明如醍醐灌顶,心中顿时明亮了。

弘治三年(1490),竹轩公王伦去世,祖父的死对于王阳明来说是个非常大的打击王阳明同祖父之间的感情非常深厚,甚至在他的身上都可以看到很多王伦的影子。

在家人的劝慰下,王阳明逐渐平复了心情,并且开始认真准备三年一度的科举考试。明朝时期的科举考试内容,主要是以宋儒朱熹等人对四书五经的解释为据进行阐释,有了之前对朱子学说的研习,这种论说方式对于王阳明来说可谓得心应手。

而后不日,王华回老家守丧,顺便给家族里的子孙们讲经解义,应对科举。王阳明便也一起随大家上课,背诵教材内容。闲暇之时,几位王家子弟相互切磋,但都以王阳明的功力为最深厚,大家都惊呼:"彼已游心于举业之外,吾辈不及也!"

在日渐刻苦的学习中,渐渐地,王阳明的变化越来越大,昔日那个性格开朗、活泼的人,变得一本正经,整日里端坐学习。大家在一起研讨的时候,他除了发表自己的观点之外就没有多余的话了。大家纷纷询问原因,王阳明解释道,他十分后悔过去太过于放任自己,所以从今以后要注意规范自己的行为,做到内敛、谨慎,不轻易动容。

弘治五年(1492)秋天,科举考试结果见分晓,二十一岁的王阳明在浙江乡试中中了举人。之后,按照当时的定制,他得到了参加会试的资格。不幸的是,王阳明落榜了。

这个时候,父亲王华晋升为右春坊右谕德,招来一些阿谀奉承之人。在登门道喜的同时,大家对王阳明的落榜表示遗憾,安慰他下次科举考试肯定能够像父亲一样高中状元。王阳明倒也显得非常豁达,不太在意这次考试的结果,却引来了旁人的闲话,认为他目中无人。

设立科举的本意,是求得圣人之道和朝政之势的有机结合。但是明朝末期,学术与政治从来都是不能两相融合的。这也使得王阳明纵有一身的抱负和学问，也无法在仕途上迈出第一步。

而且，王阳明成名过早，锋芒毕露，这样的人不是当权者所喜爱的。王阳明一再流露才华，非但没有为他走上仕途加分，反而成了绊脚石。

三年后，王阳明第二次参加会试，再次落榜。一些嚼舌根的人道出了他落榜本质所在："此子如中第，目中不会有我辈矣。"

所以，虽然这次试落第是因为那场至今仍然扑朔迷离的"会试泄题案"。但落榜还是说明了王阳明从政的日子还未到来，"苦其心志，劳其筋骨"，王阳明在左冲右突、反反复复中磨炼。尽管当时很多人都觉得应该以落第为耻，但是王阳明却说"世以不得第为耻，吾以不得第动心为耻"，考取功名，落榜是正常的事，不需要对此过分在意。

话虽如此，但从小未经受挫折的王阳明依然感到有些心灰意冷，他回到了老家，组织了一个龙泉山诗社。

组建龙泉山诗社

考场失意，寄情于山水诗画之间，这是古代文人常常会做的事情。王阳明虽然认为谋事在人，成事在天，也说"世以不得第为耻，吾以不得第动心为耻"，但落榜大事，还是使他有所触动。

回到家乡后，他的龙泉山诗社热热闹闹地办起来了，明朝的文人骚客多喜欢结诗社，办文会，以此与志同道合的人士畅谈，切磋学问。

他的诗社成员人数不多，没有名噪一时的文人，大家聚在一起，无非下棋饮酒，游山玩水。

余姚纯朴的民风，朴实的文人，同多年来在京城所感受到的浮夸的文人之风是大有区别的。在创办诗社的这一段时间中，王阳明以诗言志，抒发苦闷，佳句迭出。如："我爱龙泉寺，山僧颇疏野。尽日坐井栏，有时卧松下。"在龙泉山清秀的环境中，王阳明度过了他人生中最为惬意悠闲的一段时光。

"君不见富贵中人如中酒，折腰解醒（醉酒）须五斗？未妨适意山水间，浮名于我亦何有！"这是他那时内心真实的感受，他毕竟是烈鸟，需要一片天空展翅高飞，一片山坳无法满足他内心高飞的渴望。

所以，渐渐地，王阳明发现这和他自己想要的生活越来越远。整日"吟诵风月，摆弄花草"，充其量是个诗人，是个名士，自己想要的是"做圣人"。为此，他开始反省，经常思考自己今后的人生该何去何从，如何才能一步步实现自己的理想。

虽然龙泉在余姚城里，算是一处风景秀丽的地方，山清水秀，空气清新，清静幽雅，如若在这里终老一生，也算不枉此生，可是在一段时间的沉寂之后，王阳明那颗看似平静的心逐渐蠢蠢欲动。他的这种心境在一首诗中表露无余："学诗须学古，脱俗去陈言。譬若千丈木，勿为藤蔓缠。又如昆仑派，一泄成大川。人言古今异，此语皆虚传。吾苟得其意，今古何异焉？子才良可进，望汝师圣贤。学文乃余事，聊云子所偏。"

王阳明焦灼不安的心在这首诗中体现得淋漓尽致，他的人生并没有因为龙泉山诗社而终止。

在这首诗中，我们也已经看出他萌生出了打通古今创心学的念头，"成圣贤"更是他内心最后的归属。他知道，自己虽然饱读诗书，但是两次科举失利也是不可争辩的事实。即使自己一向对于功名利禄并不在乎，但是如果不能在科举考试时崭露头角，那么即便是很小的理想和信念，也无从谈起，更不用说实践了。于是，他离开了龙泉山诗社，离开了余姚，于弘治八年（1495）再一次回到了京城。

在龙泉山诗社的两年生活中，王阳明抛开了纷繁复杂的世俗，为自己提供了思考和反省的机会，为他今后的生涯积蓄了力量。

为圣路上两彷徨

回到京城之后，他的内心深处还是充满了彷徨和矛盾。一面是"做圣贤"的人生理想，一面是多年来追求的科举及第，他的心一直在理想与现实之间徘徊。弘治九年（1496），王阳明第二次会试失败。再次的打击让王阳明冷静了很多，他开始用心钻研兵法，继续孩童时代的乐趣，不过此时，他更多的是将其作为事业来研究。

每遇宾宴，经常"聚果核列阵为戏"，这时的王阳明已然不想在仕途之上太过浪费时间，而想成就一番统御之才了。可惜的是，他虽有报效国家之心，国家却不给他这个机会。

弘治时期，明朝的军事防御能力已经接近于崩溃边缘，然而文恬武嬉的局面，并未让王阳明放弃演习兵法的热情，他对于兵法的钻研，日后还被他运用到了心学上。权谋策略的思想，与心学上的制敌之道有着异曲同工之妙。

透视兵学可以说是一种科举失败后反弹的情绪，在这种热情当中，王阳明成圣成雄的儒生念头燃得更加旺盛。他用属于自己的一种独特的方式探索着成为圣人的道路。一直到二十八岁那年，王阳明第三次参加会试。皇天不负苦心人，这次他总算榜上有名，中了进士。

王阳明中进士之后，并没有被朝廷直接授予官职，而是被派往工部观政，按照现在的话说就是实习，先让他去熟悉一下工部的事务。当时，工部正在建造威宁伯王越的坟墓。这是一位明朝的将军，在官兵中享有很高的声望，监督工程的任务委派给了王阳明。

监督工程本来并不是一件烦琐的事情，但是王阳明非常希望能够在这件事上做出点成绩来，于是就颇费了一番心思，想到了用兵法之道来组织、管理民工。他把参与修建坟墓之事的民工视为士兵，采用军事化的管理，明确了各自的分工和职责，并统一制定了劳动和休息的时间，他将这种方法称为"什伍之法"。

同僚们对王阳明的做法感到新奇的同时又感到好笑，觉得他是多此一举。但王阳明却不理会这些，而是一步步地按照自己预期的计划来实施。待到工程完成之时，王阳明的这种方法起到了非常好的效果，不仅坟墓建造得非常宏伟、壮观，且大大缩短了工期，那些怀疑他的人不由得对他另眼相看。

王阳明观政之时，非常繁忙。尽管如此，他想要成为"圣人"的愿望却越来越强烈。

平日里他都会挤出时间来钻研宋代理学，但是在这个过程中，他还是十分困惑，他想起娄谅先生所说圣人必可学而至。这是多么透彻的道理！可是真正落实到对宋代理学的学习中来时，他又始终参悟不透。

他想起年少时"格竹子"，心想，或许是自己没有完全按照朱熹先生的要求来做，才没有找到方法和结果。于是，他再次尝试，沉思竹子之理，这一次又是没有收获，反而促发了他的老毛病。他又一次病倒了。

这年是王阳明思想冲突最为激烈的一年，他不得不怀疑朱熹的学说，他不再按照朱熹的套数来格物致知了。他深深地感到，或许圣人不是人人都能够做的。

第三章
初入仕途——挺身斗虎，遭人陷害

刑部里的名士

王阳明早年熟读兵书，这些基础在被委任督造威宁王的坟墓一事中得到了充分的展示，他的运筹帷幄的谋略在统率民工的过程中也有了很好的实践。

这件差使完成得相当漂亮，使得朝廷的其他同僚对他的统帅才能都刮目相看。而王阳明自己也切实地感受到了统御之权的作用，能够掌握实权才能够用众、服众，才能够干成大事。

弘治十三年（1500），王阳明完成了督造威宁王的坟墓的任务，观政期满，被授予刑部云南清吏司主事一职。这个职位是有实权的，在明朝，最高一级的行政机关是六部，每个部又都设置尚书，左右侍郎，在这下面便是清吏司。做云南清吏司主事不是去云南，而是在北京的刑部分管来自云南的案件。当时处于边境的云南常发生暴力事件，王阳明进入刑部可以说是最能够察清民情的，却也是最能够感受到腐败的。

二十九岁正是王阳明处在踌躇满志，期待能够建功立业的年龄。当时的他对朝中碌碌无为的同僚们甚是反感，很希望能够通过自己的切实努力而有所作为。虽然是当官，不过道理其实和为学读书是一样的。如何做事？以何种标准来要求自己？这期间他也有深刻的感悟。公正判决、不徇情枉法等重重考验都要取决于执政者内心的想法和观念。

当时，刑部的设置中有提牢厅，厅中又设专管囚犯的狱吏数名，刑部的各司主事每个月都要轮流去提牢。十月，轮到王阳明。王阳明第一次巡视，正值牢狱晚饭时期，王阳明走了一圈后发现囚犯吃的竟然是伴着水的米糠。

他很好奇，问随行的狱吏，狱吏回答说是缺粮。他又走了一圈，偶然听到了猪的叫声，走近一看，竟有一个猪圈，几十头肥硕的猪正争吃食槽中的白面细粮。王阳明顿时明白了，牢狱不是缺粮，粮食都给了猪，哪里还有人吃的？

其实这种情形在当时没有什么大不了的，只是王阳明初入仕场，刚到刑部，见得少而已。从牢狱回来后，王阳明训斥了所有的狱吏，当场下令宰掉牢中养的猪，并分给囚犯吃。

这件事情如果从当时的官场来看，只道王阳明是个刚入官场的毛头小伙儿，不够成熟，但是从王阳明自身的思想来看，这便是他所提倡的良知。

王阳明的差使所要做的事情非常烦琐，尤其是秋决之时，各种变故弄得王阳明心力交瘁。一个月的当差结束后，他感到如释重负。

在刑部做事的第二年，王阳明被派往直隶、淮安等府与当地巡按御使一同审决重犯。他职位虽然不高，但由于是从刑部来的，属于中央官员，在审判囚犯时也有很大的决议权，其他审判官自然也都得尊重他的意见。这使王阳明能够按照自己的判断，做出裁决。对于这个差使，王阳明感到莫大的兴奋。一向做事严谨认真的他，总要反复对照证据和当朝的法律条文才会做出判决。他的这段经历被学生们记载为"所录囚多所平反"，看来一向公平公正的王阳明应该平反了很多的冤假错案。忙完淮北的公事之后，王阳明终于可以忙里偷闲来修身养性了。于是，他来到了九华山，一登上山，就立即陶醉于眼前的青山绿水中，远离了尘世的喧嚣、繁杂，内心极为宁静。寄情于山水，心情顿感愉悦，心性得以恢复，诗性也得以复归，他一口气竟写下三十多首诗赋。

无拘无束的大自然正好能够衬出官场的束缚。为政或为学，王阳明的内心一直都在左右摇摆着。游刃于二者之间，却也激发了他的思考与豪情。两样看似截然不同的事情，如此相得益彰，也算是人生一大快事。不过名士有时只是一种风格，终究不是职业。正如他下山时所写的诗句："明日归城市，风尘又马鞍。"

主持山东乡试

回到京城后，由于父亲王华的关系，王阳明被聘为山东乡试的主考官。一心想当圣人却总摸不着门径，如今有机会来到圣人的家乡，感受圣人的文化气息，王阳明兴奋不已。山东与江浙向来是文化教育的重地，人杰地灵，孔门的弟子，也多出于这里。主持乡试，把王阳明从论禅学仙的心境中拉了出来，从他为考生们出的测试题中可以看出他和佛道已相去甚远。

他出的测试题都很大胆，比如第一场《四书》的考试题："所谓大臣者以道事君不可则止"。以道事君，这是儒家所遵循的传统的纲常。

王阳明的这个题目在当时君主专制的体制中提出，是非常冒险的，但是又可以看出王阳明的智慧，这个题目考的既是人的品节，又是一种特定场景下的做法，充满着儒学的色彩。他还提出"纲纪不振，由于名器太滥、用人太急、求效太速""议国朝礼乐之制""老佛害道，由于圣学不明"等问题，足可见他已经开始思考当时与百姓生活、国家社稷密切相关的问题。尤其是《山东乡试录序》，映射出了他从民生出发思考问题的良苦用心。

山东，古齐鲁宋卫之地，而吾夫子之乡也。尝读夫子《家语》，其门人高弟，大抵皆出于齐、鲁、宋、卫之间，固愿一至其地，以观其山川之灵秀奇特，将必有如古人者生其间，而吾无从得之也。今年为弘治甲子，天下当复大比。山东巡按监察御史陆偁辈以礼与币来请守仁为考试官。故事，司考校者惟务得人，初不限以职任；其后三四十年来，始皆一用学职，遂致应名取具，事归外帘，而糊名易书之意微。自顷言者颇以为不便，大臣上其议。天子曰："然，其如故事。"于是聘礼考校，尽如国初之旧，而守仁得以部属来典试事于兹土，虽非其人，宁不自庆其遭际？又况夫子之乡，固其平日所愿一至焉者。而乃得以尽观其所谓贤士者之文而考校之，岂非平生之大幸欤！虽然，亦窃有大惧焉。夫委重于考校，将以求才也。求才而心有不尽，是不忠也；心之尽矣，而真才之弗得，是弗明也。不忠之责，吾知尽吾心尔矣；不明之罪，吾终且奈何哉！

　　盖昔者夫子之时，及门之士尝三千矣，身通六艺者七十余人，其尤卓然而显者，德行言语则有颜、闵、予、赐之徒，政事文学则有由、求、游、夏之属。今所取士，其始拔自提学副使陈某者，盖三千有奇，而得千有四百，既而试之。得七十有五人焉。呜呼。是三千有奇者，其皆夫子乡人之后进而获游于门墙者乎？是七十有五人者，其皆身通六艺者乎？

　　夫今之山东，犹古之山东也，虽今之不逮于古，顾亦宁无一二人如昔贤者？而今之所取苟不与焉，岂非司考校者不明之罪欤？虽然，某于诸士亦愿有言者，夫有其人而弗取，是诚司考校者不明之罪矣。司考校者以是求之、以是取之，而诸士之中苟无其人焉以应其求、以不负其所取，是亦诸士者之耻也……

　　然则，司考校者之与诸士亦均有责焉耳矣。嗟夫！司考校者之责，自今不能以无惧，而不可以有为矣；若夫诸士之责，其不能者。犹可以自勉，而又惧其或以自画也。诸士无亦曰吾其勖哉，无使司考校者终不免于不明也。其无愧于是举，无愧于夫子之乡人也矣。

　　王阳明的这篇文章讲述了他以主考官的身份来到山东之后的所见所闻所感。他认为能够来到圣人的故乡主持乡试是生平一大幸事。王阳明怀揣着朝廷授以的重任，求贤若渴。想到昔日孔夫子三千弟子，有七十余人精通六艺，而今王阳明也希望能从千百考生中挑出这精通六艺的人来。但是如今的山东竟显凋敝之势，怎样也找不出像过去的圣人那样的人了。

　　王阳明认为朝廷求贤不得是多方面因素导致的，其中科举的一些制度束缚就是一个很大的原因。在他看来，不仅主考的官员们要负起责任来，各位考生们也要自行努力，不放弃，这样才无愧于日日夜夜对科举的准备，以及同出圣人之乡。

　　整篇文章内涵丰富，同时又饱含情感，感人肺腑。他既反思自己，又对他人提出自己的殷切希望，还对古代山东的人文饱含赞誉之情，对当今山东的没落表示忧心忡忡，写下的这篇序文可以称得上一篇完美的文章。从这篇文章也能够看出王阳明经世致用的观点，这为他日后经营四方做好了文治上的准备。

负责山东乡试，王阳明也算是展露了才华，但是因为没有附和某些势力，他心中所想并没有得到完全发挥。返回京城后，朝廷下达诏令，将他从刑部云南司主事调为兵部武选司主事。虽然两个职位都是正六品，但武选司是兵部四司之首，实际上是往前进了一步。可见王阳明的才能在当时已经得到了朝廷的重视，而此时的王阳明也正是朝气蓬勃的。

言事下狱

王阳明完成了在山东主持乡试的差事后，返回京城。在这次乡试的主持中，王阳明的才能已经受到了朝廷的关注，而他自己虽然受到一些势力的干扰，但是总体来说也还收获颇丰，内心感到非常充实，隐隐约约地感觉到自己是在一点点地走在通向"圣贤"的道路上。

但是，天有不测风云，谁也没有料到，一心想要有所作为的王阳明很快就要面临一场改变他人生的变故。

弘治十八年（1505）五月，孝宗皇帝朱祐樘驾崩，时年三十六岁。当时只有十五岁的皇太子朱厚照继承了皇位，改年号为"正德"。他就是明武宗，皇帝生性好动，同死去的老皇帝截然相反。

孝宗从小就胆小怕事，再加上体质不好，经常生病，因此朝中大事都交给文官们处理，自己很少过问。但是，他的儿子不喜文，而是尚武，性格活泼，非常反感文官们的繁文缛节和喋喋不休的说教，总与一群喜爱玩枪舞刀的宦官们打成一片，喜欢打打杀杀，常常做出一些荒诞不经的事情，成了后世的笑柄。

两位皇帝截然不同的行事风格，让身在朝中的很多文官们感到非常不适应，尤其是当他们再用伺候孝宗皇帝的方式来对待新皇帝的时候，往往会遭到冷落和无端的呵斥。

自然，文官们的意见也得不到重视，更难以推行。地位一落千丈的文官们也无法容忍这种差距，于是他们联合起来，开始进行声势浩大的争斗。

这场不见硝烟的争斗以内阁大学士刘健、谢迁和户部尚书韩文为首，他们的目的非常明确，就是打压参政宦官，以此改变新皇帝的做法，重新确立文官们在朝中的地位。

但是皇帝在当时一些领头太监的扶持下，一点也不向文官们服软，而且还出现了杀鸡给猴看，杀一儆百的现象。大批文官因为进言，被辞退的辞退，挨打的挨打。

一时之间，朝廷内外是鸡飞狗跳，一片混乱。此时王阳明虽然在朝任职，担任着兵部主事的职位，但是比起朝廷中的那些重臣，此时的他还太不显眼，眼看着那些朝中大臣跑的跑，降的降，王阳明却并未做出任何举动，他在观察。

多年研究哲学理论的习惯，让他保持了一个良好的作风，那就是思索。在做每一件事情之前，他都会认真、完整地将整件事情思考全面。

王阳明并不是贪生怕死、没有原则的人，所以他在思索完毕之后，上了一道精彩绝伦的奏折——《乞宥言官去权奸以彰圣德疏》。

这道奏折写得很有水平，言辞婉转，用语考究，绝无对皇帝的冒犯，也没有对当事人的攻击。王阳明写这封奏折不过是想让皇帝警醒一下，看清楚身边的人哪个值得信赖，哪个是奸险小人。

可惜的是，王阳明虽然文采够高，智商够高，但是手段却还是不够狠。当朝大太监刘瑾岂是一个眼里容得下沙子的人！王阳明的这份奏折一送上去，就被他拦截了。然后，他将态度柔和的王阳明扔进了监狱，让他吃牢饭去了。

在这场文官与宦官的争斗之中，显然宦官们占了上风，文官们的争斗无疑是以卵击石，因为他们虽然口口声声地反对宦官参政，实际上却是想要重新将皇帝置于他们的控制之下，这是非常艰难的。

与皇权争斗的最后结果就是以文官们的失败而告终，为首的文官们有的被迫终止了自己的仕途，而以刘瑾为首的宦官们则势力大增。很多人都卷入了这场争斗中，看似平静的朝廷，实则暗流涌动。

明朝时期，朝廷将南京作为留都，当遇到事关国家社稷的大事，言官要站出来表明自己的观点。一旦遇到皇帝对于言官所言之事置之不理的情况，北京、南京的言官可以相互支持，从而对皇帝施加压力。所以，当北京文官与宦官进行争斗处于下风时，南京的言官们开始声援，由于矛头直接对准了宦官，宦官们恼羞成怒，将为首言官押到了北京。

本是想要说句公道话的王阳明平白无故地被刘瑾关到牢里大概一个月的时间后，被处以"廷杖"四十，并被免掉了兵部主事的职务。

从二十八岁中进士到被打入牢狱，总共不过六年。经过那么多年的努力，王阳明才走到这个地步，最后却因为一份并不激烈的上书而断送了前程，把自己送进了牢狱。王阳明左思右想都没能想个明白，大受打击。

这场变故使得王阳明的内心充满了忧郁和失落，但是他仍然坚持自己的理想和信念，立志做一番事业的雄心壮志并未就此消沉，反而对那些想要依靠暴力来打压对手的小人给予了无情的嘲讽。

四十廷杖或许还是幸运的，没有丢掉性命，也没有致残身躯，那肉体上的疼痛终究是能够消除的。王阳明作为读书人，为了表明自己的立场，伸张正义而受到酷刑，受到了人们的广泛赞誉，可以算作这场风波当中唯一的胜利。

贬为驿丞，北风送南雁

牢狱之灾过后，王阳明被贬的文书很快就发到了他的手里，他这次被贬到了贵州龙场去做驿丞。这个地方位于现在贵州省修文县，属于偏远山区，经济条件比较落后，自然环境也不够优越，但在当时却是贵州通往川东官道上的九个驿站之一。

离开京城之时，王阳明的出行显得有些落寞和冷清，毕竟，对当权者的敌人，谁还敢来送行？除了几位至交好友——汪抑之、湛若水、崔子钟等人前来送行，再无他人了。

春寒料峭之时，正是新一季生命生长的时候，不过却是王阳明仕途夭折之日，想来也是凄凉。

好友聚在一起，不知何时才能再相见，而且，王阳明此次路途遥远艰险，不免让友人为他担忧。

送行当日，大家对王阳明这次远赴贵州都感到了惋惜和遗憾，但是无奈自己力量的渺小。于是，千言万语都化作了一首首诗作，为他送行。

这一次毕竟是被贬，王阳明要一个人远赴人生地不熟的贵州，因此朋友的诗中充满了忧郁和感伤。拜别亲友后，他开始踏上了前往贬谪处的征程。孤苦无依的旅途中，他常常会想起这几位挚友所做的诗，反复品读，以慰藉孤苦的内心。

汪俊是王阳明于弘治六年参加会试时认识的，字抑之，号石潭，江西人。当年王阳明不幸落榜，但是汪俊却是第一名。汪俊为人正直，与王阳明十分要好，两人非常有默契。离开京城后，王阳明常常睡不着觉，有一天，在冰冷的夜晚，王阳明不禁想起了好友汪俊，并情不自禁写诗：

一日复一日，去子日以远。

惠我金石言，沉郁未能展。

人生各有际，道谊尤所眷。

尝嗤儿女悲，忧来仍不免。

缅怀沧洲期，聊以慰迟晚。（《怀抑之》）

后来的几天里，王阳明也经常想起京城的好友，竟然在梦中都会相见，他写的《梦与抑之昆季语》就能够看出他当时心中的不舍。此去贵州之路，他经常是夜不能寐，辗转反侧，恍惚间似乎又回到了与几位挚友畅所欲言的时刻。突然醒来，却发现自己是通向一个遥远的地方，身边是另一番凄凉的景象。

北风送南雁，在依依不舍中道别。往日里的深情，今后都只能够在梦中相见，此后的道路中，王阳明是否还会遇见这样的知己？一切都是未知数。

亡命天涯

王阳明此去贵州路途遥远，他有意选择自己经常走的路，一来比较熟悉，即使有意外发生，也好有逃生的准备；二来沿途都是颇为繁华之地，能够接触到民风民情，借此放松一下心情。

刘瑾虽然在这次争斗中大获全胜，但是他依然不肯善罢甘休，坚决奉行斩草要除根的原则，对曾经对抗过他的文官们赶尽杀绝。于是，这些人打着皇帝的旗号列出了一个"奸党"的名单，里面一共有五十三个人，都是反对过宦官的文官们。

不幸的是，王阳明也在名单之上。刚到杭州，王阳明就感觉被盯梢了，他知道刘瑾不会轻易放过他，为了避免连累家人，他只有叫家童先回余姚报信，自己则暂避城外胜果寺。

夜里，他在床上辗转反侧，不能入睡，便起身来到屋子的一面墙壁前，大笔一挥，写下了《绝命诗》一首：

学道无成岁月虚，天乎至此欲何如。生曾许国渐无补，死不忘亲恨不余。

自信孤忠悬日月，岂论遗骨葬江鱼。百年臣子悲何极，日夜潮声泣子胥。

大作完成，王阳明便带上行李出门了，来到钱塘江边，他脱下外衣鞋子，然后上了一艘船。就这样，王阳明随船漂泊，不想竟然来到了福建的福州。而那些杀手在进入他房间后，没见到人，只看到了墙上的遗言诗，然后他们又在江边找到了王阳明的衣服鞋子，便断定王阳明已投水自尽，于是匆忙返回，报告刘瑾。

王阳明乘坐的船好不容易靠岸之后，天色已晚，四周都是荒山野岭，无奈之下，他只能顺着山道走，走了几公里后，发现前面有一座寺庙。看到了能够居住的地方，他才感到心里踏实些。他来到了寺中的一座大殿内，突然发现一位道士，当他正诧异庙中怎会出现道士时，又觉得这道士、这光景非常眼熟，可是又实在想不起来，不觉地停下了脚步，仔细琢磨起来。他再端详道士的面庞，一下子想到了这位道士正是二十多年前南昌铁柱宫的那位道士！这让他感到万分惊喜。

王阳明发现这道士也在注视着他，四目相对，甚是感动！道士带着王阳明来到了一个僻静的屋子，王阳明将自己这些年来的情形细细地说来，道士非常认真地听完他的叙述后，问他有何打算。王阳明不免对前途感到失意，想要学祖父归隐山林。

道士听后，再三摇头，说王阳明如今已经被朝廷贬谪，如何能够脱身？即便真的能够隐姓埋名，远走他乡，家人也难以逃脱，一走了之，不是最好的解决办法。

王阳明听后也为自己的任性感到愧疚，这才算是真正意识到了自己的处境。他诚恳地向道士征询以后的去处，道士思索片刻，对他说，放弃志向也可全身而退，只是拥有这么深的学问，就这样放弃，岂不可惜？两人促膝长谈后，王阳明心中的郁闷已经消解大半，他似乎又找回了那个英姿勃发、斗志昂扬的自己，看到案头备有笔墨，就挥笔写下了一首诗以咏志：

险夷原不滞胸中，何异浮云过太空。

夜静海涛三万里，月明飞锡下天风。（《泛海》）

看到这首诗，一旁的道士不由地为王阳明的志向而喝彩！关于这次奇遇，王阳明的弟子有不同详略的记载，真实性还有待考证，但是不管这次的奇遇是真是假，可以肯定的是王阳明前往贵州的道路是极为坎坷的。

第四章
贬谪贵州——龙场悟道，成为一代心学大师

偶得"阳明小洞天"

王阳明与道士告别后，心情豁然开朗，不再有其他的念头，于是继续前往龙场。当时的贵州，在明朝十三个布政司中是设置最晚的，由于地理位置偏僻，交通不便，开发也是较晚的。因此，从中原通往贵州的通道也非常不便，人们主要通过两种路径到达贵州：一种是经关中、秦岭到达汉中，从汉中经由巴蜀，到达贵州，另外一种是从湖南出发，经过湘江到达广西，再从广西经过云南，到达贵州。不管哪种路径，路途都是极其遥远的，因此，在当时的人们看来，贵州是山高路远、偏僻落后的荒蛮之地。

王阳明这次要去的龙场，更是偏远，坐落在今贵州省贵阳市修文县，距离贵阳还有大概八十里的路程。王阳明来到这里后，心里一下子仿佛跌入了冰窖，与自己之前的生活相比，可谓天上地下。龙场的四周都是重峦叠嶂，树木茂盛，几乎看不到人烟。山高路远，险象环生，如果没有当地人带路，十有八九是要迷路的。而且，这里茂密的丛林中毒蛇、猛兽经常出没，人经常会受到侵袭。

王阳明到达这里后，所见到的人极其有限，天天在眼前出现的也就是自己带来的几个神情呆板的仆人。主仆几人只能偶尔碰到苗族人、彝族人、瑶族人或者是逃避官府抓捕的逃犯路过此地，因为和当地人还存在语言上的障碍，所以王阳明很难与他们沟通，更不要说达到心领神会的意境了。这使王阳明感到了一种从未有过的孤独和寂寞，他也不知道这样的日子要过多久才能结束。

龙场驿是在明太祖洪武年间设立的，当时这里的一位彝族女首领奢香夫

人为当地的稳定做出了很大的贡献，她的故事几乎家喻户晓。王阳明来到这里以后，很快就知道了这位女首领。原来，奢香夫人虽然是女流之辈，但是识大体，顾大局，眼光长远，她带领当地的少数民族民众与朝廷派来的驻军统帅马晔进行了针锋相对的斗争。当时的马晔没有考虑到当地的现状，而是急功近利地实行明朝中央政府颁布的"改土归流"政策，向奢香夫人施加压力，引起了当地民众的反抗。奢香夫人丝毫不惧他的威逼利诱，而是义无反顾地带领部下到达南京，向皇帝陈述马晔的罪状，并从当地的实际情况出发，提出了自己的想法。她的胆略和见识受到了明太祖的褒奖，为此，明太祖给予奢香很高的礼遇和官爵。同时，奢香还将马晔依法论处。她英明过人，带领民众修通了贵州通往川东的山道，并依次设立九个驿站，大大改善了当地的交通，也加强了贵州同中原的联系和往来，可谓功德无量。

但是，王阳明来到这里的时候，龙场驿已经名存实亡，完全没有了以前的热闹。这里的驿站已经是房倒屋塌，驿卒也已经走得差不多了，只剩下病残人员。王阳明被贬到这里，也根本没有官舍。不过王阳明倒是很快地转变了想法，鼓励仆人们自力更生，利用周围的树木自己建屋舍。

房屋虽然非常简陋，但是王阳明是个天性乐观之人，而且感觉十分愉悦。房子建好后，也就有了固定的居所，原本很难见到他人的地方，竟然经常会有当地的少数民族居民前来造访。王阳明和他们虽然言语不通，但是从表情、手势上来看，对方都是友善的。时间长了，人们相互之间的距离也就拉近了很多，这大大消解了王阳明的孤苦寂寞之感。

王阳明被贬到此，基本上脱离了以往政务繁忙的生活，每天都极为清闲。他是个生性好动之人，自然不可能呆坐在家中。于是，他就带着仆人四处游走，翻山越岭，常常会有新的发现，让他颇有心旷神怡之感。一日，他带着仆人四处游逛之时，竟然发现一处石洞，和老家余姚的石洞如出一辙。这个意外发现，使他感到非常兴奋，他当即就冒出了搬到这里居住的念头。于是，他带着三个仆人就回到住处，稍作收拾，就开始了石洞的居住生活。

这里的生活使他有了别样的感觉。经过几个月的相处，仆人们和王阳明之间培养出了患难与共的感情，因此，相互之间已经没有了主仆之间的尊卑之别。一次，高兴之余，大家就让王阳明为石洞取个别致的名字，王阳明随即就提出了"阳明小洞天"，此名一出，就受到了仆人的赞誉！

何陋轩与君子亭

王阳明主仆在"阳明小洞天"中的生活虽然新奇，但是好景不长，艰难的环境使得大家很快都感觉到了身体上的不适。原来，石洞阴冷潮湿，终日不见太阳，很容易滋生疾病。好在王阳明身体健硕，有抵抗能力，倒是苦了三个仆人，他们三个很快就病倒了，不得不卧床休息。王阳明天性善良，再加上和他们相处的日子里，可谓患难与共、生死相依，因此他每天只身到四周的山上采药，回来就生火熬制汤药给他们三人喝。仆人们哪里受到过如此待遇，心中自然是感激不尽。

但是，在王阳明看来，三人每日神情焦虑，病情也不见好转，于是他就再三询问其中的缘由。仆人们这才说出了他们内心的恐惧，原来当地的民众非常信奉诅咒蛊毒的法术。而人一旦生病，很可能就是被诅咒了，这样一来即使药草也无法医治。王阳明得知后，也感到束手无策。如何才能消除他们内心的恐惧呢？忽然，王阳明计上心头，他想如果自己能够占卜算卦，三人肯定对他会崇拜有加。于是，他就装模作样地算卦，告之他们诅咒已经解除，不久就会痊愈。三人信以为真，病情也就好了一半。在王阳明的照料下，三人不久就康复了。

不知不觉，来到贵州已经有些日子了。这里虽然没有京城的繁华热闹，也比不上杭州等地的富饶喧嚣，但是此处草木葱茏、空气清新，是修身养性的好地方。王阳明也感觉到自己天天跋山涉水，无形中身体已经变得愈来愈健硕，心情也舒畅了很多。他琢磨此处正是开园耕种的好地方。于是，三个仆人身体恢复后，王阳明就带着大家在石洞的四周开荒种地。如此每天汗流浃背，心里的包袱就能够卸下很多，大家倒也能够落得个自在轻松。

然而，即便每天想尽办法来使生活过得充实，这种生活还是与他饱读诗书、满腔抱负的个性格格不入，所以他满心的无奈和心酸，无人可以倾诉。

心地善良、平易近人的王阳明在龙场定居不久，便与在四周居住的苗族人、瑶族人、彝族人熟识起来，慢慢地也能够用一些语言进行沟通。大家非常喜欢王阳明给他们讲中原发生的故事，认为王阳明是无所不知、无所不晓之人。

当大家看到这位能人居然住在冰冷潮湿的山洞里时，大家都商量着要给他建造一个舒适的居所，并且很快就破土动工了。动工之前，大家反复地征求王阳明的意见，力求建造的居室满足王阳明的起居、读书、处理政务的要求。

在大家齐心协力的帮助下，新居所居然不到一个月时间就建成了。虽然此屋难以与王阳明在京城的居所相比，但是在方圆几十里内，这已经是规模最大、构造最为齐全的房屋，包括居室、书房、客厅、凉亭，远远望去可称得上庄重大方、气势壮观。新居建成后，竟然成了当地的"知名"建筑，再加上王阳明的学识渊博，因此吸引了周围很多读书人前来拜访。

王阳明的生活随着新居的落成陡然间变得忙碌而充实，他经常要接待慕名前来求教的读书人。和他们一起畅谈学术，已经成为他的一大乐事。时间长了，大家都建议王阳明为新居取个名字，王阳明也欣然应允。因凉亭的四周树木葱茏、层峦叠嶂，常常有读书人在这里谈古论今，于是就将此亭命名为"君子亭"；而居室虽然简陋，没有名贵物品的点缀，却是窗明几净、朴实无华，就命名为"何陋轩"。

王阳明认为这里既为自己的居所，同时又是传播知识、畅谈学问之地，就将这个居所命名为"龙冈书院"，此名赢得了众人一致的称赞。王阳明也非常高兴，于是就作文一篇《何陋轩记》来抒发自己的感想：

昔孔子欲居九夷，人以为陋。孔子曰：君子居之，何陋之有？守仁以罪谪龙场，龙场古夷蔡之外，于今为要绥，而习类尚因其故。人皆以予自上国往，将陋其地，弗能居也。而予处之旬月，安而乐之。求其所谓甚陋者而莫得，独其结题鸟言，山栖羝服，无轩裳宫室之观、文仪揖让之缛，然此犹淳庞质素之遗焉。盖古之时，法制未备则有然矣，不得以为陋也。

夫爱憎面背、乱白黝丹、浚奸穷黠、外良而中蟹，诸夏盖不免焉。若是而彬郁其容、宋甫鲁掖，折旋矩镬，将无为陋乎？夷之人乃不能此，其好言恶詈，直情率遂则有矣，世徒以其言辞物采之眇而陋之，吾不谓然也。

始予至，无室以止。居于丛棘之间，则郁也；迁于东峰就石穴而居之，又阴以湿。龙场之民老稚，日不视予，喜不予陋，益予比。予尝圃于丛棘之右，民谓予之乐之也，相与伐木阁之材，就其地为轩以居予。予因而醫之以桧竹，莳之以卉药，列堂阶、辩室奥。琴编图史，讲诵游适之道略具。学士之来游者亦稍稍而集，于是人之及吾轩者，若观于通都焉，而予亦忘予之居夷也，因名之曰"何陋"，以信孔子之言。

嗟夫！诸夏之盛，其典章礼乐，历圣修而传之。夷不能有也，则谓之陋，固宜。于后蔑道德而专法令，搜抉钩蘖之术穷，而狡匿谲诈无所不至，浑朴尽矣，夷之民方若未琢之璞、未绳之木，虽粗砺顽梗，而推斧尚有施也，安可以陋之？

斯孔子所谓欲居也欤？虽然，典章文物则亦胡可以无讲？今夷之俗，崇巫而事鬼，渎礼而任情，不中不节，卒未免于陋之名，则亦不讲于是耳。然此无损于其质也。诚有君子而居焉，其化之也盖易，而予非其人也，记之以俟来者。

王阳明用自己亲身的经历，赞扬了当地人民质朴且乐于助人的品格，批驳了"陋"的说法。孔子曾居九夷，不以为陋，王阳明今居龙场，也不以为陋。相反，比起中原那些诡诈、无所不至的人来说倒是更加显得本真，像从未雕琢过。当然，这篇《何陋轩记》并非简单地描述居所本身，而是以此来表达自己对人生、社会的思考。王阳明出身书香门第，家境优越，衣食无忧，因此他自己从小到大并未直接接触过生活在社会最底层的人。之前自己对社会的理解和认识多是受到书籍的影响，很少有机会能够切实接触到社会的真实生活。因此，这次被贬到贵州来，虽然在物质生活上的确非常简陋，但是却是他人生中非常重要的阅历，为他提供了认识和理解社会最穷苦民众真实生活的机会，更加激励着他洞察世事、砥砺学问的志向。

王阳明从小在祖父的身边长大，祖父偏爱竹子，在居所的四周都有竹林，那里是王阳明儿时生活的乐园。长大之后，王阳明就意识到祖父爱竹不仅仅在于竹子本身，更在于竹子的品质。从小的耳濡目染，王阳明也对竹子有了特殊的爱好，所以他也在自己的居所四周种植了很多竹子，以此鼓舞自己要坚持不懈地砥砺学问，有所作为。他的精神也深深地打动了前来切磋学问的读书人。不过王阳明心里非常清楚，自己距离竹子的高洁品质，还有很大的差距，要再接再厉一步步接近竹子的境界。

龙场悟道，吾性自足

王阳明是想过自己的日子，但是偏偏还是无意得罪了人。一个在京师得罪了权贵被贬谪至此的驿丞，竟然明目张胆，有恃无恐地在这里传学论道，而且还得到了这么多人的拥护。这让当地的官员十分不满，他觉得王阳明来到他的地盘上，不但没有跟他打一个招呼，而且在做任何事情之前，都没有向他汇报，作为一个上级，他愤怒了。

作为报复，他开始找碴，针对王阳明做出了许多坏事情。他先是派人来砸场子，但是群众团结的力量大，他没有得逞。接着，他又偷偷找到贵宁道按察司副使毛应奎，进行各种挑拨离间的说辞，将王阳明说成了一个坏人。

但是，他还是低估了毛应奎的智商，毛应奎不是三两句话就能糊弄住的。毛应奎亲自找到王阳明，与他一番长谈之后，便被王阳明的人格魅力和学问所征服了，两个人成了好朋友。

这样一来，王阳明在当地的地位更加崇高了，大家无论有什么问题都喜欢来向他讨教，但王阳明并不为此而骄傲，他继续前行在追寻圣贤的道路上。为了更好地体会思想而不被人干扰，他专门找寻了书院附近的石洞来自省，甚至还为自己做了一个石头的棺材，他常常躺进去，闭目沉思，进入一个忘我的境界，体会死亡的感受。

王阳明即使在被贬之地，他也仍然在思考着人生和万物、人性和宇宙之间的关系。这也是时常萦绕在他脑中的问题，究竟自己所谓的"吾心"和"物理"，二者之间看似简单，实则纷繁复杂的关系到底是什么呢？

对这个问题，很多圣贤之人都有思考，先是孔子最初提出来，但是尚未给出清晰的答案。他的学生则认为："夫子之文章，可得而闻也。夫子之言性与天道，不可得而闻也。"后世的读书人也在进行着思考，尝试着给出明确的答案，但是不经意间竟然陷入了错综复杂的境地，以至于成了专门的学问。后来，宋代的朱熹，潜心钻研，终于悟出了其中的道理，给出了令人信服的解释。

王阳明一心想要实现做圣贤的梦想，这个问题自然也是不能绕开的，他希望能够站在前人的肩膀上有更大的突破。当然，这个突破是很艰难的，要抛开世俗的功名利禄，苦苦思索，心无旁骛。

功夫不负有心人。王阳明日日思索，反复推敲，终于看到了希望。一天，他突然意识到自己一直在思索的人性与天道之间并不存在鸿沟，而是能够联为一体的！所谓的天道，也就是宇宙万物每时每刻的变化规律或原理，而这些并不是不可认识、不可理解的，人天生就具备了体察万物的本能，天道是人能够体悟到的。看似复杂、抽象的天理、物理，其实都在个人的心中。而通往圣贤的路上，也就需要不断挖掘自己的内心、精神境界方可达到。"圣人之道，吾性自足，不假外求。"

"圣人之道，吾性自足，不假外求"，认识到这些使得王阳明惊喜万分。当时正在深夜，仆人已经沉沉地睡着了，王阳明近似癫狂的叫声惊醒了他们。看到主人失态的狂喜，嘴里说着他们无法明白的话，仆人们都感到莫名其妙。

王阳明悟出了"圣人之道，吾性自足"的道理，就想通过对五经《诗》《书》《礼》《易》《春秋》内容的解释进行验证。无奈身边没有书本，他只好凭借记忆进行解释，结果完全行得通，五经都得到了近乎完美的解释。而与朱子的注解进行一一对照时，却发现完全是自相矛盾。这使他更加坚信朱子误读了五经，而自己通过长期坚持不懈的努力终于与圣道吻合了。

对于自己这个追求圣贤的心路历程，可以在他十年后所著的《朱子晚年定论》序言中得到解释。王阳明体悟到圣道的历程充满了艰辛和挫折，走了很多弯路，但是他从年少时树立做圣贤的雄心壮志之后，虽然屡屡遭遇到挫折，但从未放弃，而是苦苦探索。即使被贬到荒蛮之地，也一如既往地潜心钻研，终于悟到"圣人之道，吾性自足"。

从此之后，王阳明的生活发生了变化，正如他所讲"常快乐才是真功夫"，艰难的环境下王阳明怀着快乐的心去领悟生命，实践思想。

贵州讲学，提倡知行合一

王阳明被贬到龙场的遭遇极其坎坷，一般人常常会因个人生活境遇的巨大落差而感到心灰意冷，也会很难适应当地恶劣的生活环境。但是，王阳明在逆境中就显示出了他与其他人不一样的地方。王阳明并没有被眼前的困难所吓倒，他即使身处逆境，也没有放弃自己想要做圣贤的宏伟理想。而这件看似失意的事情，也被他经营得有声有色，充满了生机。不仅如此，他的学问也在这个时期远离了繁华、喧嚣得以沉静下来。

王阳明在龙场适应了一段时间之后，就开始在当地讲学。与此同时，一些读书人也不远千里，来到贵州追随他。这使得王阳明大为兴奋，他太需要和弟子们一起讲学，来畅谈自己的感悟。于是，他经常和弟子们一起跋山涉水来体悟当地的实际生活状况，也经常和弟子们一起到农田里感受大自然的气息，弟子们也经常会被恩师的这种乐观、执着的心境所感染，更加敬重他的为人。

"讲习有真乐，谈笑无俗流；缅怀风沂兴，千载相为谋。"这也是王阳明当时的潇洒写照。王阳明在内心里非常希望这些弟子也能够不被物质生活的安逸和奢华所诱惑，不管外在的物质环境是优越还是贫寒，都能够保持住内心的宁静和对治学的孜孜不倦。遗憾的是，真正能够达到这种境界的，毕竟是寥寥无几。

王阳明在龙场讲学、悟道的事情已经传播得相当远。当时的很多读书人都希望能够与他当面切磋，相互交流。在正德四年（1509）的一天，贵州提学副使席书来到了龙场，他慕名前来，并且提出了一个问题"朱陆异同"，希望王阳明能够就此问题做出回答。这里所说的"朱"是指朱熹，"陆"是指陆九渊，这两位都是南宋时候的大思想家，但二人之间的思想观念存在很大的差异，这个问题也是后世的读书人非常希望能够得到解释的问题。

对于这个问题，王阳明当然不可能没有考虑过，他已经有自己的观点了。但是，当有人专门就此进行请教的时候，王阳明并没有直接给予明确的回答。而是提出了自己的见解，他将自己的见解称为"知行合一"。初次听到这个观点，席书并没有马上信服，而是带着狐疑返回。回去之后，他对此观点进行彻夜反思，有所感悟之后再来请教。如此经过几个回合后，终于意识到了这个观点的精髓所在，兴奋之情难以掩饰，对王阳明的敬重也是与日俱增。为此，他特地邀请王阳明到贵阳书院讲学，想着能够把他的学问传播给书院里的读书人，王阳明欣然应允。

正德四年（1509），王阳明到贵阳书院讲课，前后将近有一年的时间。王阳明的这一举动在《明史》上有记载，并认为他的讲学达到了"贵州士始知学"的境界，这无疑是对王阳明的赞誉和褒奖。王阳明在贵州书院所讲的正是当初他在龙场悟出的思想，即"知行合一"的学说。

第五章
仕途转机——守得云开见月明

西辞龙场东归去

王阳明接到吏部的文书后，于正德四年（1509）年底，结束了自己的被贬生涯，向当地的父老乡亲辞行，众人依依不舍地送走了这位学问精深、平易近人的饱学之士。

对于王阳明自己而言，他尚未完全做好前去庐陵任知县的准备，他对自己的仕途充满了疑惑，也无法预知前方等待他的是福是祸。他在前去的途中，思绪也常常在飘荡，来反思自己的人生。途中，恰逢正德四年的除夕夜，他感慨良多，写下了：

扁舟除夕尚穷途，荆楚还怜俗未殊。处处送神悬楮马，家家迎岁换桃符。

江缪信薄聊相慰，世路多歧谩自吁。白发频年伤远别，彩衣何日是庭趋。

远客天涯又岁除，孤航随处亦吾庐。也知世上风波满，还恋山中木石居。

事业无心从齿发，亲交多难绝音书。江湖未就新春计，夜半樵歌忽起予。

（《舟中除夕二首》）

王阳明已经经历了仕途的起起落落，心态变得比较淡定、从容，不会再为一时的得失而心潮跌宕。他能够用豁达、圆融的心态来面对自己身边的事物。想想当初自己被贬之时，心情怅然，到了被贬之地后，反倒能够修身养性，孜孜不倦地做学问。历经两年的磨炼，自己已经变得从容、豁达，对今后的人生也变得坦然了。即使今后再有什么风吹浪打，也能够依靠自己的力量来从容应对。

王阳明乘坐的船只顺着江漂流而下，行驶顺畅，很快就过了黔阳、泊淑浦，即将到达辰州府的治所玩陵（今属湖南）。他打算在这里登岸，因为他惦记着挚友杨名父，想要和老友倾诉衷肠相会。而他在龙场时的几位当地学生冀元亨、蒋信、刘观时，从他人那里打听到自己的恩师要将在辰州上岸，都非常想要和恩师相见，倾听他的教诲，他们是王阳明在龙场时慕名前去投师的。

辰州是湘西非常值得一去的地方，也是当时从湖广进入贵州的必经之地。这天，王阳明乘坐的船只刚刚到岸，他还正在盘算着如何与老友、学生们相见，就有一仆人前来询问。王阳明一听，居然是自己的学生冀元亨等人派来的。这些学生们早早就来到了这里，以便守候着恩师登岸。见到恩师到达，众学生都非常兴奋，终于见到了日思夜想的恩师。

弟子一见王阳明的面就嘘寒问暖，把老师簇拥在中间，好不热闹。攀谈片刻后，弟子们非常清楚恩师的偏好，特意带着王阳明来到龙兴寺，这个寺庙位于虎溪山前。

王阳明虽然不再一味地沉溺于佛道，却仍然乐于与僧论道，这已经成为王阳明人生一大乐事。每次论道，都能够让他有所觉悟。所以，他对学生们这次的安排非常满意，也明白这些学生已经在一定程度上和自己是心心相印了。

被贬两年之后，见到昔日的老友使王阳明十分高兴。大家在一起畅谈过去几年的生活，而王阳明的经历也带给了大家很多的惊奇。王阳明所住的龙兴寺有不可小视的历史渊源，始建于唐贞观年间，可谓名副其实的千年古刹。其地理位置也相当优越，背靠虎溪山，面临沅江水，又与对面的笔架山隔江相望，引得无数的文人墨客前来拜访。

王阳明信步来到了山顶，远远望去，对面的山峦起伏，甚是壮观。他的心头不由一热，想到这里曾经是自己来过多次的地方，一草一木仍然是那么熟悉，而被贬两年的时间里也带给自己很多凄苦和痛楚。

王阳明在等待杨名父的几天时间里，又细细端详了这里的一草一木。他期待着与老友重逢的喜悦，可是左等右等始终不见老友到来。王阳明再也待不住了，只好继续赶路。

　　王阳明离开辰州，又一路前行。所经之地都有自己曾经留下的足迹，这些足迹带给了他久违的感动。他的学生冀元亨想要跟随老师前去，以便有足够的时间向老师请教，探讨学问。王阳明看到学生如此勤奋好学，也欣然应允。

　　两人途径桃源县，陶渊明笔下的千古名篇《桃花源记》和《桃花源诗》就是在这里有感而发的。此地风景旖旎、民风朴实，王阳明本想停舟登岸，但是想到要赶赴就任，也就罢了。

　　师生二人经过常德后，见到了烟波浩渺的洞庭湖。想到爱国大夫屈原在这里慷慨激昂地表明自己的志向，王阳明心里在与屈大夫进行对话：古往今来，即使世事浑浊，也不是你屈大夫一个人在孤独前行，即使世人皆醉，也不是你屈大夫一个人有清醒的头脑，我王阳明也立志成为一个品行高洁的饱读之士。当然，屈大夫早已离去，不可能听到王阳明的话，但是，此刻萦绕在他头脑之中的话却仍清晰如在耳边：

　　嗟夫！予尝求古仁人之心，或异二者之为。何哉？不以物喜，不以己悲。居庙堂之高则忧其民，处江湖之远则忧其君。是进亦忧、退亦忧。然则何时而乐耶？其必曰"先天下之忧而忧，后天下之乐而乐"乎。

　　北宋范仲淹的千古名篇《岳阳楼记》，成为后世很多文人表明心志的不朽著作。而其中的"不以物喜，不以己悲""居庙堂之高则忧其民，处江湖之远则忧其君""先天下之忧而忧，后天下之乐而乐"也成为后世为官者的志向。的确，古人有言：君子坦荡荡，小人长戚戚。作为一个七尺大丈夫就应该坦坦荡荡，屹立于天地之间。岂能因为个人一时的得失、荣辱而斤斤计较呢？想到这里，王阳明顿感胸中热血沸腾，一瞬间，似乎又回到了那个英姿勃发、踌躇满志的少年时代。

　　王阳明来到酸陵时，想到自己在两年前奔赴贵州途中风餐露宿的情景，心中充满了酸楚，不禁感慨物是人非，这时他就萌生了前去看看的念头。王阳明弃舟登岸，见到曾经熟悉的寺庙、僧人和朋友。

　　不知不觉已经到了江西。王阳明对这里非常熟悉和留恋，这里很多地方都留下了他的足迹。这使他倍感亲切，产生初回故里的感触。

安民于庐陵

在正德五年（1510）三月，王阳明经过一路的跋山涉水，终于来到了江西吉安府庐陵县就任。吉安府治就是庐陵，因此这个地方会聚了吉安府各地的民俗风情，非常具有代表性。如果能够将其治理得井井有条，对整个吉安府都是有很大影响的。

王阳明到任后，他的治理之道与其他人并不一样。他没有忙于应酬当地的地方豪强，也没有埋头去处理那些积压已久的案子。而是认为要用教化的方式来烧新官上任的三把火。他已经深入地了解到当地百姓深受镇守中官的剥削，民不聊生。因此，在王阳明看来，解决这个问题是当务之急。镇守中官是在明朝成祖永乐年间开始的，由朝廷向边镇派驻宦官，之后，内地地方上也逐渐设有这个职位，这些人的权力不受巡抚文官和镇守武官的制约，专门搜刮民财，向宫廷进贡，百姓苦不堪言。

王阳明首先撰写了题为《庐陵县为乞蠲免以苏民困事》的报告，发给吉安府和江西布政使司，要求当地的镇守中官免除加给本地的过重税负。他深知地方百姓与官府之间因为过重的赋税以及各项摊派，已经造成了很大的怨气，百姓的怒火可谓一触即发。如果再有点风吹草动，极可能会引发造反、暴乱的后果。正当他还在思考如何解决这个大难题的时候，就发生了大批的民众群情激愤、怒气冲冲地要与他这位知县理论的事情。

王阳明一看到这个阵势，就明白多年来积压的矛盾终于爆发了，但是对于呼天抢地的混乱场面，他并没有乱了阵脚，而是处理得从容、镇静。

他先让村民们将自己遭受的不合理摊派讲述清楚，当听到那些名目繁多的苛捐杂税后，王阳明情绪也非常激动，他果断地说道："各位父老乡亲们，本知县到任时间不长，但是对于各种苛捐杂税繁多的事情已经有所了解，我一定会为民做主，申告上司，进行蠲免。"

这些村民们已经习惯了官员的相互推诿，这次也并没有寄希望于这位新任知县，他们只是想要发泄心中的不满，因此对于王阳明的话都感到非常意外，也深受感动，表示愿意相信王阳明做出的承诺。果然，王阳明很快就发布了正式的公文，宣布豁免一切加派的银两。这个公文使得当时的县城内外处于一片兴奋之中。

大概是王阳明一向刚正不阿、做事执着的秉性早已被人所熟知，当时的江西镇守中官竟然对于王阳明的这个要求没有表示异议，默许了这个提议。这也大大出乎了王阳明的意料。但是，不管怎样，自己在庐陵的第一件事总算完成得相当不错。而王阳明在老百姓中间的威望一下子树立起来了，人们奔走相告。但是也引发了一些人将一些鸡毛蒜皮的小事告之县衙的，并且这些人还经常纠结很多不明真相的群众掺杂其中，企图扩大事端，造成天下大乱的景象。王阳明对此种情况已经有所了解，他为此撰写了告示，先在百姓中造成舆论的影响：

庐陵文献之地，而以健讼称，甚为吾民羞之。县令不明，不能听断，且气弱多疾。今与吾民约，自今非有迫于躯命、大不得已事，不得辄兴词。兴词但诉一事，不得牵连，不得过两行，每行不得过三十字。过是者不听，故违者有罚。县中父老谨厚知礼法者，其以吾言归告子弟，务在息争兴让。呜呼！一朝之忿，忘其身以及其亲，破败其家，遗祸于其子孙。孰与和巽自处，以良善称于乡族，为人之所敬爱者乎？吾民其思之。（《告谕庐陵父老子弟》）

在这份告示里，王阳明主要是表达自己为百姓解决问题的心意。他劝告百姓不要闹事，否则只会招来官府的惩罚，也无法解决问题。如果有冤屈，就有秩序地向他呈表，他自会一一解决。

告示发布后，有些民众已经了解了王阳明的治理之道，再加上王阳明在减免赋税上已经显示出了雷厉风行、刚正果断的作风，当地百姓也不敢轻易地闹事。

但是，当地争讼风气的形成由来已久，单凭一个张告示并不能解决深层次的问题，为此王阳明制定了一整套的措施用来教化百姓。

王阳明将之前已经基本停滞的申明亭和旌善亭，重新兴起，提出里老要担负起教化乡民的责任，同时各家的户主也要管教自家的子弟。而对已经名存实亡的里甲制度，也重新恢复起来，要求将各家各户都形成一个相互制约、相互影响的大单元，县城内十户为一甲，乡村就以各村为单位，相互帮助，相互支持，减少打架、斗殴等事件的发生。通过乡民这种自我管理、自我约束的方式，当地的社会秩序有了很大的改善，民风也逐渐趋于淳朴。

王阳明在庐陵县的时间并不长，但是在近半年的时间里，做了很多影响深远的事情，仅就诉讼的事宜来说，就大大平息了当时的混乱情形，而这段经历也是充分得到认可的，他的弟子对他这段经历也有所记载。王阳明去世后，他的好友湛若水在为其所作的墓志铭中也提到他的功绩，认为他在庐陵"卧治六月而百务具理"。从王阳明的治理效果来看，完全是名副其实。

刘瑾伏诛，仕途出现转机

沉浮的官场总是会出现很多预想不到的因素影响着个人的前途命运。对此，王阳明早已经看得很淡，他也见惯了同朝为官的人中起伏不定的宦海命运。对于自己的前途，他也从不愿意去过多计较。

令他没有想到的是，自己在任庐陵知县期间仕途上居然会发生很大的转机。而昔日一向嚣张跋扈的宦官刘瑾多行不义，锒铛入狱，不久就被处以死刑。刘瑾落得如此下场也是王阳明没有想到的。

原来，刘瑾一直仗着自己在皇帝身边，深得皇上宠信的优势，一手遮天，做了很多贪赃枉法的勾当。朝中很多大臣对此早已是愤恨不已，但是由于惧怕证据不足不仅扳不倒他，反而会被其陷害，所以只好装聋作哑，任由其胡作非为。王阳明曾经在诗中说过"世事验来还自领"，的确，这句话在刘瑾身上得到了应验。作恶太多，其实就是在自掘坟墓。刘瑾的倒台和他曾经陷害的杨一清有着很大的关系，杨一清曾经遭到了刘瑾的百般诬陷并且被投入大牢，遭受了皮肉之苦，所以他对刘瑾恨得咬牙切齿。但是，吉人自有天相，后来很多大臣为杨一清鸣不平，集体上书朝廷，这才使他得以重新启用。为此，杨一清一直在悄悄地收集刘瑾的罪证，希望有朝一日能够为民除害，也为自己申冤。

这个机会很快就有了，导火线就是刘瑾对军屯的土地课以重税，他派去的差役也狗仗人势，常常随意地殴打欠税的民众。不料一日，差役竟然殴打了安化王封地的人。安化王早就对朝廷不满，因此他就以此事为理由要造反，他将刘瑾的罪状尽数并传到各边镇，后来有巡抚檄文上报朝廷安化王造反，引来了朝廷的大举镇压。

杨一清即是朝廷的大军统帅，在结束镇压后，他遂收集了刘瑾的罪证，上书朝廷力陈刘瑾的种种罪恶，指出后者是引发了安化暴乱的罪魁祸首。皇帝在证据面前，不得不下令对刘瑾抄家，果然从刘瑾那里查抄出来大量的金银财宝以及很多违禁品。于是，刘瑾被凌迟处死，很多曾经遭受其陷害的人总算出了一口怨气。

刘瑾的倒台也引发了官场的很大变动，王阳明也出乎意料地迎来了仕途上升迁较快的时期。他在庐陵担任知县半年后，要进京朝觐。这次进京也使他得以有时间与昔日的老友们重聚，畅谈一下离别后的心得。大兴隆寺是他曾经经常讲学的地方，那里聚集着他很多志同道合的好友，因此，他请好友这次仍然给他安排在那里居住。

就在王阳明等待着朝觐期间，吏部下达了晋升的委任书，王阳明从地方知县升为南京刑部四川清吏司的主事。他接受委任书后，心里感慨万千，自己曾经在十年前就担任过刑部云南清吏司的主事，没想到过了十年，竟然又升迁到南京刑部四川清吏司主事的位置，而之后发生的一系列升迁更让他有点无所适从。

还未前往南京就职，吏部又下达了新的任命，改任命王阳明为吏部验封司主事，分管掌封爵、袭荫、褒赠、吏算等事，为吏部的第二司。不久，王阳明迎来了再次的升迁，他被升任为吏部文选司员外郎，掌管着文职官员和吏员的升迁、改调等事。而正德七年三月，又从升吏部考功司郎中，上升为南京太仆寺少卿，进入了当时的正四品行列。

短短的两年时间里，王阳明从一个正七品升为正四品，升了三品六级，不禁使得同朝为官的同僚们艳羡不已，就连他自己也没有料到自己时来运转能够获得如此重用。

传道于京师

王阳明多年来一直坚持着自己想要成为"圣贤"的梦想，也非常渴望能够与志同道合的友人一起谈论学问。他的很多朋友都是他在一步步靠近圣贤路上的良师益友，湛若水就是其中之一。他在弘治十八年考中进士，被朝廷任命为翰林院庶吉士，有了与王阳明相识及长期接触的机会。两个人之前就已经有很深的接触，彼此对对方的学问、人品都非常敬仰，因此能够经常见面谈古论今，自然是人生一大乐事。王阳明为了能够方便与他切磋学问，也搬到了湛若水的住处附近。

当时，王阳明在京师讲学的地点就设在大兴隆寺。大兴隆寺兴建于明英宗时期，原本是皇帝要为自己祈福所建的，可是工程浩大，劳民伤财，官府四处征用民夫来修建，导致很多家庭妻离子散、家破人亡，一时间民怨四起。修建的第二年就发生了土木之变，蒙古瓦剌部与明英宗的军士发生了激烈的战争，明朝军队战败，英宗被俘。原本寄希望能够带来福音的大兴隆寺，不但没有带来福音，而且为造寺者带来了灭顶之灾。但是即便是这样，大兴隆寺还是成了很多寻常老百姓的好去处，进京赶考的举子、走南闯北的商人、讲学的儒者都会汇集到这里来。

王阳明对大兴隆寺的氛围非常喜欢，这里充满了谈学论道、切磋学问的气氛。如今重返北京，又住大兴隆寺，可以与挚友湛若水等人通宵切磋，这对于王阳明来说是何等的兴奋。与王阳明交往较多、关系最为密切的自然是湛若水，再有就是浙江的黄绾。

黄绾是经由著名学者、致仕户部侍郎储罐介绍与王阳明认识的。黄绾对于结识、接触王阳明及湛若水这两位学术精深的人物内心充满了感激、兴奋之情。当然，这位黄绾年少轻狂，难免带有夸大、炫耀的成分在里面。但是他对王阳明能够留在北京还是发挥了一些作用的。当时王阳明被发配到贵州，内心凄苦，就写诗抒发自己内心的苦闷，并将诗文如《忆昔答乔白岩因寄储柴墟三首》《夜泊石亭寺用韵呈陈娄诸公因寄储柴墟都宪及乔白岩太常诸友》等寄给好友乔宇等人。

当时乔宇担任户部侍郎，王阳明和乔宇两人在学问方面有很多共同之处，还经常在一起探讨，前者对于后者的观点十分在意。王阳明觉得，学问的道路上有乔宇相伴，实为平生幸事。

王阳明认为，做学问应该贵在专、贵在精、贵在正。这些观点都得到了乔宇的赞同。乔宇在谈到因为专心圣贤之道而不把下棋、文章等放在心上时，询问王阳明这是否妥当，王阳明对此也表示了欣赏。

王阳明认为专于圣道才算是专，精于圣道才算是精。专心下棋而不专于圣道，这种专是沉湎；精于文章而不精于圣道，这种精是癖好。圣道是既广又大的，文章技能虽然也是从圣道中来，但是只卖弄文章和技能，这就离圣道太远了。所以非专便不能精，非精便不能明，非明便不能诚，所以古书说"唯精唯一"。精是精粹，专是专一。精然后明，明然后诚，所以明是精的体现，诚是精一的基础。一，是天下最大的本体；精，是天下最大的功用。

听了他的这番见解，乔宇既佩服，又觉得有些气馁，责怪自己为什么没有早点明白这个道理。王阳明怕他受了挫折，对他大加勉励了一番。

两人的切磋有着共同的学术志趣，充满了智慧和兴奋，彼此都从中受益匪浅。而在大兴隆寺的讲学和谈经论学也吸引了全国很多读书人，但凡有机会进京，比如进京赶考都希望能够到这里体悟一下这种治学的氛围。

打通朱陆

大兴隆寺的畅谈学问的确令王阳明感到了钻研学问的人生意境，但是好景不长，朝廷任命乔宇为南京礼部尚书，大家不仅要离别，就连王阳明平日在京城中说话行事都要注意一些，因为乔宇一走，王阳明等于在朝廷失去了靠山，无人再能帮他讲话。再加上身为天子的皇帝和那些拼命捍卫朱学的士大夫们不可能容忍有人在自己的眼皮底下肆意地闹腾。因此，王阳明本无所指的切磋学问就变得非常敏感起来。

王阳明的为学之道也深深地影响到他的弟子。弟子们平日里熟读古籍，对朱学、陆学常常会有自己独特的见解，对此王阳明非常赞许每个人都有自己的想法，他常常鼓励弟子们之间展开激烈地争辩，因为真理往往越辩越明。

而对于王阳明自己来说，他也常常陷入思考中，对朱学与陆学产生的冲突、矛盾，如何进行评判也是他自己想一直寻求的答案。王阳明虽然在表面上表明这两种学说各有优势，但是经常还是在字里行间显示出他推崇陆学的想法，而对于朱学则是表现出了不满的态度。时间一长，弟子们就已经不能满足与王阳明含糊地回答了，而是希望王阳明能够旗帜鲜明地表明自己的立场。

而王阳明其实也希望能够借助于弟子们的争辩来表明自己的观点，为此他特意给自己的弟子写信，来清楚地表明自己的想法。王阳明认为，陆学宣传尊德性，同时也提倡应该深入到实践生活中，不断感知、体悟到真理的存在，而多多阅读书籍也能够增长个人的知识和提升思想境界。他的观点已经非常明确，自己是非常推崇陆学的。王阳明的这个观点，使得很多弟子恍然大悟，原来陆学的精髓在这里。王阳明的这个观点也使很多人对陆学的误解有所消除。

朱学在明朝备受推崇，王阳明对朱学的非议，招致其信奉者的抨击，他们对王阳明的观点非常不满，公开表示反对。反对声一片也招致了朝中当权者的警惕，他们不仅对朱学遭受攻击而感到不安，也为王阳明公开讲学的做派感到不安。他们就想方设法要来打击一下王阳明的狂妄，所以大兴隆寺对讲学的三种学术主讲人施行分离的做法，避免他们再聚在一起，散布不利于他们的言论。

王阳明志同道合的友人湛若水受朝廷命令出使安南，分开之时彼此的心中都充满了无限的伤感，不知何时才能够再聚首。湛若水带给了王阳明很多思想上的启发和领悟，对此王阳明心里一直非常感激。为了表达自己对好友的深厚情谊，王阳明特作文《别湛甘泉序》，既是对自己治学经历的反思和剖析，也充满了对好友的敬意和深情：

> 颜子没而圣人之学亡。曾子唯一贯之旨传之孟轲，终又二千余年而周（敦颐）、程（颢）续。自是而后，言益详，道益晦；析理益精，学益支离无本，而事于外者益繁以难。

的确，人生难得一知己，知音难觅，能够在治学的路上相互切磋、相互探讨真是一大幸事，如今面临分别，怎么能不感慨呢？

原来这才是《大学》

在王阳明的弟子中，他对大弟子徐爱尤其器重，徐爱不仅与他有着姻缘关系，是他的妹夫，而且王阳明对徐爱为人厚道、积极追求进步的品质也非常看好。徐爱拜他为师的时候，正是在他被朝廷贬往贵州之时，当时很多人担心他贬谪官员的身份祸及自身，所以唯恐避之而不及。而唯独这位徐爱仍然坚持要公开拜师，这一举动给当时四面楚歌的王阳明带来了很大的心理安慰，能够在这个时候还坚持力挺自己的人是何等难得呀。

其实，说到师道，王阳明也感到很惭愧，因为自己这几年四处奔走，很少有机会能够为这位徒弟授课。他也在一直寻找机会，能够有所弥补。

正德七年底（1512），王阳明前往南京任职，恰好徐爱也到京城接受考核，并且被朝廷晋升为南京工部员外郎，天赐机缘，恰好能够同行，圆了两人要切磋学问的梦想。

王阳明看着眼前这位仍显稚嫩的弟子，不禁感慨起来。几年不见，二十六岁的徐爱这个时候虽然已官至五品，但是那汲汲于求学的性情却依旧没有改变，在王阳明看来仍然是个尚带稚气的青年。只是不知道分别的这几年时间里，这位弟子的学业进展如何？是不是因为缺少了老师的督促就懈怠了呢？想到这里，他有意想要考一下这位弟子的学问。也许是心有灵犀，徐爱心里也在嘀咕着，与老师分开五年，师生好不容易能够重聚在一起，老师肯定也想知道自己的学业进展。他自己自认为这几年还是丝毫不敢懈怠，所以还是颇有底气的。

于是，王阳明就让徐爱将《大学》经文诵读一遍，这对于徐爱来说，简直是不费吹灰之力，自己早在十多岁时已将其背得滚瓜烂熟了。于是他就随口诵背起来。王阳明听完后，问道："你的确非常熟悉，可曾想过这篇经文有哪些错误？"

这一问使得徐爱非常吃惊，他满腹狐疑，难道自己把经文背错了吗？不可能，所以他思索片刻，仍然不明白老师话里的意思。

王阳明则微微一笑，谈道："这个错误不在于你，而在于程颐和朱熹这两位宋朝的大儒，他们自认为对孔孟学说的解释是最权威的，但是他们也曾误读，例如孔子谈到'修己以安百姓'。所谓的安百姓就是要亲民，教化民众，但是这两位宋朝的大儒却认为是'新民'，而不是'亲民'，这难道不是错误吗？"

王阳明的解读一下子使得徐爱愣住了，他自小所接受的教育中都将程颐和朱熹奉为经典、权威，从来没有丝毫的怀疑。如果真如老师所说，自己接受的程朱学说岂不是被误导了吗？所以，这也促使徐爱开始反思程朱学说，他后来将自己与老师之间的对话，详细地记载在阳明语录即《传习录》的序言中：

先生于《大学》"格物"诸说，悉以旧本为正，盖先儒所谓误本者也。爱始闻而骇，既而疑，已而殚精竭思，参互错纵以质于先生，然后知先生之说若水之寒，若火之热，断断乎百世以俟圣人而不惑者也。先生明睿天授，然和乐坦易，不事边幅。人见其少时豪迈不羁，又尝泛滥于词章、出入二氏之学，骤闻是说，皆目以为立异好奇，漫不省究。不知先生居夷三载，处困养静，精一之功固已超入圣域，粹然大中至正之归矣。

爱朝夕炙门下，但见先生之道，即之若易而仰之愈高，见之若粗而探之愈精，就之若近而造之愈益无穷，十余年来竟未能窥其藩篱。世之君子，或与先生仅交一面，或犹未闻其謦咳，或先怀忽易愤激之心，而遽欲于立谈之间，传闻之说，臆断悬度，如之何其可得也？从游之士，闻先生之教，往往得一而遗二，见其牝牡骊黄而弃其所谓千里者。（《传习录上》）

　　徐爱对老师的质疑也是钦佩之至，这使他想到了孟子曾经谈过，尽信书不如无书。凡事都要有敢于质疑的勇气，才能促使自己的反思，不断提升自己的学问。否则只能是沉浸在对古人、权威的迷信中，故步自封。徐爱也深知老师的学问并非信口开河，而是经过卧薪尝胆的苦心钻研而获得的。而对于其他人来说，对于王阳明敢于挑战经典、权威的做法则是非常反感，很多人对王阳明的解读不能接受，王阳明自己也因此遭受到了很多的批评和指责。的确，挑战在明朝已经存在一百多年的权威并非一朝一夕的事情，需要人们有一个漫长的接受过程，更需要社会实践的不断检验。

　　因此，这一路对徐爱来说，可谓是收获颇丰，王阳明也对这个弟子非常喜欢，师生之间难免惺惺相惜。但是，遗憾的是，天妒英才，徐爱英年早逝，年仅三十一岁。

第六章
巡抚新命——文攻武卫，屡建战功

在滁州的岁月

朝廷任命王阳明为南京太仆寺少卿后，王阳明由于诸多事情的牵绊，一直到十个月之后，也就是正德八年（1513）十月才来到滁州。

到任之后，王阳明发现这个差使的确是清闲，经常有大把的时间无事可做。他这个南京太仆寺少卿，主要是负责马政，但是当时朝廷对于马匹的管理相当松懈，马匹的数量也日益减少，因此这也是个闲职。

当然，朝廷之所以将王阳明安置在这个位置上，也是有意在冷落他，因为王阳明对政事经常发表自己的观点，口无遮拦，难免会触及一些实权派甚至是皇帝的软肋，因此调配他到这里就是为了打击一下他的气焰。而这个安排对于王阳明来说，的确让人非常失意，他一度陷入深深的失落中，难道自己满腔的抱负就要荒废在这马匹的管理中吗？但是，反过来又想，事情既然已成定局，悲观失望、唉声叹气都无济于事，这个差使正好清闲，可以用来潜心做学问，去除自己过去浮躁不安的性情，也并非都是坏事。

自古以来，很多仁人志士的成功之路都并非是一帆风顺的，磨难、挫折都是难免的。而真正决定个人发展的并非这些外在的条件，而是自己的内心。一时的失意反倒能够促使有志之士提升对个人意志的磨炼和人生的感悟，从这个角度来说，反倒是件好事。

滁州距离大都市南京虽然仅有二百里，但是由于交通不便，因此经济发展相对落后，也就显得冷清一些。这对于王阳明来说，正好可以远离喧嚣与繁华，潜心钻研学问。因此他在这里也开始了讲学的生活，经常与弟子传授学问，也自得其乐。

滁州虽然经济并不发达，难以与南京这些大都市相比，但也是很多文人墨客向往之地。这个与宋代欧阳修的那篇著名的《醉翁亭记》有很大关系。欧阳修是当时的一代大文豪，受到了天下很多读书人的敬仰，因此很多人就是慕名前来，亲自体会琅琊山的风景。

琅琊山位于滁州城西南十里，树木葱茏、郁郁葱葱，环境清雅。欧阳修来到这里之后就陶醉于当地的美景，他尤其爱好饮酒作诗，因此自称为"醉翁"。他的千古名篇《醉翁亭记》就是在这里作出的。王阳明也多次来到琅琊山，非常陶醉于山中的美景，留下了与此有关的十多首诗，但是他却没有提及欧阳修及其著作，不得不使人怀疑他对这位大文豪很可能并不认同。欧阳修沉湎于饮酒的做法，他并不认可。但是他也不愿意表示明确的反对，而是保持缄默，不置可否。

王阳明在滁州的政事颇为清闲，所以他大多时间是与慕名前来的读书人切磋学问，在切磋学问之余，也经常游山玩水，自得其乐。远离了尘世的纷纷扰扰，能够沉浸在大自然的美景之中。王阳明此时内心的确已经摆脱了朝廷政事的繁杂，而是沉浸在自己的心学意境之中。

王阳明在滁州闲适的生活并没有持续很长时间，在这里待了半年之后，朝廷就将他晋升为南京鸿胪寺卿，这是礼部的分支机构，负责掌管朝会、宾客、吉凶仪礼等事务。虽然南京的鸿胪寺并没有多少具体的事务可做，但毕竟有所提升，而且南京比起滁州来，其政治性还是要重要很多。所以，王阳明的心情也豁然开朗，积极准备着前往南京任职。

桨声灯影，布道金陵

王阳明来到南京，就任鸿胪寺卿后不久，就意识到自己目前的差事仍然是个闲差。和自己一同任职的那些人都在想方设法调离这个部门，王阳明自然不会如此行事，他对自己的仕途并非毫不在意，只是他内心追求的"成为圣贤"的目标一直激励着他在学问上更进一步。所以，他显得非常超脱，专注于讲学和谈经论道。

王阳明并不甘心在碌碌无为中荒废大好时光，因此他就专注于心学的历练，他的心学就是要超脱世俗的功名利禄，追求内心的高远境界。当然，身为朝廷官员也并非完全能够自由自在，也有一套机制进行激励和约束。

在当时，作为朝廷的官员都要接受考察，王阳明在南京任职半年后也要接受考察，他对自己过去半年的政事显然是非常不满的，但是，自己也感到非常无助，为此他也时常流露出放弃从政、归隐山林的念头，所以他索性上书朝廷《自劾乞休疏》，要求还乡。当然，当时的王阳明也并非真的是看破红尘，这个奏折也仅能理解为他对于长期身居闲职无所作为的状况的不满。对此，皇帝似乎也看得很明白，所以他将王阳明的这份奏折置于一旁，并不理睬。王阳明却没有完全放弃，而是再次上书《乞养病疏》，不过这次又是石沉大海，对此王阳明除了遗憾，也只能寄情于做学问了。

他在南京的两年半时间里，在政事上难以有所作为，于是就潜心要在学问上有大的进步。他每天要做的事情几乎就是读书，思考，讲学，与朋友、弟子们一起探讨学问，每每与人探讨的时候，他经常会有豁然开朗的时刻，似乎自己在一步步地接近于心学的精髓了。当他有这种思想感悟的时候，他除了与身边的弟子、友人们分享之外，还会挥笔写信，向远方的友人、弟子们分享这种感悟，所以他的很多真知灼见都能够在他与别人的信中得到体现。

王阳明在内心冥想的时候，常常习惯于静坐。他在贵州龙场的时候就已经形成了这种方式，多年来他一直认为静坐能够使人心境平和、静心冥想，而且还经常会在静坐中，体悟茅塞顿开之感、在学识上有所收获。所以，他也教学生学习静坐，用意念来克服内心的私心杂念。

王阳明在南京任职后，有很多学生也一直追随他前往。而他的得意弟子徐爱这时也在南京任工部员外郎，徐爱非常热心于帮助这些师兄弟们安排具体的事务。他自愿给大家当起了"学长"，主动安排老师的授课时间，以及其他的事务性工作。对此，王阳明是非常满意的，这些烦琐的事情的确需要有人做，而徐爱是再合适不过的人选。

而王阳明的这些学生，天赋差异很大、秉性也各不相同、勤勉程度也不一样，因此每个人的学问长进也不同。有些人一点即通，有很高的悟性，还能常常带给王阳明很大的启发；有些不仅难以有所长进，还将老师的教诲完全抛弃，做事背叛师门，也让王阳明心痛不已。

王阳明常常教导他的学生，世事无常，每个人都会遭遇到难以预料的变故，可能会使个人遭受非常大的打击，这是客观事实已经无法改变。只有用心学的理念来战胜外在的苦难，用自己的心境来提供强大的支持，逐渐达到心境的至高境界。

任南赣汀漳御史巡抚

正德十一年（1516）九月，王阳明接到朝廷新的任命：都察院左佥都御史巡抚南赣汀漳等处，这个任命也是王阳明没能想明白的。原来，当时的皇帝明武宗朱厚照懦弱无能，又依靠一些宦官当政，令一些正直、有才能的大臣颇为不满，文武官员的明争暗斗自然会影响到对百姓的治理，天灾人祸，民不聊生，匪患四起，尤其是江西、湖广、福建、广东四省交界的地区，土匪、恶霸、盗贼非常猖獗，百姓苦不堪言。而这些地方又地处深山地区，地势险要，易守难攻。为此，朝廷多次派兵，都不能给这些匪患以威慑，反而匪患更加嚣张，更为肆无忌惮。

朝廷多次派兵前去围剿，但是都遭到了山贼们的顽强抵抗，官兵难以与山贼们相抗衡，反倒助长了山贼的嚣张气焰。而这次任命王阳明为"都察院左佥都御史巡抚南赣汀漳等处"，可以说是临危受命，朝廷对他还是寄予了很大的希望。

王阳明对这四省边境地区活跃的山贼进行了翔实的调查，发现这些山贼多是农民出身，聚集在一起占山为王，经常掠夺百姓牲畜、财物，有时甚至围攻县衙，以此来获取物资供其挥霍，这一带的百姓深受其害。

当然，王阳明心里非常明白自己此时的升迁要面临着很大的压力，自己一旦剿匪不力，就会授人以柄，给那些排斥自己的人抓住了把柄。所以，他前思后想，还是不接这块烫手的山芋，他接到朝廷命令后上书请求辞去这个职务。当然，他也陈述了自己的三个理由：体弱多病，难以应对繁重艰苦的作战任务；自己天性愚钝，缺乏军事指挥才能；祖母年事已高，要尽孝道，返乡侍奉。而他的这些托词，在皇帝看来，其实都是没有很强说服力的，只是表露出来王阳明对这个职位不是很满意。因此，皇帝并没有批准他的奏折。一方面是王阳明对要求辞去这个职位的理由都不够充分；另一方面也是朝中的确难以选拔出更为合适的人选。于是，朝廷非但没有批准他的奏折，反而再次下发了敕谕，催促他尽快赴任。

而王阳明在接到这个敕谕后，仍然是迟迟没有动身，似乎仍然在寄希望于朝廷批复他的请求。此时，恰好发生了另外一件事，朝中一位大臣也被派去剿匪，他也同样上书请求辞去，结果没有得到批复，反倒贻误了剿匪时机受到了朝廷的惩罚。于是，朝廷就以此作为前车之鉴要求王阳明及早去赴任。这次，他不敢再有懈怠，第二天就踏上了前去江西的征程。

王阳明在行进的途中，竟然也遭到了当地盗贼的袭击，当时盗贼的嚣张气焰可见一斑。王阳明对此并不紧张，他只是把船只进行了编队，形成了强大的气势，旌旗开道，颇具威严之气。这些盗贼见此情景，就意识到这是位高人，居然就此吓破了胆子，跪下讨饶。王阳明也并没有想将他们赶尽杀绝，而是登岸对他们讲明大义，劝其改邪归正。这些盗贼一来惧怕这位官员的惩治，二来也并非心甘情愿成为盗贼，而是被一时的生活所迫，因此对王阳明的劝解也心服口服，纷纷表示愿意金盆洗手。

这只是南行当中的一个小插曲，王阳明此去江西令他没有想到的是，这成为他人生的一个重要转折点，是他今后军旅生涯的开始。

漳南战役

当王阳明还是懵懂少年的时候，就有满腔抱负要为朝廷平息暴乱贡献力量，他还曾经幼稚地上书朝廷。多年之后，他已经褪去了年少的轻狂和幼稚，成熟和稳健了很多，如今被朝廷任命为南赣汀漳巡抚，也正圆了自己年少时的梦想。因此，对于平定赣州动乱他还是满怀信心的。

南赣当地多发动乱，朝廷多次出兵剿灭都难以平息。也有很多官员跃跃欲试，想要借此施展才华，可惜都难以如愿。王阳明尚在前往赣州途中，就得知福建、广东两省的巡抚都御史、巡按御史下令将士分头围剿漳南山区的山贼。王阳明得知后，就心存疑虑，因为两省兵分两路，很难统一行动，而山贼盘踞之地地形复杂，又个个彪悍善战，这次行动未必能够得胜。结果，正如王阳明所料，两省的行动皆以失败而告终。

前车之鉴，让王阳明对此次平定南赣之地的动乱也格外小心。这些地方的匪患已经存在有十余年，百姓遭受迫害、困苦不堪，朝廷也多次出兵，均以失败而告终，深陷剿匪的泥潭中难以自拔。朝廷的镇压不力，反倒促使山贼们更加猖狂。那么王阳明这次率兵前来又会是什么样的情形呢？

王阳明指挥的平定漳南山贼的战役进行了近三个月，由于当地地势险峻，气候多变，战斗过程非常艰辛。但是，王阳明最终还是取得了丰硕的成果，剿灭二千七百余名山贼，一千五百余人被俘虏，还有难以计数的人跌落山谷毙命，四千多名山贼被招抚。这一次王阳明还彻底将山贼的老巢捣毁，官兵们焚烧了山贼们占据的至少有三千多间房屋，可以说是大获全胜，一举剿灭了为害一方的山贼之患。

捷报传来，朝廷也非常震惊，因为朝廷十多年派兵无数，均以失败而告终，此次在朝廷尚未发兵之前能够获得如此大的胜利，也充分显示了王阳明非凡的军事才能。正当王阳明捷报频传之际，久旱的福建南部也连降三场大雨，被人称为"久旱逢甘霖"，有人建议就将王阳明的临时行台的大堂命名为"时雨堂"，王阳明欣然应允。

提督南赣军务

首次打仗就取得了胜利，这使得屡战屡败的官兵精神大为振奋，意识到眼前的这位将领不再是之前那些碌碌无为的无能之辈了，剿灭匪患指日可待。王阳明在将士们心中的威望自然也树立起来了，这让王阳明颇感欣慰。

王阳明一向心思缜密、善于观察，所以他对这次初战的结果还是很满意的，也对将士们进行了嘉奖和鼓励，大大提升了军中的士气。然而，王阳明也发现了军队中存在的问题，而且亟待整顿。原来军队的纪律性很差，士兵们作战很随意，如果长期这样下去，那么再英明的指挥官也无法指挥这支没有战斗力的军队取得胜利。

所以，王阳明在初战告捷后，就开始整顿军队，希望能够通过一系列的整顿措施，大大提升军队的战斗力和凝聚力。他对自己的整顿措施还没有十分的把握，于是就先开始进行试点，如果方法得当，效果显著，再大面积地推广到其他军队中去。

令人欣喜的是，这些措施运用起来，将士们发现在军队演练的时候确实比过去先进多了，所以也就自觉地遵照实施。王阳明初战告捷的消息传到朝廷，皇帝和大臣们也颇为兴奋，之前多年频传失利的消息，已经有多年没有胜利的消息传来，怎能不令人振奋？王阳明也趁机将今后的作战方案详细禀告朝廷，并要求赋予更大的权力，请求朝廷不要规定剿匪的期限，也给自己充分的主动权力，能够自己确定作战的时间、措施，这样一来不仅朝廷无须耗费过多的粮饷，也能减少百姓遭难。

王阳明的奏疏递上去之后，朝中议论纷纷，竟然拖延了三个月，朝廷才下达了委任书，内容并不复杂："王阳明著领提督南、赣、汀、漳等处军务，换敕与他。钦此。"这样一来，王阳明的权力大大增强了，自己有了很大的自主权力，他可以根据军情来确定作战方略，也可以对地方官进行督促，还能够对不听号令者"俱听军法从事"，至于军马钱粮等事宜，一般情况下都能够自行决定，只有遇到大的事情，才需要请求朝廷裁决。

用兵横水、桶冈

王阳明为发动横水、桶冈战役做了一系列的准备，因为他对这场战役有可能遭遇到的困难有充分的考虑，面对的敌人是江西、福建、湖广、广东四省以及相邻省份的人，人员混杂，难以捉摸；而当地地形险峻，通向盗贼们盘踞之地的地方更是险要，盗贼们凭借天险就能够截断官兵们的去路，可以说是易守难攻。此外，当时正值雨季，当地的天气变化无常，官兵们的战役可能将会面临着冒雨进行的难题，加上地势陡峭，将会面临着更大的伤亡。为此，他要组织动员充足的兵力投入这场艰苦的战斗中，他除了部署江西军队外，还组织湖广的军队按照拟定的日程前来增援。为此，他在充分估计到战争局势的情况下，制定了周密的军事部署计划。

在王阳明的周密部署下，战争打响了，王阳明命令官兵从江西向湖广方向开进。于是，攻打横水、左溪的主力军自然就是江西各府县的军队。王阳明极具天才的军事指挥才能再次得到了证实。他之前的战争局势分析几乎都在实际的战争中得到了验证。聚集在横水、左溪的山贼们根本无力应对，在他们尚未反应过来之际，王阳明指挥的官兵已经将其制伏。但是，也正如王阳明所料，官兵们打得非常艰辛，并且伤亡也较为惨重，因为当地处处是悬崖峭壁，不熟悉地形的官兵们稍不留意就跌入了万丈深渊，为此而伤亡的官兵很多。

在横水之战进行得异常激烈的时刻，在左溪的战争也已经打响，官兵士气高涨，冲入山贼阵营，对方立即就四散逃窜。战争原本可以早早结束，但是，王阳明想到如果不在对方溃败之时，趁机将其一网打尽，则很有可能留下了后患。到时候，再去剿灭对方就要付出更大的代价，因此他就命令士兵追击山贼，不可放过一个。当时，天降滂沱大雨，道路泥泞，兵士们几乎是在泥浆中同这些负隅抵抗的山贼们搏斗。令人振奋的是，盘踞在横水、左溪一带的山贼们很快就被剿灭了，王阳明命令手下官兵一鼓作气挺进桶冈。

由于事前的舆论都认为此次进攻是先对准桶冈，所以当地的盗贼们颇为紧张，紧锣密鼓地部署应对，但是却发现官兵迟迟不来，反倒先进攻横水、左溪，这使他们都放松了不少，战备上自然也放松了警戒，这对于官兵的进攻恰恰是非常有利的，经过艰苦的战斗，官军最终攻克桶冈。

王阳明对这次战斗颇为满意，他并未一个人沉浸在胜利的喜悦中，而是给朝廷上书请求嘉奖参加战斗的所有官兵。王阳明仅仅用了不到三个月的时间，就一举肃清了盘踞在江西境内多年的匪患，朝廷对王阳明这次的战斗非常满意，于是对他的请求也非常快地给予了批准。而在当地百姓的眼中，王阳明几乎等同于神明，他带领军队经过任何一地，都会受到当地百姓的顶礼膜拜，甚至有地方建立了生祠对其进行供奉。

不久，王阳明上书朝廷建议在横水设立新的县治，改变过去朝廷行政力量无法企及当地的状况，彻底改变匪患滋生的社会环境，这一建议很快也得到了朝廷的批准。

智取三浰

王阳明在指挥"漳南战役"与"横水、桶冈战役"时，可谓声势浩大、风卷残云之势。他乘胜追击，想要一举击破广东惠州府龙川县境内的浰头大巢。

对于这个浰头大巢，王阳明心里很清楚，摆在自己眼前的挑战非常之大，只可智取，不可硬攻，否则将会置自己于险境。

王阳明为此日思夜想，他多次察看地形，反复钻研地图，想要寻找攻克这个难题的方法。但是，连日来，他都没有丝毫的进展，这令他感到了很大的挑战。看来，采取平常的策略难以解决，是不是可以摸索到一些捷径呢？这时，他突然脑子里蹦出来一个人，这个人就是之前来向他投诚的浰头小头领。可不可以在这些人身上找到突破点呢？经过一番苦思冥想后，一个周密的计划在他的头脑中形成了，如果计划成功，就可以以最小的损失来获取成功。

王阳明找到之前来投诚的黄金巢，对他给予了优厚的待遇，并指示黄金巢写信给池仲容向他传达几点意思，一层内容是要告诉他王阳明的兵强马壮，连告大捷，势如破竹，对浰头也是势在必得，另一层意思是自己优待俘虏，如果对方前来投诚，那么能够减少杀戮。池仲容收到信后，有所动摇，但是又不甘心就此败下阵来。所以，他表面愿意投诚，为了取得王阳明的信任，他派自己的弟弟池仲安率领两百人面见王阳明。但是，在暗地里，他也在加紧战备，准备决一死战。王阳明一见到前来投诚的人，心里就明白了对方的阴谋，因为来的这一批人老弱病残，根本没有战斗力。其实，这看似弱势的队伍里，也暗藏着杀机，时刻准备里应外合来战斗。当然，他善于分析敌情，将计就计，对于敌人的阴谋观察分析透彻，但是又具有身为大将的从容镇定，不露声色，善于麻痹敌人，诱使敌人放松警惕，乘虚而入，击中敌人的要害。

王阳明一方面假意接受对方的投诚，另一方面也在积极准备应对之策，做好军事部署。他心里很清楚，浰头这里的土匪熟悉地形，又勇猛善战，而自己的军队要战胜他们需要非常精心地计划。

他打算将计就计，派得力手下带上丰厚的慰问品深入浰头进行慰劳。这些人冒着风险，面见池仲容，一方面是为了探明对方的用意，另一方面也是为了观察当地的地理位置和军事设施，为战略部署做充分的准备。更为重要的是，王阳明传达给对方一个非常重要的信息，池仲容的死敌卢珂在赣州。池仲容信以为真，也逐渐降低了对王阳明的戒备心理。兵家之道，擒贼先擒王，顺利攻取浰头的关键问题在于将其首领池仲容调离浰头。王阳明成功地利用池仲容与死敌卢珂之间的矛盾，诱使池仲容离开了他的老巢浰头。而池仲容到达赣州之后，就四处打探卢珂的情况，以此来试探王阳明的真实用意。不料他的一举一动都在王阳明的监视之下。毫无疑问，池仲容虚假投诚的真实目的充分地暴露了出来，王阳明此时仍然不动声色。在攻占浰头的各路兵马到位之后，王阳明就名正言顺地将其杀掉。头领被杀，致使浰头军心大乱，而之前又缺乏严密的准备，因此，按照王阳明之前周密的部署，浰头的所有地区非常容易地被攻占了。

"浰头战役"顺利结束，这场战斗不仅剿灭了当地的土匪，使老百姓的生活免除了灾害，而且大大减少了兵力的损耗，王阳明可谓劳苦功高，为此他在当地普通百姓中的声望也日渐高涨。王阳明并没有因为眼前的成绩而居功自傲，他深切地体会到当地百姓的生活艰难，所以他特地向朝廷建议免除和平县三年的全部租税赋役，以休养生息，繁荣地方经济。这一建议又得到了批准。

王阳明不仅心系民生，关心百姓疾苦，而且也深深地意识到功高震主的为臣之道，而且他也的确多年来积劳成疾，身体状况大不如从前，因此他向朝廷上书，请求解甲归田、颐养天年。但是，朝廷没有批准他的请求，还需要他继续发挥才智为社稷谋福利。

设平和、崇义、和平三县

王阳明在涮头剿匪行动出奇制胜，为朝廷、百姓扫除了一大障碍，可谓功高劳苦。涮头匪患的消除，大大打击了整个南、赣、汀、漳、潮、惠等地土匪的嚣张气焰，这些地方的山贼要么悄悄退出，要么也心中有所惧怕，不敢轻举妄动，当地的治安状况有了很大的改善。

王阳明手下的官兵也从剿匪中缴获了很多战利品，对此王阳明亲自过问，想了解一下这些飞扬跋扈的山贼们真实的生活状况。原以为山贼们的生活会奢侈无度，但是看到官兵们缴获的战利品，王阳明这才知道他们中有很多人的生活过得很拮据，更令他大感意外的是两千余名的山贼居然平均每人只有一件衣服，很多人竟然不名一文。顿时，怜悯之情油然而生。当然，王阳明也并非是毫无原则地一味怜悯。他有着更为长远的考虑，因为这些地方的匪患解决之后，并不算大功告成，还要考虑到这些地方今后如何治理，才能长治久安。这些山贼们虽然有罪，但是也没有达到要诛杀的地步。

对此，王阳明先是令手下认真核实山贼们的真实状况，以便采取不同的策略进行管理。这些山贼，一类是与官府为敌的惯犯，他们往往是由于触犯法令而被官府追缉，从而逃入山中负隅顽抗，对此，王阳明上书朝廷，予以斩杀；一类是来自沿海地区如广东、福建的流民，大多是由于遭受当地豪强的压迫难以为生，被迫当了山贼，这些人无意对抗官府，也基本上是一些小喽啰，对此，王阳明请求朝廷赦免，愿意回当地的就回去，并且可以免除其所欠下的赋税，愿意就地安置的也可以成为当地百姓。王阳明此举，把原本铁板一块的山贼瓦解为不同的群体，安抚人心，稳定了当地的社会秩序。安抚了山贼之后，长期遭受匪患的地方如何管理，也是一大难题。当地的一些读书人建议在本地增设县治，以加强对当地的治理，如此则能够保障当地的长治久安，杜绝匪患。王阳明也早有此意，如今得知很多人都倾向于增设县治，于是就上书朝廷，力陈其中的原因：

> 臣观河头形势，实系两省贼寨咽喉。今象湖、可塘、大伞、箭灌诸巢虽已破荡，而遗孽残党，亦宁无有逃遁山谷者？旧因县治不立，征剿之后，浸复归据旧巢，乱乱相承，皆原于此。今诚于其地开设县治，正所谓抚其背而扼其喉，盗将不解自散，行且化为善良。不然，不过年余，必将复起。（《添设清平县治疏》）

王阳明的分析鞭辟入里，非常到位，也切合了朝廷的利益。朝廷也很惧怕虽然暂时剿灭了山贼，但是潜藏在暗处的山贼们很有可能不甘心，他们也在加紧聚集力量，企图卷土重来。一旦他们得逞，那么再要想剿灭他们可能要付出更大的代价。而王阳明的这个奏折，恰到好处地替朝廷解决了这个难题，所以很顺利地得到了批准。经过两年的积极筹备，福建南部的第一个新的县治开始正式设立，取名为"平和"。为了加强对当地的治理，王阳明还将原本设在河头的巡检司迁移到枋头，从而杜绝了山贼的死灰复燃。之后，王阳明又相继在江西上犹县崇义里的横水设崇义县县治，在闽粤赣三省交会处设置和平县。并且都将当地的巡检司迁移至县城。这些地方原本是人烟稀少、交通不便、朝廷的行政管理尚未到达的地方，缺少官府的治理，自然就很容易成为山贼们聚集的地方，并且为害一方百姓。增设县治，就很好地解决了这个困扰朝廷以及当地官府的老大难问题。

举乡约，办社学，衙门成了书院

南赣，这个在当时令很多官员望而生畏的地方，王阳明仅用一年半的时间，就率兵剿灭了当地的匪患，可谓劳苦功高。朝廷为了表彰王阳明的功绩，将其从正四品都察院金都御史晋升为正三品右副都御史，并且王阳明的养子正宪也因此被封为锦衣卫百户。

就在朝中很多人都为王阳明的晋升而唏嘘感叹的时候，王阳明并没有沉浸于自己昔日的功绩中，而是已经开始思考如何治理，才能让百姓安居乐业。的确，剿灭匪患可以在一两年之内完成，然而要想训导当地百姓安分守己，本本分分地为人处世，却并非一朝一夕能够实现的。因为，在当地很多普通的百姓心中法制的观念相当淡薄，缺少礼制的教化。为此，王阳明已经暗下决心要用"圣贤"之道来教化当地百姓。他多年来饱读经书，立志成为"圣贤"，那么，当下就正好可以验证一下自己的理想。

南赣之地幅员辽阔、人口众多，仅靠自己的力量是万万不可做到的。而能够承担起教化百姓的当属地方的父母官。但是，长期以来，官吏人浮于事、营私舞弊的事实已经使官吏在百姓心中威风扫地。而当地之所以长达几十年来惨遭匪患的影响，当地官员的责任重大。想到这些，王阳明内心不免增添了些许惆怅。但是，不能因噎废食，经过这一年的接触，王阳明也了解了其实有很多官员是希望能够有所作为的，倘若能够建立完善的治理模式，为每个官员教化百姓都制定一个模式，那么就能够有效地降低官员个人素质对治理的影响。

王阳明做事向来雷厉风行，一旦他经过深思熟虑认为可行的事情，就会全力以赴地去完成。教化百姓、为官一方对他来说也并非是第一次，之前他在庐陵做知县时期已经积累了很多经验。他首先是把自己的治理之策告知手下的官员，痛陈利弊，尤其强调当地的社会风气不良很大责任在于官员的不作为。由于一年多来，这些官员跟随王阳明风餐露宿、同仇敌忾共同剿灭了为害一方的匪患，因此，王阳明已经无形中树立了崇高的威望，对他这次的治理之策，官员们自然也是心服口服。很多人都已经暗下决心要跟随王阳明干出一番事业来。

为了郑重起见，王阳明自己发布了一份告谕，命人前往南安、赣州等府分发，各府衙门要据此翻印。然后，各县必须依据十家牌，将告谕发放到各家各户，务必做到妇孺皆知。看到王阳明这次如此大动干戈，各府县官员也意识到了巡抚对此事非常重视，因此，也丝毫不敢马虎，都立刻派人翻印。就这样，在很短的时间内，王阳明治理的地方几乎都出现了他的告谕。百姓们看到几乎从没有过这种情景，都在相互告知告谕的内容。

王阳明的告谕直接明了，先是向百姓们分析了民风不淳的缘由，他谈道："告谕百姓，风俗不美，乱所由兴。今民穷苦已甚，而又竞为淫侈，岂不重自困乏？夫民习染既久，亦难一旦尽变，吾姑就其易改者，渐次诲尔。"正是由于百姓中间长期以来都风行的奢靡、浪费的习气，普通人家平时里节衣缩食，但是如果有红白喜事，往往都讲排场、好面子，肆意挥霍掉多年的积蓄。久而久之，就会有很多人在生活困顿的时候，无以为继，只得为非作歹，沦落为盗贼。基于此，这位巡抚才要兴利除弊，强制当地百姓改变过去的习俗，他将其内容做了明确的界定，如提倡厚养薄葬，提倡节约办事，提倡求医问药，禁止举行浪费大量人力物力的城乡迎神赛会。

其实，王阳明的这些规定早已有之。在儒家思想里就有大加宣扬勤俭节约的内容，而历朝历代的皇帝也都倡导这些社会风气。王阳明之所以将此作为切入点，是因为当地百姓中，相互攀比，奢靡、挥霍的风气很盛，很多家庭因此而倾家荡产、妻离子散。所以，人心思安，王阳明的做法也正是人心所向。他提倡的社会风气很快就被老百姓所接受，并逐渐开始效仿。

移风易俗只是王阳明治理地方的突破口，之后他又推出了一系列的改革措施。他亲自草拟了一份《南赣乡约》，通过告谕的形式，提倡百姓的自我管理、自我约束，从而使得礼制深入人心。其中，他提倡以村或者族为单位，公开推举德高望重之人来记录众人的起居、劳作状况，以此来提升民众相互监督的意识。

王阳明的改革措施切中时弊，受到了当地百姓的欢迎，进展也颇为顺利。这些措施的实施都是自上而下推行的，对百姓的约束也是由外到内的，尚未在民众内心深处扎根发芽。这使王阳明意识到，要想从根本上恢复当地的社会秩序，就必须要清除百姓心中的"贼"，改变人们的思想观念。而要达到这个目标，就需要兴办学校，对百姓进行传统道德教育，使老百姓能够遵守礼制。于是，王阳明就先后在南安、赣州全面恢复社学，同时也开始兴建书院。

在明代，社学兴起的时间很早，早在太祖洪武八年（1375）时期就要求各地官员要在乡村创办社学，使普通人家的子弟也能够接受系统的教育。之后，在英宗、宪宗成化、孝宗弘治时期，都不断地强化兴办社学的制度法令。就读期间的费用，则往往是官府负担一部分，学生个人负担一部分，这使得原本较为贫寒人家的子弟也有机会去读书。

但是，从长期来看，由于多方面的原因这种性质的学校往往难以持久，但是，即便情况不够乐观，王阳明还是觉得一旦自己下定决心后，不管有多么艰难，都要坚持把事情做好。在社学这件事上，他也实施了一系列措施，在社学校舍的问题上，他效法前任的做法，把一些不合时宜的寺庙改造为学堂。接着就是聘请教师的难题，王阳明对师资力量非常重视，特意聘请了福建市舶司副提举舒芬来主持社学事务，并且动员自己优秀的学生前来任教。对各地的官员下令一定要解决教师的薪资问题，要保证教师能够领取到应得的薪金。条件都准备成熟之后，王阳明对社学的办学方向、授课内容等问题提出了自己的看法。明确指出社学要将歌诗、习礼、读书同时并举，大力提升学生的综合素养。在王阳明的大力提倡和推动下，南安、赣州各地的社学相继兴起，并且取得了显著的实效。

王阳明在担任赣州巡抚期间，不仅大力兴办社学，使得很多贫寒人家的子弟从中受益，而且，他也身体力行地讲学，将自己多年积淀的学问亲自传授给弟子。众多弟子也从恩师的讲学中，感受到了其学问功底的深厚，而且也对恩师的为人敬佩之至。于是有很多弟子就一直追随着他，王阳明在何地任职，就往往会有一批弟子不远千里地追随到这里。王阳明也被弟子们的诚心所打动，他把自己的巡抚衙门变成了传道授业的书院，弟子们就在巡抚衙门里聆听先生的教诲。可是，前来求教的弟子越来越多，偌大的巡抚衙门已经难以容纳，于是王阳明就在赣州建立书院，他对宋儒周敦颐钦佩有加，所以就用他的号来为书院命名，即"濂溪书院"。

在王阳明的悉心指导下，一大批的弟子，诸如欧阳德、何廷仁、黄弘纲等人，都取得了很好的成绩，有的在科举考试中崭露头角，入朝为官；有的效法王阳明向人讲授、传播心学。他们都为王阳明思想的发扬光大做出了贡献。

第七章
最后行程——此心光明，千古毁誉随风散

京中争论大礼议

正德十六年（1521）四月二十二日，朱厚熜从安陆藩到京城，在还未进城的时候，便和朝中的当权者发生了冲突。

由于正德皇帝朱厚照无子嗣，他的母亲便下旨命朱厚熜为"嗣君"，是以"兄终弟及"的原则即位，但是等朱厚熜真正快到北京时，却要以"皇太子"的礼仪来迎接他进城。礼仪的规模降级了不说，连辈分都发生了变化，本是堂兄弟最后成了子侄。朱厚熜知道后十分不满，他认为自己不是来当皇太子的，而是继嗣皇位，于是派人将自己的意思传达给朝廷。当时安排礼仪的官员们为此请示大学士杨廷和。杨廷和却不以为然，坚持要朱厚熜按照早已安排好的礼仪进行，应从皇城的侧门东安门进城，进城后暂时住在皇太子读书的地方文华殿。朱厚熜见杨廷和坚持要按照皇太子的礼仪来迎接他，干脆就不进城，并回复杨廷和如果硬是要按照原来的礼仪不变，他宁愿回去做安陆的藩王，也不愿意到京城当皇帝。假若真是这样，杨廷和也就得不到什么好处了。因为当时距正德皇帝去世已经有一个多月了，如果再不让新皇帝继位，国无君主，是不可想象的。所以，杨廷和赶紧派人去劝说，同时还请示皇太后，说明事情的缘由。正当双方僵持不下时，皇太后下旨新皇帝即刻进城。无奈之下，杨廷和再三劝说朱厚熜失败后，只好按照朱厚熜的意思去做。随后朱厚熜从皇城的正门大明门以新君的身份进入京城。他拜过死去的明武宗，拜过皇太后，接着在皇城的奉天殿登上了皇位。这次的冲突，是朱厚熜同这些权贵们的第一个回合，并且胜利了。

登基之后的朱厚熜很快又和当朝的权贵们陷入另一场争论中，这次是围绕新皇帝生父的尊号等问题，争论反反复复维持了大概三四年。因为是以争论"礼"为开端，争论"权"为结尾，因此这场争论被称为"大礼议"。由于这次争论席卷了几乎所有的官员，可以说这次争论是明朝政治史上较为重大的事件。

大礼议分为两派，一派是以杨廷和为代表的当朝权臣们，他们认为只有明武宗的父亲孝宗才是皇父，而明世宗朱厚熜的父亲应该为皇叔父。另一派是朱厚熜及支持他的臣子们，他们则认为皇父应该是明世宗朱厚熜的父亲，而明武宗的父亲应该是皇伯父。这两派从表面上看是为了朱厚熜父亲的称呼等问题展开的，但是实际上却是两种学派的争论，即理学和心学。

称武宗父亲为皇父的一派是受到程颐学说的影响，而称世宗父亲为皇父的一派是受到心学的影响，认为只有这样才是合乎人情的。

王阳明曾强调礼乐制度的根本就在于合不合乎人情。这个观点在弘治十七年，王阳明主持山东省乡试时为议"国朝礼乐之制"的测试题给出的答案就可以看出。这篇答案中王阳明反复强调的是合乎人情才是礼乐的根本，既然明世宗当上了皇帝，那么他的父亲理所当然就是皇父，这是符合人情的。但是杨廷和为首的朝臣们则认为明武宗的父亲才是皇父，明世宗继嗣武宗的皇位，自然便要同自己的亲生父亲割断关系。所以说，这是理学与心学之间的斗争，也足可见王阳明的心学已经对当时的社会意识形态造成很大影响。

天泉证道

嘉靖六年（1527）六月，王阳明安闲的讲学生活再一次被打断。朝廷派使者到王阳明的老家传朝廷的诏旨，任命他为南京兵部尚书总制军务，即刻赶往广西解决当地的居民同明朝政府长期存在的一些矛盾。

接到诏旨的王阳明并没有立刻启程，而是上书朝廷，以身体不适恐不能胜任为由请求皇上收回成命。病痛之身是实话，再加上当时的王阳明刚刚得子，讲学的事业也达到鼎盛时期，正是享受天伦之乐时，所以，他不再想像从前那样为皇帝冲锋陷阵，过整日忙碌奔命的生活。广西的矛盾迟迟未得到解决，王阳明可以说是最佳的人选，所以朝廷并没有同意他的请求。而是紧接着下了第二道诏旨。为了防止起冲突，朝廷还让原两广巡抚姚镆提前退休，任王阳明为南京兵部尚书兼都察院左都御史，提督两广、湖广、江西四省军务。随后又让他任两广巡抚。王阳明见朝廷并没有理会他的请求，甚至还为了他弄出了这么大的动静，因为在当时的明朝，钦差大臣做到他这种份上，地位和权力都应该算是最大的了，所以也就不好再推辞，决定再次披上戎装。

家中最不舍的当然是刚刚出生的小儿，王阳明安排好家中一切事宜后准备次日踏上前往两广的道路。因为他讲学的学院没有什么好让他担忧的，当时前来听王阳明讲学的弟子非常多，稽山书院都已经满足不了前来听讲学的人。到了嘉靖四年十月的时候，王阳明的弟子们建立了阳明书院，选址绍兴城西门内。除此之外每月还定期在余姚的龙泉寺聚会讲学，当然，讲学的人已经不再是王阳明一个人，他的得意门生们也都开始讲学，教授新来的学生。如何廷仁、黄弘纲、王艮、薛侃、欧阳德、邹守益、陆澄等人。所以有这些人在，讲学的事业还是可以继续下去，他就没有什么需要操心的。虽然不知道王阳明此去两广要离开多久，但是他的弟子们对于他的这次复出还是非常高兴的。

这天接待完访客已是夜深，王阳明正准备睡觉，却听闻学生王畿和钱德洪前来拜访，他有些奇怪。仔细一问才明白，原来两人在王阳明的四句教言上产生了分歧。王畿和钱德洪都是王阳明在绍兴讲学时收的弟子，两人入门的时间虽然不长，但是机灵聪敏的王畿和稳重踏实的钱德洪都很受王阳明的器重，在王门也有很高的地位。可能是由于不同的性格禀赋，两人对王阳明的训言带有不同的理解。

嘉靖六年九月初七日，也就是王阳明准备出发的前夜，钱德洪和王畿两人一起讨论为学的宗旨而争执不下，所以来找王阳明请教。

立马横刀平乱

此去广西，王阳明是受命处理思恩和田州的事务，这两个地方都是广西的土司，属于同一个族，知府都姓岑。洪武二年（1369）朝廷设立田州府，并任命岑伯颜为知府，官位世袭。传了三代后到岑溥，他有岑猇和岑猛两个儿子。弘治十二年（1499）长子岑猇觉得父亲偏心于弟弟岑猛，于是就杀了父亲岑溥。岑溥有黄骥和李蛮两个土目，为了报仇就又将岑猇杀了，剩下年仅四岁的岑猛。但是没过不久，这两个土目发生了内讧，两人反目成仇。黄骥带着岑猛去南宁，李蛮则占据了田州。

一场私人的恩怨演变成了兵变，为此南宁督府特意派思恩的知府岑浚护送岑猛回田州，但是遭到了李蛮的拒绝。不得已，黄骥又带着岑猛去了思恩。到了思恩之后，黄骥却与岑浚打起了田州的主意，于是将岑猛软禁了起来。朝廷知道这件事情后，要求岑浚释放岑猛，岑浚不依。最后朝廷只能派兵征讨，迫不得已，岑浚才放了岑猛。但是这并没有阻止黄骥和岑浚两人的阴谋。

弘治十五年（1502），两人再次联手，并拉拢其他的土司共同向田州发兵，并且成功攻破，岑浚占领田州后，岑猛逃亡。弘治十八年（1505），朝廷向岑浚发兵，岑浚被杀。鉴于土司制度带来的矛盾，朝廷决定撤销思恩世袭的土司建置，改为"流官"制，也就是所谓的"改土归流"。同时田州也被思恩兼管，岑猛则被安排到福建平海卫千户任职。朝廷的这个做法是为了减轻自身的麻烦，但是岑猛对此却有所不满。世袭土司的制度取消了不说，自己的职位还降低了，于是他想尽办法恢复田州知府的职位，甚至还曾贿赂刘瑾，但是都没有成功。不过岑猛没有放弃，他竭尽全力经营着田州的事宜，势力自然变得强大起来。到了正德年间，由于岑猛协助剿灭江西寇匪立了功，朝廷升岑猛为"田州府指挥同知"但是仍旧没有恢复他田州知府的旧职。嘉靖二年（1523），岑猛为了恢复旧有的田州版图，对泗城发起了攻打。这次起兵被朝廷认为是谋反，于是派兵讨伐岑猛。对于朝廷的攻打，岑猛并没有给予反击，因为在他看来自己并没有谋反的心，只是要回本来属于自己管辖范围的领土而已。他诉说冤情的同时逃到了亲家归顺州岑璋家中，但是万万没有想到，为了讨好朝廷，岑璋毒死了岑猛，还将他的首级献给了朝廷。至此，田州的土司建置被彻底撤销，改为"流官知府"。

岑猛死亡的消息并没有被传开，嘉靖六年（1527）五月，思恩土目王受和田州土目卢苏打着岑猛的旗号召集了上万名乡兵起兵准备要恢复两地的土司建置。都御史姚镆也对此进行了大规模的征剿，但是却失败了。到此，事态越来越严重，这时才有人推荐曾经平定宸濠叛乱的王阳明，让他处理思恩、田州事务，这就是整个事件的缘由。

嘉靖六年九月初八（1527年10月2日），王阳明踏上了前往广西的征途。到达梧州时，对于整个事情的来龙去脉王阳明已经弄出了个清晰的头绪。他认为这次的作乱用武力来征剿只会更加地激化矛盾，岑猛既然已经被杀，相当于带头的人没有了，那么只需要好好地安抚背后闹事的百姓就可以，而不是用武力解决。不过既然已经出动了武力，就应该速战速决，而不是一拖再拖，浪费人力物力。所以，王阳明在这年十二月上书朝廷建议以抚代剿，土司和流官制度并用。

朝廷批准了王阳明的奏疏，王阳明便放开手来办事了。第一件事情就是解散了之前为了征剿而从各地调来的数万军队，只保留了从湖广、保靖这两个土司调来的乡兵。

再说卢苏、王受二人，起兵本来就是迫不得已的事情，之前听说朝廷派王阳明来广西，两人就已经十分紧张。但是当看到这位平定宸濠之乱的大人物真正来到广西之后竟然是要进行招抚，大缓一口气。并于嘉靖七年（1528）的正月派手下头目向王阳明表示愿意受抚。因为起兵闹事毕竟是违规的事情，而且扰乱了地方上的安宁，所以王阳明要卢苏和王受担起责任，主动认罪。这天，两人进城后，王阳明命人捆绑了卢苏和王受，对他们施以杖刑，随后释放。出乎两人的意料，几年来的混乱，竟然受一顿打就算是承担了所有的责任，所以两人都没有任何怨言，欣然接受。

王阳明让卢苏、王受解散他们的军队，且各自回到自己的居住地，继续从事正常的生产。二月初二，王阳明上书《奏报田州、思恩平复疏》，将整个招抚的经过进行了详细的阐述。这个历时三年之久，且调动四省之兵的叛乱，却被王阳明轻而易举且未动用一兵一卒就解决了，奏疏一到朝廷，就震动了整个朝野。

王阳明说："破山中贼易，破心中贼难。"思恩和田州事件，王阳明处处站在民众的立场，处处为他们着想。只有这样，破了心中的贼，才能达到招抚的目的，破山中的贼。没过多久，朝廷的批文下来了，田州府设流官知府，另外也设土官，由岑猛的儿子领事。另外还设有土官巡检司，由卢苏、王受等人任职。土官和流官相互约制，田州府改名为田宁府。

袭破断藤峡、八寨

当王阳明集中精力在解决田州、思恩事件的时候，广西的断藤峡和八寨等地又兴起了武装斗争，而且越来越严重，不仅影响了当地百姓的正常生活，也影响着朝廷对当地的管理。

断藤峡位于今天广西桂平市境内，是属于黔江下游的一条峡谷。在明朝时期，居住在断藤峡周边的多为壮族、瑶族等少数民族。八寨是指瑶族的村寨，大多数位于今天广西壮族自治区永福县境内，在断藤峡以北。

断藤峡和八寨地区地形复杂，崇山峻岭，对外的交通十分不便，但是这一大片区域又正好位于广西的腹地。从唐宋以来，断藤峡和八寨与田州、思恩一样实行土司土官制度。但是随着改土归流政策的传入，其内部的阶级矛盾加剧，同朝廷的矛盾也愈来愈激烈。

明朝从建立之初时，朝廷就开始对这一带用兵，企图压制不安分的武装势力。但是屡压屡起，到了嘉靖五年，朝廷将注意力放在田州和思恩时，断藤峡和八寨等地的武装活动大肆兴起。

王阳明处理完田州、思恩的事情后，便投身到平定断藤峡、八寨等瑶民的闹事中来。当初招抚卢苏和王受时，两人为了感谢王阳明，曾经说只要朝廷有需要，便会义无反顾地听从调动。所以，此次围剿八寨等地的主力军队就是卢苏和王受的军队。

在进行围剿前，王阳明事先就对当地的实际情况进行了调查和了解。随后，王阳明指挥军队对断藤峡来了一场突然的袭击，当时的王阳明人还在南宁遣散湖广的士兵，实际上这群被遣散的士兵是在向桂平进军，没有人注意到这一点，所以断藤峡的瑶民被攻了个措手不及。紧接着按照早就安排好的，先是对磨刀、六寺、牛肠三个大寨进行攻击；接着又攻击了花相和仙台两个大寨。攻打的过程中，王阳明反复强调军事纪律，谨记此次行动的目的是安民定乱，不能够无事生非。整个战斗虽然没有预想中的好，但是也还算顺利，到最后基本上肃清了敌人，结束了断藤峡之战。

对于八寨的战役，在王阳明看来，其实同属一场战争。有了断藤峡之战的教训，八寨各处都生怕王阳明也来个突然袭击，就处处做好防范的准备。考虑到对地形的熟悉，王阳明重用卢苏和王受的军队，这次的行军又是秘密行事。四月二十二日夜，部队连夜悄悄地前进。第二天早晨，已经准备好的各路军队开始对八寨进攻。尽管八寨做好了防备，但突击还是起了效果，在各路军的勇猛进军下，各个山寨都纷纷被拿下。六月中旬，八寨战役基本结束。

令朝廷头痛了多年的断藤峡及八寨的闹事，王阳明仅用了一个多月的时间就平灭了，这出乎所有人的意料。当王阳明的《八寨断藤峡捷音疏》上报到朝廷的时候，朝野上下个个都惊叹不已，再加上王阳明并没有向朝廷多要一个兵，多要一份军饷，嘉靖皇帝甚至亲自写手诏问内阁王阳明是否夸大其词，得知真实情况之后皇帝终于知道了王阳明的才干，以及他所立的功业，他所经历的劳苦。

九月，朝廷对王阳明进行嘉奖。但是，除了表面上的奖励，和为招抚一事做出承诺之外，却再没有下文，王阳明关于招抚的很多建议也没有得到真正的实施。经过了这次战争，王阳明本来就很虚弱的身体更加虚弱了，再加上来到广西，水土不服，气候不适，身体更是一天不如一天。

最后一程

嘉靖七年（1528）十月，王阳明的病情出现了恶化，除了咳嗽越来越严重之外，吃饭都成了问题，每天只能勉强地喝点粥。其实早在九月初八，朝廷派冯恩前来嘉奖王阳明时，他就已经卧病在床了。

冯恩是嘉靖五年的新进士。他十分推崇心学，这次到广西作为朝廷的使节他感到十分兴奋，因为可以一睹心学创始人的风采。所以，在宣完朝廷的旨意后，冯恩便拜王阳明为老师，成了王门弟子，也是王阳明的关门弟子。

对自己的身体状况心知肚明的王阳明此刻只想赶快返回老家。十月，王阳明从广西横州返回南宁时，船队经过一片沙滩，王阳明问这是什么地方。船夫说这里是"乌蛮滩"，又叫伏波庙前滩，因为岸上有伏波将军庙。王阳明一听赶紧命船夫靠岸，拖着沉重的病躯，拜谒伏波将军庙。四十多年前，年仅十几岁的王阳明独自考察居庸关返回京城时，曾经做过一个梦，梦中的自己就是拜谒伏波将军马援的庙，在梦中他还题过一首诗，诗中的每一个字现在都还历历在目："卷家归来马伏波，早年兵法鬓毛幡……"没有想到有生之年还真的有机会路过伏波将军马援庙，更加惊讶的是，庙中的情景竟然和四十多年前在梦中所出现的一样。人生有多少事情，会这样的巧合，难以捉摸。

出了伏波庙，王阳明回到船上，继续赶路。到达南宁后，王阳明立刻上书朝廷，陈述了自己的身体状况，希望皇帝允许他回家养病，并且安排人来接替他的职位。朝廷的批复迟迟没有到，王阳明却不知道自己写的奏疏竟然被那些意图诋毁他的小人们扣押，病情越来越严重的王阳明不能再等下去了，他安排好手中的一切公务之后，便离开了南宁，返回家乡，他准备边走边等待这迟来的批复。

东返的途中王阳明还抱病去了一趟广州增城祭祀自己的先祖王纲。来到增城，王阳明不仅祭拜了祖先，还顺便去了趟挚友湛若水的家中。

王阳明和湛若水相识于弘治十八年（1505），两人一见如故，虽然二十多年过去了，两人在学术的观点上产生了分歧，但是友谊仍旧还在，而且是终生难忘的。只可惜，王阳明前来拜访湛若水的时候，他正好不在家，王阳明随即告辞，留下了生平最后的两首诗。

此心光明，何复其言

在广州逗留了数日之后，王阳明的身体已经是极度虚弱，他的病情再次加重。但是朝廷的批复以及那位要来接替他官职的新任两广巡抚依旧没有踪影。迫不得已，王阳明只好继续往东行。他始终坚持认为批复正在路上，而新任巡抚再过几个时辰或许再过几天就能够到了。

然而病情再也拖不起的王阳明只好继续东行，十一月中，王阳明在时任广东布政使的学生王大用的护送下翻越大庾岭，进入到江西省境内，随后又顺水而下，于十一月二十五日到达南安，随后前往南安府。在这里，王阳明的学生周积早已备好船在等待。这个时候的王阳明已经进入了病危的状态。

从南宁出发，王阳明归乡的心就非常急迫，也是因为心中的这股信念，他才一直支撑着，翻山涉水，终于到了江西的南安。对于这片土地，王阳明再熟悉不过了，他曾经在这里战斗，在这里体悟圣人的智慧，在这里感受山水。江西对于王阳明而言，可以算是第二故乡，所以当他到了这里的时候，心中总算有了一种踏实的感觉，有了一种回归故土的感觉。

早在王阳明离开广州之时，他的学生们看到他逐渐严重的病情，就已经做好老师要离去的准备，并且还准备好了制作棺材的木头。周积看着瘦骨嶙峋、咳嗽不断的王阳明，心中十分难受。王阳明问周积近来如何，周积如实地汇报了自己的工作之后，又关切地问老师的身体状况。王阳明知道自己的气数已尽，简单地讲了几句后，又和周积谈论起学问。

嘉靖七年十一月二十九日（1529 年 1 月 9 日），王阳明的精神比起昨天要好些，于是召集自己的学生来到床前，学生们的心情异样地沉重。王阳明睁开了紧闭的双眼，微微动了动嘴角。周积俯下身子轻声问老师是否有什么话要说，王阳明看着弟子，微微笑了笑，说："此心光明，亦复何言？"说完，王阳明的双目紧闭，离开了人世。留下床前学生匍匐哀号。

最终王阳明都没有等到朝廷的批复，不过他是带着一颗坦荡无私且宽大的心离去的。

中 篇

王阳明的人生智慧

第一章
身安不如心安，屋宽不如心宽

欲修身，先养心

"心即理也，天下又有心外之事、心外之理乎？"

——王阳明

浮世之中，总有许多人为追求物质享受、社会地位和显赫名声等身外之物而心力交瘁，疲惫不堪。他们怨天尤人、欲逃离其中而不得，皆因忽略了自己的内心，不能明白万事以修心为先的道理。

王阳明认为，人心就是天理，世界上哪还有存在于人心之外的事物和道理呢？虽然"心外无物"的看法与唯物主义观点相悖，但王阳明关于从人的内心去寻求真理的看法，是有其道理的。古人云："相由心生。"意思是说人的心思会呈现在其外在表征之中。如此推敲，人的言语、行为等外在表征，则多为其复杂内心的反映。按照王阳明所言，欲使人的言谈举止符合一定的规范或是达到至善的境界，则要从其内心入手，而不是人心之外的事物。只有当内心达到了至善的境地，其外在的言谈举止才能表现出善的一面。

贪泉，泉名，据史料记载，贪泉地处广州北郊30里的石门镇。传说人饮此水，便变得贪而无厌，故名。西晋时，朝廷派往广州的几任官员，差不多都以经济犯罪而被撤职查办，人们传说他们是因为喝了贪泉的水。后来，朝廷派去一位廉洁的名吏吴隐之任广州刺史，到任之日，他领随从来到贪泉边，从中取水而饮，随从劝他说："以往进入广州的官员都要饮上一杯，以示风雅，但是这些官员都贪赃枉法，爱钱如命，此泉饮不得。"吴隐之问随从说："那些不喝泉水的老爷们是否清廉了呢？"随从说："还不是一丘之貉。"吴隐之连饮三瓢后动情地说："贪财与否，取决人的品质，我今天喝了贪泉水，是否玷污了平时为官清廉的名声，请父老乡亲们拭目以待吧。"并赋诗一首："古人云此水，一歃怀千金。试使夷齐饮，终当不易心。"果然，他在任期间，为政清廉，并没有因饮贪泉水而贪污，留下了饮"贪泉"而不贪的千古美谈。

贪与不贪，并不在于一泉，没有饮贪泉水的人，也会照贪不误。所以，贪泉只是那些贪污的人的一个挡箭牌。王勃在《滕王阁序》中说"酌贪泉而觉爽，处涸辙以犹欢"，一个人贪与不贪，本在于自己内心的修养，并不在于外在的条件。

做人若问心无愧，坦坦荡荡，对于每天里遇到的各种突如其来的状况，也能应对自如，而不会被其搅乱心情，也就可以傲视天下。在儒家先贤眼里，这是君子风范的标准之一。

王阳明用一生的经验总结出一句话："心"左右一切。做好事来源于内心，做坏事也来源于内心。心中所想会影响我们的行为，一颗平静而宽容的心能够令人体会到生活的快乐，而一颗躁动而沉重的心则令人陷入黑暗之中找不到方向。只有以修心为先，才能更通透地知晓世间的道理，才能更真切地把握为人处世之道。然而，对于身处纷繁世界中的大多数人而言，即便知道理应如此，但要真正做到并不容易，甚至要用一生的时间去琢磨。

其实，修心不是很大的难题，只要我们能够日日更新、时时自省，不断净化内心的污垢，便能摆脱俗事的困扰。

看破繁华，不动于气

"圣人无善无恶，只是'无有作好'，'无有作恶'，不动于气。"

——王阳明

孔子人生态度的一个重要方面，就是求心安。心若安定了，那外面的风吹雨打便都可看作过眼云烟。就其对儒家之"礼"的阐释——"礼与其奢也，宁俭；丧与其易也，宁戚。"可以看出，孔子认为礼节仪式与其奢侈繁杂，不如节俭，正如丧礼那样，与其在仪式上准备得隆重而周到，不如在心里沉痛地哀悼死者，因为心中之礼比其外在形式更重要。

求心安，即保持一颗安定、清净的心，不因外界的打击和诱惑而摇摆不定，不过于狂热地去追求心外之物。能够做到这一点并不容易，因为人的心境太容易受到外界的干扰。恶人受丑陋之心的牵引而做坏事，普通人也可能因为执着心、愧疚心等而使自己陷入痛苦，无法自拔。如果人对于外界的事情心有挂碍，并由此生出了懊恼、欢喜，那么这颗心就失去了它的本来面目。

王阳明的弟子薛侃曾向他请教："为何天地间的善难以培养，而恶却难以去除呢？"王阳明认为，因为心中有善恶之念，引发好恶之心，才导致为善或为恶。他在回答中举出"花草"的例子：当人们想赏花时，就认为花是好的而它周围的杂草是恶的，因为那些杂草影响了赏花的效果；而当人们要用到那些杂草时，则又认为它是善的。这样的善恶区别，都是由于人们的好恶之心而产生的，因此是错误的。王阳明指出，应该心中无善无恶。他所讲的无善无恶，与佛家所讲的不同。佛家只在无善无恶上下工夫而不管其他，便不能够将此道理用于治天下。而圣人所讲的无善无恶，是告诫世人不从自身私欲出发而产生好恶之心，不要随感情的发出而动了本心。

有一天，深山里来了两个陌生人。年长的仰头看看山，问路旁的一块石头："石头，这就是世上最高的山吗？""大概是的。"石头懒懒地答道。年长的没再说什么，就开始往上爬。年轻的对石头笑了笑，问："等我回来，你想要我给你带什么？"石头一愣，看着年轻人，说："如果你真的到了山顶，就把那一时刻你最不想要的东西给我，就行了。"

年轻人很奇怪，但也没多问，就跟着年长的人往上爬。斗转星移，不知过了多久，年轻人孤独地走下山来。

石头连忙问："你们到山顶了吗？"

"是的。"

"另一个人呢？"

"他，永远不会回来了。"

石头一惊，问："为什么？"

"唉，对于一个登山者来说，一生最大的愿望就是登上世上最高的山峰，但当他的愿望真的实现了，同时，也就没有了人生的目标，这就好比一匹好马的腿断了，活着与死，已经没有什么区别了。"

"他……"

"他从山崖上跳下去了。"

"那你呢？"

"我本来也要一起跳下去的，但我猛然想起答应过你，把我在山顶上最不想要的东西给你，看来，那就是我的生命。"

"那你就来陪我吧！"

年轻人在路旁搭了个茅草屋，住了下来。人在山旁，日子过得虽然逍遥自在，却如白开水般没有味道。年轻人总爱默默地看着山，在纸上胡乱画着。久而久之，纸上的线条渐渐清晰了，轮廓也明朗了，后来，年轻人成了一名画家，绘画界还宣称他是一颗耀眼的新星。接着，年轻人又开始了写作，不久，他就因他的文章回归自然的清秀隽永一举成名。

许多年过去了，昔日的年轻人已经成了老人，当他对着石头回想往事的时候，他觉得画画、写作其实没有什么两样。最后，他明白了一个道理：其实，更高的山并不在人的身旁，而在人的心里，心中无我才能超越。

这位老人的境界不可谓不高。确实，更高的山在我们的心里，只有心中无我时，人才能攀越这座高山。人世间最可怕的不是做错事，而是心中动了歪念。倘若内心摇摆不定、狂热偏激，就会动歪念，就会继续做错事，这个时候就只有倒空了自己，才会发现虚无。

一位佛学大师曾说："心是最有反应、最有感觉的器官。我们看大自然的山川鸟兽、花开花落，我们看人生的生老病死、苦空无常，我们看世间的生住异灭、轮回流转等待，都会因心的触动而有喜怒哀乐的表现。"世间的风动幡动，其实都是因为心动罢了。

王阳明认为，无善无恶是静态时候的表现，有善有恶是气动的表现。在起心动念间，如果我们自己的内心茫然，就会不知所住，甚至连自己究竟是对是错都分辨不清。因此，唯有秉持一颗安定、清净之心，才能将世情看破，身处繁华闹市而不为所动。

不忙不乱，不焦不躁

"天地气机，元无一息之停。然有个主宰，故不先不后，不急不缓，虽千变万化而主宰常定，人得此而生。若无主宰，便只是这气奔放，如何不忙？"

——王阳明

忙碌是现代社会中大多数人的一种生活状态。不幸的是，与身体的操劳相伴随而来的，还有内心的忙乱急躁、焦虑不安。所谓"身之主宰便是心"，倘若在忙碌的生活中不能给内心留一份悠闲，而使其深受烦恼与担忧所累，便更难在为人处世之时做到游刃有余、潇洒自在。

《传习录》中有这样一段记载：

崇一问："寻常意思多忙，有事固忙，无事亦忙，何也？"

先生曰："天地气机，元无一息之停。然有个主宰，故不先不后，不急不缓，虽千变万化而主宰常定，人得此而生。若主宰定时，与天运一般不息，虽酬酢万变，常是从容自在，所谓'天君泰然，百体从令'。若无主宰，便只是这气奔放，如何不忙？"

欧阳崇一问："平时意念思想常常很忙乱，有事的时候固然会忙，无事的时候也忙，这是为什么呢？"王阳明回答说："世间万物的变化本来就没有瞬息的停止。然而有了一个主宰之后，变化就会有所依据，有秩序可言，虽然千变万化，但主宰却是一成不变的，人有了这个主宰才能在瞬息万变的人世间生存。如果主宰恒定不变，就像天地运行一样永不停息，即使日理万机，却也从容自在，这就是所谓的'天君泰然，百体从令'。若没有主宰，便只有气在四处奔流，怎么会不忙呢？"

由此可知，要做到"虽酬酢万变，常是从容自在"，便要有一颗不忙不乱、不焦不躁的"主宰"之心。具体到人们的日常生活、工作中，就是要用心去体悟繁杂中的快乐，学会用一颗平静的心去享受忙碌的价值。

现实当中有很多人，为了功名利禄而盲目地工作，以此来填充自己的人生。工作带来的种种压力，不断侵蚀着内心的安宁，让人倍感焦灼，于是渐渐地，人的身心就会陷入一种莫名的慌乱之中，完全理不清头绪。此时，唯有从内心闲下来，静下来，才能转变观念，学会把工作当作一种快乐的享受，而不仅仅是赚取金钱谋取地位的工具。如此，才不至于将人生变成炼狱。

如道家所言，将自己的心放到天地间，去体悟自我的渺小与天地的广大。与由人所构成的社会相比，包容天地万物的大自然，更能令人身心舒畅。自然可以开启人的心灵，陶冶人的情操，将自己的内心倾向自然，正如"智者乐水，仁者乐山"。当我们走进自然的怀抱，沐浴春风与阳光，尽览山河之宽广与博大，便会明白，那些长期困扰我们的身外之物，皆由一颗远离自然的心而起。当我们身处自然之中，便能够亲身感受大自然的博大胸襟，感受到万物的和谐共处，从而在大自然的安逸与恬静中把握心中那份从容与自在。

忙碌的生活虽然令人身心疲惫，但也可以充满乐趣，成为一门令人身心愉悦的艺术。关键在于你是否能够放慢心的脚步，让你的心松口气。正如攀登高山，若一心只想着登上顶峰，难免疲惫不堪；但若能静下心来，欣赏沿途赏心悦目的风光，那将是一种别样的感受，更是一种忙而不乱的人生。

人的内心既是一方广袤的天空，能够包容世间的一切；也是一片宁静的湖面，偶尔也会泛起阵阵涟漪；更是一块皑皑雪原，辉映出一个缤纷的世界。纵然世间的纷纷扰扰难以平息，生活的智者总能在心中留一江春水，淘洗忙碌的身躯，以一颗闲静淡泊之心，看庭前花开花落，望天上云卷云舒。

第二章
立志由心，量力而行

志不立，天下无可成之事

"志不立，天下无可成之事，虽百工技艺，未有不本于志者。"

——王阳明

孟子说："天将降大任于斯人也，必先苦其心志，劳其筋骨，饿其体肤，空乏其身，行拂乱其所为，所以动心忍性，增益其所不能。"自古以来，凡欲做大事者必先立志，志不坚则事必难成。

王阳明作为一代大儒，对立志与人生的关系，有着独到的见解，他说，一个人若是想做出一番事业，首先要立志，否则就只会一事无成。不仅如此，即便是各种工匠技艺，也都是要靠着坚定的意志才能学成的。

确实如此。人们常说，一个人的理想往往决定了他的高度。燕雀焉知鸿鹄之志，鸿鹄是要像大鹏那样展翅翱翔于九天之高，尽收天下于眼中的；而燕雀不知道去千万里之远有何用，自然对能够触及榆树和枋树就已经心满意足了。如翱翔于九天之大鹏一般，王阳明从小便胸怀大志，要读书做圣贤之人。

有一次，年仅十二岁的王阳明在书馆里问他的老师："何为第一等事？"老师回答说："唯读书登第耳。"王阳明竟持着怀疑的态度反驳道："登第恐未为第一等事。"老师反问他什么才是人生的头等大事。王阳明说："读书学圣贤耳。"

"读书做圣贤"这样大的志向正是出自少年王阳明之口，他认为登第当状元只是外在的成功，而读书做圣贤是追求内在的修养，才能够永垂不朽。在大人看来，王阳明这样的口气未免有些张狂，甚至和他的年纪一比较，还带着点滑稽可笑的味道。但是这崇高的志向，对王阳明以后的生活产生了深远的影响，在思考和实践的过程中，他常常以这为标准来回答和解决生活当中出现的问题。

只要有了高远的志向，那么无论想成就什么事业都有了可能，所以立志是十分重要的。王阳明作为一位洞悉心灵奥秘、响彻古今中外的心学大师正是在自己志向的带动下才一步一步走向成功的。即便后来受到种种磨难，他也没有放弃。不只是王阳明，古往今来，每个有所成就的人物在努力奋斗的同时都为自己树立了远大的志向，告诉自己要去哪里。

班超是我国西汉时期杰出的军事家和外交家，他从小胸怀大志，不拘小节。汉明帝永平五年，班超因哥哥被聘为校书郎，而随同母亲一起来到洛阳。因为他写得一手好字，便受官府的雇用，抄写文书，以此谋生。为了将这份工作做好，班超每天天不亮就起床，晚上直到很晚才睡。

当时，北方的匈奴时常侵犯汉朝边境，班超特别愤慨；同时，他又看到西域各国与汉朝的交往已断绝了50多年，心中非常忧虑。有一天，他正在抄写文件的时候，写着写着，觉得这份工作实在无聊，想到自己远大的志向，忍不住站起来，将笔狠狠地掷在地上说："大丈夫即便不能实现自己的理想，也应该像傅介子、张骞那样，为国家的外交作贡献，以取得封侯，怎么可以在这种抄抄写写的小事中浪费生命呢！"周围的人听了这话都笑他，班超回应说："凡夫俗子怎能理解志士仁人的襟怀呢？"于是，他决定"投笔从戎"，去干一番大事业。

后来，他当上了一名军官，在对匈奴的战争中取得胜利。接着，朝廷采取他的建议，派他带着数十人出使西域，重新打通了丝绸之路。他也由此成为我国历史上杰出的外交家，名垂青史，万古流芳。

班超投笔从戎，建立了千秋功业，正在于他没有满足于抄抄写写，安稳度日。他把自己的境界和志向提升到一定的高度，才能有名垂青史的成就。可见，人生的志向对一个人是何等重要。

"大丈夫四海为家""好男儿志在四方"，都说明了人们对于志向的一种追求。不要隅居于自己的狭小天地之中，做一只井底的青蛙，而应该走出去，看看外面的大千世界，去关注天下苍生，站在一个更高的立场去看待世间的万物，以一种更广阔的胸怀去面对自己的人生。只要在相信"天生我材必有用"的同时，努力使自己成为有用之材，那么远大的四方之志终会有实现的一天。

心之所想，力之所及

"只念念存天理，即是立志。能不忘乎此，久则自然心中凝聚，犹道家所谓'结圣胎'也。此天理之念常存，驯至于美大圣神，亦只从此一念存养扩充去耳。"

——王阳明

王阳明作为宋明道学中"心学"一派的代表人物，强调个人的主体意识和自主精神。他认为，只要心中念念不忘存天理，就是立志。能不忘记这一点，久而久之心自然会凝聚在天理上，就像道家所说的"把凡胎修炼成圣胎"。如此将天理时刻铭记于心，并逐渐达到宏大神圣的境界，这正是从心中最初的意念不断坚持并发展下去的。

"心之所想"虽然只是停留在脑海中的意识，看似虚无缥缈，却有着不可小觑的力量。王阳明所言的"念念存天理"，就是用我们的意念影响我们的思维。当心存念想时，才能做到心无旁骛、专心致志；倘若心无所思，则难以排除杂念，陷入胡思乱想之中。

"心之所想"的力量远不止于此。在奋力追求成功的人生道路上，"想"成功是必不可少的前提条件。缺少这份"心之所想"的动力，抑或受外界干扰而无法将之坚持到底，则难以发挥潜在的能力，难以超越自我，挑战极限。

明朝后期是中国古代科学技术史上最灿烂辉煌的一段时间。此时出现了一位伟大的地理学家、探险家——徐霞客。

徐霞客自幼聪明好学，喜欢读历史、地理、游记之类的书籍，立志成人之后遍游国家的大好山川。

但是父亲去世后，老母无人照顾，徐霞客的游览计划被打断，终日闷闷不乐。母亲看出了他的心思，对他说："男儿志在四方，哪能为我留在家里。"母亲的支持，坚定了徐霞客远游的决心。

徐霞客有了勇气和力量，便辞别母亲游历他乡了。他先后游历了太湖、洞庭湖、天台山、雁荡山、泰山、武夷山和北方的五台山、恒山等名胜，并且记录下了各地的奇风异俗和游历中的惊险情景。

几年后，徐母去世，徐霞客把他的全部精力扑在游历考察事业上。他跋山涉水，到过许多人迹罕至的地方，攀登悬崖峭壁，考察奇峰异洞。

在湖南茶陵，徐霞客听说这里有个深不可测的麻叶洞，便决心去探访。可当地人说洞里有神龙和妖精，没有法术的人不能进去。刚走到洞口，向导得知徐霞客不会法术，就吓得跑了出去。徐霞客毫不动摇，独自手持火把进洞探险。当他游完岩洞出来的时候，等候在洞外的当地群众纷纷向他鞠躬跪拜，把他看成是有大法术的神人。

徐霞客白天进行实地考察，晚上就借着篝火记录当天的见闻。三十多年里，他走遍祖国南北，对曾走过的地方之地理、地质、地貌、水文、气候、植物做了深入细致的调查研究，并用日记体裁进行详细、科学的记录。就是在这种环境中，他写下了闻名世界的《徐霞客游记》。

很多人虽然都心有所想，却很少有人为了愿望而坚持不懈地努力下去，也很少有人为了一个目标而坚定地执行下去。因为总是会有来自外界的各种各样的干扰。我们每个人都向往成功，但是心有所想的同时需要排除外界的干扰，需要在心里不断地提醒自己，不断地想着朝目标前进。虽然当我们想着"下次考试提高二十分""一个月减肥十公斤""毕业后就要买房"的时候，自己都不太相信，因为身边已经有无数多的人这么想，却同样有无数多的人无法实现。倘若就这样气馁了、放弃了，那我们距离成功将越来越遥远。相反，要相信自己的心之所想，清楚地告诉自己想要的是什么，并为之而努力奋斗。只有时刻保持这种"想要"的念头，才能彻底抛开所有阻挠它实现的因素。最后我们会发现，所有的"我想"，都变成了"我要""我一定"。想都不敢想的事情，未必就是我们无法做到的事情。大胆地坚持心之所想，方知自己的潜力有多大。

正如放风筝。风筝能飞多远，关键在于手中的线有多长。如果线断了，再好的风筝也飞不起来。我们想要成功的心，就是牵着风筝的线，不要让线在风筝飞上云端之前断掉，更不要在"心想事成"之前放弃最初的念想。成功不仅需要奋力拼搏，更需要一份坚持不懈的动力。坚持心之所想，最终将成为力之所及。

志当存高远，路从脚下行

"譬之树木，这诚孝之心便是根，许多条件便是枝叶。须先有根，然后有枝叶。不是先寻了枝叶，然后去种根。"

——王阳明

王阳明和同辈人不一样，他从小立志要做圣人，也就是去探究宇宙人生的奥秘。为此，他习读百家书，曾遵从朱熹的"格物致知"去格万物，最后从陆九渊那里找到了圣人之道，还领悟出了"知行合一"的道理。

他的哲学，最后不仅可以用于政治，比如扳倒严嵩的徐阶就是受其影响；也可以用于军事，比如他自己就亲身平定了很多次的叛乱。一介文人，作战百无一失，在中国历史上是绝无仅有的，而他所做的，只是一直在修养自己。但是火候到了，就如同鱼跃龙门，化身为龙，自由地游走在天地之间，无往而不利。

志向对于人来说，其实是未来行为举止的驱动力，没有志向的人如同旋转的陀螺，不知道停下的位置在哪里。正如先贤孔子所说的一般："志于道，据于德，依于仁，游于艺。"意思是说，将天地道义的实现作为自己终生奋斗的目标，然后用道德的标尺来约束自己，以仁义作为自己处世的原则，同时还要学习六艺来丰富生活的内容。道德之性、仁爱之心、六艺之才，是实现人生目标必不可少的重要条件。而其中最重要的前提便是树立高远的志向，以志向来引导前进的方向。

秦朝丞相李斯年少时跟随荀子念书。由于家境贫寒，经常食不果腹。一日，李斯在厕所里看到粪坑中的老鼠，又小又瘦，一见到人就惊慌逃窜。过了几日，李斯去米仓盛米，看到一只在米仓中偷米吃的老鼠。这只老鼠又肥又大，见着李斯不但不逃跑，反而瞪着眼很神气地看着他。李斯觉得很奇怪：为什么厕所中的老鼠见着我就拼命地逃跑，而这只老鼠见着我不但不逃跑，反而还敢瞪我呢？

李斯陷入沉思，反复琢磨两只老鼠间的差异，终于悟出了一个道理：又小又瘦、见人就逃的老鼠，是没本事没靠山、被欺负惯了的老鼠；而又肥又大、见人不避的米仓老鼠，认为自己很有本事，很有靠山，所以敢见人不避，目空一切。李斯突然觉得，现在的自己就像厕所里的那只小老鼠，非常可怜。于是，李斯暗暗发誓：做人也要如此，要做就做米仓中的大老鼠，绝不做那可怜的粪坑老鼠，不但吃不饱，还备受欺负！

悟出这个道理之后，李斯便告诉荀子自己不读书了。荀子问他不读书要去做什么，李斯说要去游说诸侯，求得功名富贵。就这样，李斯半途荒废了学业，开始追求富贵功名的人生。后来，李斯得到秦始皇的信任，当上了秦朝丞相。他在为人处世中处处奉行"老鼠哲学"——仰仗秦始皇的信任和自己的地位，打击陷害异己忠良，贪赃枉法，肆无忌惮。秦始皇死后，李斯便落了个遭人诬陷、满门抄斩的悲惨结局。

米仓中的老鼠激励着李斯立下了人生的大志，但是"老鼠哲学"却又让李斯一败涂地。"据于德，依于仁，游于艺"固然重要，但人生全部的努力及其方向，更多地源于我们确立的志向。诚如王阳明所言："譬之树木，这诚孝之心便是根，许多条件便是枝叶。须先有根，然后有枝叶。不是先寻了枝叶，然后去种根。"确立志向之时，倘若其心不正，则容易失之偏颇，惨淡收场；其志不高，则容易碌碌无为，一事无成。

然而，高远的志向只是心之所向的念想，如何将之付诸实践呢？对于这个问题，不同的人会作出不同的选择。而最典型的莫过于"依于仁""游于艺"，抑或徘徊于二者之间。

苏轼与佛印出游，看到一个木匠在做墨盒，于是即兴对诗。佛印曰："吾有两间房，一间凭与转轮王，有时放出一线路，天下邪魔不敢当。"苏轼淡然一笑，对曰："吾有一张琴，五条丝弦藏在腹，有时将来马上弹，尽出天下无声曲。"

同样一根线，苏轼与佛印看出了不同的人生哲理。佛印说的是眼前所见的墨盒里的线，用的时候要拉出来，非常直，就像为人处世所坚持的原则和底线，天下邪魔看到他的正直都不敢靠近。他强调了一个端直的人品和操守对实现人生目标的重要性。再看苏轼所言：我也有丝弦，不过不像墨盒的线那样要拉出来，而是藏在我心中。苏轼用弹奏只有自己能够明白的天籁之音来比喻他的人生——追求自由自在的欢愉。

上述二人不同的人生态度分别代表了中国人格理想上的两个支点："仁"是嘈杂世界中生命自我选择与坚持的力量；而"艺"是令我们心神荡漾，触目生春的欢愉。这两点之于生活，就如阳光雨露之于草木，缺一不可。然而最为重要的，还在于"志于道"。王阳明高度强调道德的自我完成，在他看来，凡墙都可以是门，只有树立远大的抱负，循着高尚而伟大的理想之路从心头做起，才不至于鼠目寸光，荒废一生。

人贵有自知之明

"后儒不明圣学，不知就自己心地良知良能上体认扩充，却去求知其所不知，求能其所不能，一味只是希高慕大，不知自己是桀、纣心地，动辄要做尧、舜事业，如何做得？"

——王阳明

《传习录》中有这样一段记载：一对父子发生争执，互相控诉对方，想请王阳明为其评理。王阳明听他俩说完之后，对他俩如此说了一番，话未说完，父子俩就抱头痛哭，冰释前嫌而离去。弟子们都很好奇，问先生："您对他们说了什么，令他们这么快就有所感悟了？"王阳明说："我对他们说，舜是世间最不孝的儿子，而舜的父亲瞽瞍是世间最慈爱的父亲。"弟子们愕然，继续请教先生。王阳明解释说："因为舜常常认为自己不够孝顺，所以他能做到至孝；而他的父亲瞽叟常常以为自己已经非常慈爱了，所以做不到真正的慈爱。瞽叟只想着舜是他从小养大的，今天凭什么不能取悦我、让我高兴，他不知道自己的心已受后妻的影响改变了，还自以为对舜慈爱，所以就越不慈爱；而舜只想着父亲在他小时候是多么爱他，今日不爱他是因为他不够孝顺，于是他每天反省自己不够孝顺的地方，因此就越来越孝顺。"

众所周知，舜是中国古代有名的孝子。王阳明之所以说"舜是世间大不孝的子"，是为了让那对互相控诉的父子明白，做人要有自知之明，要学会从自己身上找原因，而不是一味地责怪他人。

人贵有自知之明，但自知的获得，又谈何容易！只有经历暴风骤雨的洗礼，雪压霜欺的磨砺，在无数次地跌倒中爬起，才能够找到真实的自我，才能够正确面对自己的对与错、美与丑、善与恶，从内心做到不怨天尤人，真正认识到自己的能力，再通过不断修补与完善，向更加完美的人生靠近。可见，自知之明的"贵"字来得何其不易！

自以为自知同真正自知不同。自以为了解自己是大多数人容易犯的毛病，真正了解自己的人少之又少。人生如秤，对自己的评价轻了容易自卑，重了则容易自大；只有把握准确，才能实事求是、恰如其分地感知自我，完善自我。自知无知才求知，自知无畏才拼搏。倘若连自己擅长什么、欠缺什么都不知道，又何谈奋力拼搏、努力改进呢？因此，有人说自知之明是比才能更罕见、更优美、更珍奇的东西，它总是在无边的黑夜中熠熠生光，为不同的人生指引正确的方向。有了自知之明，才能在深浅之间权宜做人。

理发师有一把刮脸刀，它不仅十分漂亮，而且工作出色。有一段时间，理发师因事外出，理发店里没有顾客光顾了，刮脸刀闲得无聊，突然想要出去见见世面，并在众人面前展示一下自己。

刮脸刀刚迈出门槛，太阳光射进来，在它的刀刃上闪出耀眼的光芒。它非常得意，觉得自己实在是了不起。

经历了如此壮丽的场面，刮脸刀已经不愿意再回到理发店去为理发师服务了。"那破旧的小小理发店，怎能配得上我这锋利的刀刃呢？我得找个僻静的角落躲藏起来，让那个讨厌的理发师再也找不到我。"

从此，理发师再也见不到这把刮脸刀的踪影了。

几个月过去了，多雨的季节来临了。躲藏已久的刮脸刀决定出来透透气，却没想到在它跳出刀鞘时被雨水浸得锈迹斑斑了。

刮脸刀知道自己错了，它悔恨地痛哭："我为什么忍受不住诱惑呢？善良的理发师照顾我、保养我，他曾为我的劳动充满自豪！可现在，一切都失去了，我的刀锋生出了令人厌恶的锈斑。"

一把刮脸刀反映出了缺乏自知之明的特征与命运。

有自知之明才能让我们明晓得失、看清自己，去做力所能及的事。王阳明说，不知道从自己内心的良知良能上去体认扩充，却去强求他所不能知道的事，强求他所不能做到的事，一味只是希高慕大，不知道自己是桀、纣心地，又如何能成就像尧、舜那样的事业呢？

人生的旅途有千百条路，是选择距离较远的平坦大道，还是近在咫尺的崎岖山路，因人而异。"成名成家"固然风光，但绝不是每一个人都能够实现的，"心想事成"有时候不过是美好的愿望罢了。对于大多数人而言，平淡快乐的生活比功成名就更有意义。无论是能力上还是思想上的力所不及，都有可能陷入理想与现实之间那道永远不可逾越的鸿沟。自知之明的可贵之处，便在于它能指导人们量力而行，选择一条适合自己的人生道路。

第三章
知行合一，言行一致

慎思之，笃行之

"知是行之始，行是知之成。"

——王阳明

常言道，三思而后行。意思是思考在前，行动在后，必须经过多番仔细周密的考虑才能有所行动，如此才能取得最好的效果，避免一些不必要的麻烦。

"三思而后行"，出自《论语·公冶长》："季文子三思而后行。子闻之曰：'再，斯可矣。'"孔子对季文子三思而后行的评价，着实令人费解。有的人指出，孔子是赞同季文子的做法的，并且孔子认为三思还不够，还要再想一次才可以；有的人则持相反的观念，指出孔子实际上是反对季文子这种过多思虑的做法，认为只要"再"，即只要想两次就可以了。从字面的意思看来难免糊涂，然而从孔子的思想主张，从他周游列国游说各诸侯施行仁政的行事作风则不难看出，上述第二种观念更符合孔子的本意。

而王阳明对于思与行的关系则这样认为：知是行之始，行是知之成。意在强调知与行的统一。所谓知，便是对事情各方面的思考与了解，只有思考明白、了解清楚了才能开始行动；所谓行，便是将那些思考明白、了解清楚的东西付诸实践，如此才能有所成就。王阳明指出，圣人之学乃身心之学，其要领在于体悟实行，不可将其当作纯粹的知识，仅仅流于口耳之间。

三思而行，已成为对冲动气盛的年轻人最好的劝谏，一直颇受世人的推崇。人们相信，经过深思熟虑的决定才是最好的，经过反复思量的行动才能顺利地进行。不幸的是，由此而形成了一种重思考而轻行动的风气。或许是过于谨慎，过于追求万无一失，人们将大量的时间与精力用在了无限的沉思之中，结果越想越觉得准备不够充分，越想越觉得存在很大的问题，想着想着，本可以尝试的想法变成了不可能完成的任务，无疾而终。由于人的四维空间是无限宽广的，不受客观事物与能力的强行束缚，因此，想着想着便偏离正轨、越想越远而找不到重点。当人们在思想的海洋中畅游太久而迟迟不上岸来付诸实践，结果无疑是窒息于其中，彻底失去付诸实践的机会与能力。

唐代，中原有一片山脉盛产灵蛇，蛇胆和蛇心都是很好的药材，虽然蛇毒剧烈，见血封喉，可是为了赚钱，很多人不惜冒着生命危险去捕蛇。有一天，有三个从南方来的年轻人来到附近的村子，准备进山捕蛇。

年轻人甲在村里住了一天，第二天清晨便收拾行装上山捕蛇，但是几天过去了，他都没有回来，他不懂得蛇的习性，在山里乱窜，惊扰灵蛇；而他又不懂如何捉蛇，最终因捕蛇而丧命。

年轻人乙见状，心中害怕不已，再三思虑要不要去山里捉蛇，他每天都站在村口，向大山的方向望去，时而向前走几里路，不久又走回来，终日惶惶然行走于村子与大山之间。

年轻人丙则充分考虑了如何找蛇穴、捕蛇、解毒等问题，并经常向村里人讨教，掌握寻找蛇穴、引蛇出洞等捕蛇的技术，学习制作解毒的药剂。经过半个月的准备，年轻人丙带着工具上山了。七天过去了，大家都以为他已经丧命，可是年轻人竟然背着沉重的箩筐回到了村里。他捕到了上百只灵蛇，赚了很多银两，之后还做起了药材生意，成为著名的捕蛇之王。

三个年轻人一起捕蛇，一个毫不考虑、鲁莽行动；一个思来想去、迟迟不动；一个经过深思熟虑之后付诸行动。三个人对待思与行的不同态度，注定了他们的际遇截然不同。思考与行动是相辅相成的。无论偏向于哪一方，都难成大事。诸如乱猜结果蒙对、想发财就捡到钱等意外、碰巧之事，不过是人生乐章中少之又少的特殊音符，难以用它来谱写一生的成就。

思考与行动，对于一个正常人而言，是人生至关重要的一件事，如人之生老病死，难以避免。小到处理家庭琐事，大到掌握国家命脉，不假思索地行动和多番思虑却不见行动的人，轻则败家，重则亡国。思与行，不可偏其一，这便是中国两千多年的历史积淀下来的沉痛教训，也是王阳明知行合一的观点所在。

千里之行，始于足下

"我辈致良知，是各随分限所及，今日良知见在如此，只随今日所扩充到底。明日良知又有开悟，便从明日良知扩充到底，如此方是精一功夫。"

——王阳明

"活在当下"，所谓"当下"，就是现在正在做的事，现在所处的环境，现在遇到的人。"活在当下"就是要把关注的焦点集中在这些人、事、物上面，全心全意地认真去接纳、品尝、投入和体验这一切。活在当下是一种全身心地投入生活的人生态度。当你活在当下，而没有过去拖在你后面，也没有未来拉着你往前时，你全部的能量都集中在这一刻，生命因此更具一种强烈的张力。

"当下"之所以如此重要，因为它是千里之行的起点。人生漫漫长路，只从当下开始。无论是过去的，还是即将到来的，都不如当下的一切来得真切、来得实在。王阳明说过："我辈致良知，是各随分限所及，今日良知见在如此，只随今日所扩充到底。明日良知又有开悟，便从明日良知扩充到底，如此方是精一功夫。"意思是，我们致良知，因各人的差异而达到不同的程度。今天到达这样的程度，就根据今天所能理解到的扩充下去，明天又有了新的理解，便从明天理解到的扩充下去，这才是专注于一个目标的功夫。王阳明认为，初学者对于修身养性的工夫，应当循序渐进，着眼于当下，而不是妄图将来。

活在当下，意味着要抛开往事的牵绊。人活一世，不可能不做错事，也不可能完美无缺。关键是能够改正错误，接受遗憾。倘若一味沉浸在过往的痛苦或对完美的觊觎之中，则难以关注当下的一切，更难以开启未来之门。

古时候，有户人家有两个儿子。当两兄弟都成年以后，他们的父亲把他们叫到面前说：在群山深处有绝世美玉，你们都成年了，应该做探险家，去寻求那绝世之宝，找不到就不要回来了。

两兄弟次日就离家出发去了山中。大哥是一个注重实际，脚踏实地的人。有时候，即使发现的是一块有残缺的玉，或者是一块成色一般的玉甚至那些奇异的石头，他都统统装进行囊。过了几年，到了他和弟弟约定的会合回家的时间，此时他的行囊已经满满的了，尽管没有父亲所说的绝世完美之玉，但造型各异、成色不等的众多玉石，在他看来也可以令父亲满意了。后来弟弟来了，两手空空，一无所得。弟弟说，你这些东西都不过是一般的珍宝，不是父亲要我们找的绝世珍宝，拿回去父亲也不会满意的。弟弟说，我不回去，父亲说过，找不到绝世珍宝就不能回家，我要继续去更远更险的山中探寻，我一定要找到绝世美玉。

哥哥带着他的那些东西回到了家中。父亲说，你可以开一个玉石馆或一个奇石馆，那些玉石稍一加工，都是稀世之品，那些奇石也是一笔巨大的财富。

短短几年，哥哥的玉石馆已经享誉八方，他寻找的玉石中，有一块经过加工成为不可多得的美玉，被国王御用作了传国玉玺，哥哥因此也成了倾城之富。

在哥哥回来的时候，父亲听了他介绍弟弟探宝的经历后说，你弟弟不会回来了，他是一个不合格的探险家。他如果幸运，能中途醒悟，明白至美是不存在的这个道理，是他的福气。如果他不能早悟，便只能以付出一生为代价了。

很多年以后，父亲的生命已经奄奄一息。哥哥对父亲说要派人去寻找弟弟。父亲说，不要去找了，如果经过了这么长的时间和挫折他都不能顿悟，这样的人即便回来又能做成什么事情呢？世间没有纯美的玉，没有完善的人，没有绝对的事物，为追求这种东西而耗费生命的人，何其愚蠢啊！

弟弟不懂欣赏，不懂抓住当下，因此失去了本该收获的美好。其实，世界并不是完美的，人生一定会有遗憾。对于我们来说，不完美是客观存在的，并不需要怨天尤人。

活在当下，意味着要踏踏实实地努力于眼前的事，把握眼前的时机，而不是寄希望于明天，寄希望于一个新的开始。无论人生的目标有多么明确，未来总是充满了诸多的未知因素，足以令计划赶不上变化。如果我们时时刻刻都将力气耗费在未知的未来，却对眼前的一切视若无睹，那就永远也寻找不到通往未来的道路。我们的努力只有从现在开始，才有可能获得成功。

现实生活中，很多人都无法专注于现在。他们总是若有所想，心不在焉，想着明天、明年甚至下半辈子的事。他们喜欢预支明天的烦恼，想要早一步解决掉明天的问题。然而，即便明天有问题，今天也是无法解决的。每一天都有每一天的人生功课要交，努力做好今天的功课才是关键。

由此可知，千里之行，始于足下。有志之人，必当从现在做起，日积月累，为实现伟大的理想奠定坚实的基础。那些连今天都把握不住的人，又何谈将来！

大胆尝试，实践出真知

"如人走路一般，走得一段，方认得一段；走到歧路处，有疑便问，问了又走，方渐能到得欲到之处。"

——王阳明

王阳明的父亲王华于成化十七年（1481）的科举考试中高中状元，进京为官后不久便将王阳明接到京城生活。王华对儿子的起居生活以及学业都已经做了很好的安排，他认为王阳明应该和自己一样读书考科举，随后走入仕途，光宗耀祖。年少的王阳明虽然遵循了父亲的安排，但是心中却是另有所想。在他看来读书考科举不一定是人生的第一等大事，读书做圣贤才是第一等大事。立下大志后的王阳明便开始摸索成为圣贤的道路：十五岁试马居庸关、十七岁钻研宋儒朱学、之后又追求心学境界。在不断地尝试和突破中，王阳明渐渐有所领悟，最后创立心学。

在日常生活中，很多人从小就被"家长的期望"安排着。比如小时候在哪一所学校读书，长大了从事什么样的职业，建立怎样的家庭……前半生有太多的时间在人们还没来得及思考的时候，就已经被家长们安排好、规划好了。没有追逐，没有尝试，甚至也没有挫折和失败，一切都按部就班地进行着。可是，在这样的安排中，人们内心的愿望被忽略，心中的梦想被埋没，虽然走得很顺畅，却不真实。因为在这一路的顺畅中，人们缺少了一份尝试的失败，缺少了一份亲身经历的深切体悟。

五代时期的画虎名家历归真从小喜欢画虎，但是由于没有见过真的老虎，别人总笑话他把老虎画成病猫，于是他决心进入深山老林，寻找真的老虎，他经历了千辛万苦，后来在猎户的帮助下，终于见到了真的老虎。他通过大量的写生临摹真虎，其画虎技法突飞猛进，笔下的老虎栩栩如生。他从画虎中得到启发，后来又用大半生的时间游历了许多名山大川，最后终于成为一代绘画大师。

实践出真知，画画也是如此，如果历归真只是局限在书斋里，没有看到真正的老虎，不管他怎样努力也只能画出一只像猫的老虎。只有真正地去观察老虎，才能使自己所画的老虎具有生气。耳听不如眼看，实践能推进与成功的距离！

我们常常听到长辈们的劝告，那都是些经历了岁月的检验最终被证明为正确的人生智慧，都足以令我们的人生成为一条康庄大道。可是，我们的人生，难道不应该由我们自己去一步一步地走出来吗？吸取前人的经验教训是正确的，但没有经历过大胆的尝试，没有用自己的实践去摸索，则难以取得超越前人的成就，难以创造一番前所未有的事业。就像我们走路一样，走了一段才能认识一段，走到布满荆棘处才能深刻领悟战胜困难的艰辛，才能发掘自己的潜能，发现战胜困难的方法，以此为鉴，逐步积累地走下去，才能到达比前人更高更远的地方。

在一个村子里，有个渔夫有一流的捕鱼技术，被人们尊称为"渔王"，每次外出打鱼，总是他收获最多。然而渔王非常苦恼，因为他的三个儿子的捕鱼技术都很平庸。于是渔王经常向人诉说心中的苦恼："我真不明白，我捕鱼的技术这么好，我的儿子们为什么这么差？我从他们懂事起就传授捕鱼技术给他们，从最基本的东西教起，告诉他们怎样织网最容易捕到鱼，怎样划船最不会惊动鱼，怎样下网最容易请鱼入瓮。他们长大了，我又教他们怎样识潮汐、辨鱼汛。凡是我长年辛辛苦苦总结出来的经验，我都毫无保留地传授给了他们，可他们的捕鱼技术竟然赶不上那些技术比我差的渔民的儿子！"每次，村里的人听完后都会表示遗憾。

有一天，一位路过的老人听了他的诉说后，问："你一直手把手地教他们吗？"

渔王说："是的，为了让他们学到一流的捕鱼技术，我教得很仔细、很耐心。"

老人又问："他们一直跟随着你吗？有没有犯什么错误？"

渔王回答："是的，为了让他们少走弯路，我一直让他们跟着我学。在打鱼的时候，他们的方法都没有问题，从没有出过差错，但是打上来的鱼却总是没有别人的多。"

老人想了片刻，感慨道："如此看来，其中的原因就很明显了。他们只知道认真学习你传授给他们的技术，却没有在下海打鱼的过程中总结自己的失败教训和成功经验。这样学下去，不仅难以达到像你一样的水平，更难超越你而有更高的成就了！"

渔王的捕鱼技术固然高明，但他那一套方法并不一定适合他的三个儿子使用。学习基本的技能是必需的，然而更重要的，是在学习的过程中大胆尝试，在实践的过程中总结自己的经验和教训，如此才能有所觉悟，才能寻找到真正适合自己的一套方法，才能更进一步，有所成就。别人的经验只能用来借鉴，而非生搬硬套在自己身上。只有自己去尝试，自己去实践，才能有更深刻的体会，才能掌握对自己而言最有用的方法。

现实生活中，很多人难以摆脱父母的期望，在既定的生活框架中遵循着前人的步子平稳地前进。然而，生命的最高意义并不在于一代又一代的重复，而在于前所未有的超越与突破。正如王阳明所言："如人走路一般，走得一段，方认得一段；走到歧路处，有疑便问，问了又走，方渐能到得欲到之处。"每一个人都可以走出一条不一样的人生道路，都有能力去创造不同于前人的精彩。困惑是在所难免的，遇到了便自己去寻找答案，方能渐渐弄清自己人生的方向所在。前提就是，敢于大胆尝试，在实践中体悟一份真正属于自己、适合自己的人生智慧。

第四章
与逆境共处，吃苦如吃补

人生需要经过反复磨炼

"常人之心，如斑垢驳杂之镜，须痛加刮磨一番，尽去其驳蚀，然后才纤尘即见，才拂便去，亦自不消费力。到此已是识得仁体矣。"

——王阳明

《诗经》中说："如切如磋，如琢如磨。"人生犹如一块璞玉，必须在切、磋、琢、磨中精心打磨，只有自己努力来雕琢这块璞玉，才能使它成为完美无瑕的艺术品。

王阳明讲圣人之心与常人之心时说：圣人的心如镜子般明亮，丁点纤尘都无所容。而常人的心，则需要经过一番痛加刮磨，其表面的污垢杂质才可拂去。王阳明的一生历经了种种艰难险阻，在他看来，都是磨炼心性的过程。

《传习录》中记载：王阳明的学生陆澄暂居鸿胪寺时，突然接到家中的来信，说是儿子病危。听到这个消息后，陆澄甚是担忧。

王阳明开导陆澄：这正是一个磨炼的机会，平日讲学探讨都没有什么用。只有在遇到困难的时候用功夫，才能够真正提升自己的能力。

王阳明就是抱着这种要到达更高的人生境界，就得经历千苦百难的磨炼的心态，慢慢磨炼自己的心性，慢慢体味人生的味道，慢慢雕琢粗糙的自我，渐渐将心性打造成了美玉。像王阳明这般，如果仔细切磋琢磨自己的人生，会发现顽石中隐藏的是连自己都不曾察觉的美玉。如果不精雕细琢，安于粗陋的人生，那么终将平庸一世。

当然并不是每一块石头都能成为璞玉，不是每一个贝壳都可以孕育出珍珠，也不是每一粒种子都可以萌生出幼芽。一个人的思想和意志得不到磨炼，就不可能有积极向上的动力。那些遇到挫折而不退缩的人，才能活出生命的意义。

很久很久以前，有一个养蚌人，他想培养一颗世上最大最美的珍珠。

他去海边沙滩上挑选砂砾，并且一颗一颗地问那些砂砾，愿不愿意变成珍珠。那些砂砾都摇头说不愿意。养蚌人从清晨问到黄昏，他都快要绝望了。

就在这时，有一颗砂砾答应了他。

旁边的沙粒都嘲笑起那颗沙粒，说它太傻，去蚌壳里住，远离亲人、朋友，见不到阳光、雨露、明月、清风，甚至还缺少空气，只能与黑暗、潮湿、寒冷、孤寂为伍，不值得。

可那颗沙粒还是无怨无悔地随着养蚌人去了。

斗转星移，几年过去了，那颗沙粒已长成了一颗晶莹剔透、价值连城的珍珠，而曾经嘲笑它傻的那些伙伴们，依然只是一堆沙粒，有的已风化成土。

也许我们只是众多沙粒中最平凡的一颗，但只要我们有要成为珍珠的信念，并且忍耐着、坚持着，当走过黑暗与苦难的长长隧道时，我们就会惊讶地发现，在不知不觉中，我们已长成了一颗珍珠。每颗珍珠都是由沙子磨砺出来的，能够成为珍珠的沙粒都有着成为珍珠的坚定信念，并为之无怨无悔。

提到正身做人，想到了雕砚。砚石最初都是工匠从溪流里涉水挑选而来，石块呈灰色，运回后首先需要暴晒，因为许多石头在溪流里十分精致，却有难以察觉的裂痕，只有经过不断地日晒雨淋才能显现。未经打磨的石头，表面粗糙，不容易看出色彩和纹理，只有在切磨打光之后，才能完美而持久地呈现。雕砚最重要的一步就是修底，因为底不平，上面不着力，就没有办法雕好，无论多么细致的花纹与藻饰，都要从最基础的开始。

做人也是如此，无论表面怎样，经过琢磨，都会呈现美丽的纹理。从生活中历练，正如同在雕砚时磨砺，外表敦厚内心耿介的君子，经过心志与机体的劳苦之后，方能承担大任。修底与磨砺都是正身的过程，戒与慎则是正身的方法。

王阳明注重的是将受束缚的常人之心变换圣人之心，这虽然是一个很艰难的改变过程，但是只要有着永不退缩的勇气和毅力就可以完成。人生是要经过磨炼的，不经过反复磨炼，就会使自己永远停留在原始的状态，无论在怎样的环境里都要精心琢磨，否则就不可能改变自己的人生，创造自己的价值。

深陷逆境，其实"别有洞天"

"困知勉行，学者之事也。"

——王阳明

里希特在《长庚星》里曾经这样描述苦难：苦难犹如乌云，远望去但见墨黑一片，然而身临其下不过是灰色而已。苦难并不可怕，可怕的是面对苦难缺乏一种从容的健康心态。只要心情有阳光，苦难永远也不能统治我们的生命，只要梦里有美景，冬天就永远也不会来临，只要在关爱中相互扶持，"黑夜"里也有最美丽的童话。

苦难可以使人更严肃地思索人生，启迪智慧。王阳明就是在不断地追求真理、维护真理，历经艰难，走出困境的过程中，逐渐明白了一些百思不得其解的难题之后，悟出了"心"能左右一切的道理。

他在龙场附近的一个小山洞里品读《易经》，在沉思中"穷天人之际，通古今之变"，心境由烦躁转而为安然，由悲哀转为喜悦，一种生机勃勃的情绪油然而生。在和当地农民的相处过程中，他体会到农民的朴实无华和真诚善良。他们为他修房建屋，帮助他渡过了难关，使他感受到人间"真情"，深感"良知"的可贵，从中得到很多新的启示和灵感。

不经历巨大的痛苦，就不会有伟大的事业。我们每做一件事，都会在心中构筑一道障碍，直至完成，这些障碍都会一直存在。然而只要心中怀有美丽的"童话"，以积极乐观的态度应对发生的一切，"黑夜"里照样会开放出最美丽的花。

苦难是炼狱，我们应该勇敢地面对苦难，在苦难的磨砺中不断地练就自己，而不是将苦难看作是人生不可逾越的鸿沟。为什么在各种灾难之中会有人奇迹般地活下来，不仅仅是因为他们比别人更幸运一些，更是因为他们有着别人没有的意志力，他们相信自己可以挺过去，于是咬紧牙，最终渡过了难关。

人处逆境之中，可以明智，处顺境之中，刀光剑影立于前犹不自知。人往往身处逆境，人格、本领才会得到提高，此时的磨难反而不是一种苦果，而成了锤炼人心的工具。一切的磨难、忧苦与悲哀，都是铸就优秀品质的资本。我们在面对苦难与忧患的时候，如果能保持一颗平常心，对任何事情都清楚明净，居安思危，那么就没有什么事情是做不成的。

在平凡的日子里，一杯茶、一本书甚至偶尔邂逅的一抹绿都能带给我们无限的感动和惊喜。而当我们深陷"黑夜"的时候，我们也要相信自己会有开花的季节，因为生命在达到某一沸点之前注定要享受很多的煎熬和等待、痛苦和折磨。然后，在某一刻，我们就会突然明白：这样的生活其实才是对生命最真实的追求。你活的每一天都是值得的，都是精彩的。

曾看到一句话："生活有多难，就有多勇敢。"走过的，不只是经历，更多的是心的满足。从薄脆到丰盈，亦如春，万物复苏，生命经历轮回而重新绽放，但是人的生命只有一次，所以我们要在有限的日子里完成无限的自我超越和前进，故而我们需要倍加珍惜当下的每一步、每一个选择。正如王阳明提倡"本心"，只要依照本心做事，积极地履行自己的使命和责任，那么自己的世界便是光明的。

每个人的人生都有"黑夜"，然而只要你在"黑夜"里种一颗光明的种子，相信它总会生根、发芽，最后开出光明的花朵。

第五章
静察己过，不论他人是非

静察己过，勿论人非

"是非之悬绝，所争毫厘耳。"

——王阳明

谈论他人是非并不是一个好的行为方式，古人曾如此告诫世人："时时检点自己且不暇，岂有工夫检点他人。"圣人孔子也曾说过："躬自厚而薄责于人。"其意思无非是，在静察己过的同时勿论人非。

而"勿论人非"体现出的是古人对于为人处世的另一层哲理性的思考与智慧。的确，有是非之言的地方便成了是非之地。人生在世，你有你的是非，他有他的是非，是非总是讲不清的，而人往往容易为是非所累。

祖孙俩买了一头驴，爷爷让孙子骑着走时，别人议论孙子不懂得孝敬爷爷；孙子让爷爷骑着走时，有人指责爷爷不疼爱孙子；祖孙俩干脆都不骑了，又有人笑话他俩放着驴不骑是傻瓜；祖孙俩同时骑在驴背上又有人指责他们不爱护动物。结果，不知所措的爷孙俩只好绑起驴扛着走了。

祖孙两人最后不知所措，是因为他们深为那些"是非"所累。"是非"本身就是极其无聊的谈资，没有任何的意义。而且那些喜欢在背后议论他人、搬弄是非的人往往也是最可恶的人。其实，背后议论别人并非是什么好事，也不是正人君子的作风，做人就应该做得光明磊落，有话就当面说，不要在背后搞任何的小动作。要知道，一味地去搬弄是非不仅害人，同时也是害己，对于自身而言没有任何好处，反而会让人看不起。

喜欢议论别人，对别人能够明察秋毫，而对自己却不能有个清醒的认识。越是喜欢议论别人的人，他本身也就存在着许多缺点，他们从不正视，不作自我批评。越是这样，缺点越是得不到改正，长此以往，缺点就会越来越多，到头来对自己没什么好处，对他人来讲也不会有什么好的影响。"正己才能正人"，不能律己，又何以要求别人呢？

在王阳明看来，是与非相差并不遥远，"所争毫厘耳"。的确，只差毫厘就有本质的变化了。正所谓"失之毫厘，谬以千里"，好与坏、对与错、是与非只在一念之间。既然是这样，那么莫不如少谈论一些是非，多一些对自己的省察。

自省是涤荡心灵的清泉

"学须反己。若徒责人，只见得人不是，不见自己非。若能反己，方见自己有许多未尽处，奚暇责人？"

——王阳明

年少时候的王阳明曾到居庸关去"见世面"，他深深地被大漠风光吸引，回来之后向父亲表达了以几万人马讨平鞑靼的志向，当时父亲批评他太狂傲。之后，王阳明经过一番思考、自省，向父亲承认了自己的错误。王阳明善于自省，在他立志成为圣贤的那一天起，"格物穷理"成了他每天必做的任务。但是格物并不是一天两天就能见成效的，在"格物"的过程中，王阳明也通过自省、反思一次次地思考、一次次地推翻自己的理论，最后才得以创立了心学。可以说，王阳明的成功与他善于反躬自省是分不开的。

自省在于不断地反省自我，善于承担生命给你的那一部分责任。王阳明认为：人要经常自省，若老是去指责别人，看到的只能是别人的错误，就不会看到自己的缺点。返身自省，才能看到自己的不足之处，也就不会去指责别人了。一个不善于反省自己过错的人，总是把过错推给别人，推给上天，反省自己却比登天还难。这样的人是不会成功的。

有人怀疑反省自己的作用，认为反省了半天也不见得能改变什么。其实，经过它的荡涤，就能让俗世纷纷扰扰的尘埃从我们心中流走。

一位老人和他的小孙子住在一块。每天早上，老人都坐在厨房的桌边读一本书。

一天，他的孙子问道："爷爷，我试着像你一样读书，但是我不懂得书里面的意思。我好不容易理解了一点儿，可是我一合上书便又立刻忘记了。这样读书能有什么收获呢？"老人安静地将一些煤投入火炉。然后说道："用这个装煤的篮子去河里打一篮子水回来。"

孩子照做了，可是篮子里的水在他回来之前就已经漏完了。孩子一脸不解地望着爷爷。老人看看他手里的空篮子，微笑着说："你应该跑快一点儿。"说完让孩子再试一次。

这一次，孩子加快了速度。但是篮子里的水依然在他回来之前就漏光了。他对爷爷说道："用篮子打水是不可能的。"说完，他去房间里拿了一个水桶。老人说："我不是需要一桶水，而是需要一篮子水。你能行的，你只是没有尽全力。"接着，他来到屋外，看着孩子再试一次。

现在，孩子已经知道用篮子盛水是行不通的。尽管他跑得飞快，但是，当他跑到老人面前的时候，篮子里的水还是漏光了。孩子喘着气说："爷爷，你看，这根本没用。"

"你真的认为这一点儿用处都没有吗？"老人笑着说，"你看看这篮子。"孩子看了看篮子，发现它与先前相比的确有了变化。篮子十分干净，已经没有煤灰沾在篮子上面了。"孩子，这和你读书一样，你可能什么也没记住，但是，在你读书的时候，它依然在影响着你，净化着你的心灵。"

其实，我们每一个人都应该有一本心灵的书，即使我们未曾记住一句话、一个字，却依然会受益终生。因为，它会让我们的心灵如泉水般清澈、纯净，这就是自省的作用。

自省是道德完善的重要方法，是涤荡心灵的一股清泉，它能给我们混沌的心灵带来一缕光芒。在我们迷路时，在我们掉进了罪恶的陷阱时，在我们的灵魂遭到扭曲时，在我们自以为是沾沾自喜时，自省就像一道清泉，将思想里的浅薄、浮躁、消沉、阴险、自满、狂傲等污垢涤荡干净，重现清新、昂扬、雄浑和高雅的旋律，让生命重放光彩，生气勃勃。

自省的主要目的是找出过失及时纠正，所以自省绝不可以陶醉于成绩，更不可以文过饰非。以安静的心境自查自省，才能克服意气情感的干扰，发现自己的本来面目，捕捉到平时自以为是的过失。

只有善于发现并且敢于承认自己的过失，才可以进一步纠正过失。我们常常看不到自己的短处，很多缺点都是通过旁人的指出才知道。这就要求我们有一颗平常心来对待别人善意的规劝和指责，反省自己的过失。

俗话说，忠言逆耳利于行，那些逆耳忠言常常能照亮我们不易察觉的另一面。唐太宗李世民就有一面镜子——宰相魏徵。倚助这位忠臣的当面进谏，唐太宗改正了自己的许多缺点，完善了治国之道，迎来了国家的空前繁荣。这个辉煌业绩的取得，不仅得益于魏徵的敢于直言，更应归功于李世民的宽宏胸怀，试想，如果他是一个听不进意见的昏君，魏徵可能早就人头落地了。正是由于他在听了魏徵的谏言之后，能够认真地检讨自己、反省自身，才使得表面上听起来很刺耳的意见变成了治国安邦的金玉良言，而李世民的人格也因此变得崇高。

自省是一次自我解剖的痛苦过程。它就像一个人拿起刀亲手割掉身上的毒瘤，需要巨大的勇气。认识到自己的错误或许不难，但要用一颗坦诚的心灵去面对它，却不是一件容易的事。懂得自省，是大智；敢于自省，则是大勇。割毒瘤可能会有难忍的疼痛，也会留下疤痕，但它却是根除病毒的唯一方法。只要"坦荡胸怀对日月"，心地光明磊落，自省的勇气就会倍增。王阳明的良知之说，即明心见性，就是以心为理，一切都在心中，所以只要心下自省，就是致良知。

孔子说："君子之过也，如日月之食焉。过也，人皆见之；更也，人皆仰之。"这句话的意思是，日食过后，太阳更加灿烂辉煌；月食复明，月亮更加皎洁明媚。君子的过错就像日食和月食，人人都看得见，但是改过之后，会得到人们更崇高的尊敬。

终日不忘反省

"悔悟是去病之药,然以改之为贵。若留滞于中,则又因药发病。"

——王阳明

一个东西,用秤称过,才知道它的轻重,用尺量过,才知道它的长短。世间万物,都要经过某些标准的衡量,才知道究竟。而一个人更应该如此,经常反观自省,才能认识自己、改善自己。

关于自省,在王阳明看来,不是目的,而是一个办法。人要学会自省,才能有所悔悟,然而悔悟就像是治病的药,如果握在手里看着,不吃下去,病还是不会医好。所以人应该通过自省、悔悟来不断地超越过去的自己,这样才有可能走向成功的道路。

从前有座山,山上住着师徒两人。师父经常模仿徒弟,徒弟做什么,他也做什么。徒弟浇水种地,他也浇水种地;徒弟玩石子抓麻雀,他也玩石子抓麻雀。甚至徒弟偷跑出去到集镇上玩,他也跑到集镇上玩。

终于有一天,徒弟说:"师父,您这么大岁数了,为什么总和我做一样的事情啊?"

师父说:"我从四十岁起,就把年轻时候的事情重新做了一遍,我现在八十岁了,年轻时的我早就没有了。可是,我每天还能过年轻的生活,还能找到年轻的心态,所以我这四十年,等于过了两个四十年,一个从四十岁到八十岁的变老的四十年,一个从一岁到四十岁的重新年轻的四十年。如果这么说,我已经一百二十岁了。"

师父又说:"况且小时候做过的事,肯定有很多荒谬可笑的,现在我知道哪些是对的,哪些是错的;哪些是宝贵的,应该保持,哪些是可笑的,应该一笑置之。就算保留的和抛弃的各占一半吧,那么我这重新年轻的四十年,节省了一半过去被荒废的时间,就相当于延长了一倍,要是这么说,我已经一百六十岁了。

"回顾过去,对现在是有好处的。它可以使现在的我避免错误、节约时间，在现实的路上走得更稳，让我这变老的四十年避免走许多弯路。所以这样算来，我恐怕还不止一百六十岁呢。"

故事中师父的年龄到底多大，没有深究的意义，重要的是要和他一样保持一颗年轻的心，时时自省。正如《菜根谭》里所说的：为人修身，应该时时自省。这一点做起来并不难，但总是被大家忽略。人生就像走路，有走得顺畅的时候，也有绕弯路的时候，甚至还有走入迷途的时候。如果不管以前走过什么路，不知反省，仍然照感觉行事，就像一只掰玉米的熊，掰下一个，丢了一个，最终腋下永远只夹着一个玉米。

人必须懂得反省，通过反省来发现问题、解决问题，从而提高自己。正如老和尚所说的，反省可以延长我们的生命，更重要的是，它让我们在以前的基础上有了提升，让我们超越了之前的那个自己。

有位哲学家在晚年的时候刺瞎了自己的双眼。别人都不理解他的这一举动。他说，我只是为了更好地看清自己。"知人者智，自知者明。"真正的聪明人必须具备自知之明。何谓自知之明？圣人都有自知之明，是因为他们时刻审视着自己。能够时时审视自己的人，一般都很少犯错，因为他们会时时考虑：我到底有多少力量？我能干多少事？我该干什么？我的缺点有哪些？为什么失败了或成功了？这样做就能轻而易举地找出自己的优点和缺点，为以后的行动打下基础。

人生最大的敌人是自己。那些认真审视自己、时刻反省自己的人，才可能真正觉悟。反省是一棵智慧树，只有深植在思维里，它才能与你的神经互联，为你提供源源不断的智慧，让人生这条路变得简单、精彩起来。可见，在工作中，只有不断自我反省，才能使自己不断进步。

不断做自我反省，才可以令自己立于不败之地。一直探索格物致知的王阳明在一次同友人的对话中说，要达到真正的格物致知，就必须要仔细省察克制，不要让心中有丝毫的偏离。能够时时审视自己的人，一般很少犯错，因为他们会时时分析自己的优点和缺点，跳出自己的局限来重新观看、审察自己的所作所为是否正确，从而为以后的行动打下基础。

第六章
成事在谋，谋事在断

勇而无谋是大忌

"凡谋其力之所不及而强其知之所不能者，皆不得为致良知。"

——王阳明

《论语·述而》中，孔子的弟子子路对孔子说："老师！假使你打仗，你带哪一个？你总不能带颜回吧！他营养不良，体力都不够，你总得带我吧！"孔子听了子路的话笑了，说："像你这种脾气，要打仗绝不带你，像一只发了疯的猛虎一样，站在河边就想跳过去，跳不过也想跳，这样有勇无谋怎么行？看上去一鼓作气，很英勇的样子，大有一副慷慨赴死的英雄气概，但是这种做法实在是去冤枉送死。真正成大事的人必须要有勇有谋才行。"

有勇有谋才能成就大事，勇而无谋是大忌。王阳明作为一名大军事家，打仗靠的是勇谋结合，"君子斗智不斗力"。剿匪是很头疼的事，可他能把土匪搞得精神崩溃，主动投降。宁王造反，十万大军，王阳明手上没几个人，却能马上召集一批民兵，轻而易举地捕获宁王。

王阳明对军事策略谈论最多的是《孙子兵法》，对孙子"上兵伐谋，第校之以计而制胜之道而已"很有感触。他认为，兵道的总原则就是：误人而不误于人，制人而不制于人。而实现这一点靠的就是万全的谋略。

英勇加谋略也成为王阳明屡战屡胜的秘密所在。一个人要想成就一番大事业，就要将勇和谋结合起来，既要胆识过人，又要善谋善断。

《三国演义》中最让人难忘的就是刘备的"哭"了，作为一个乱世英雄，整天哭哭啼啼或许会让人觉得失去了英雄风范。可是"哭"也是一种智慧。

赤壁大战后，刘备按诸葛亮的安排，用计策夺取了军事重镇荆州。周瑜气得金疮迸裂，决心起兵与刘备决一雌雄，经鲁肃劝说才罢兵言和。但周瑜认为刘备占据荆州是东吴称霸的心腹之患，便命鲁肃去向刘备讨回荆州。

最初，刘备以辅助侄儿刘琦为理由赖着不还。刘琦死后，鲁肃又去讨荆州，诸葛亮以"天下者天下人之天下，非一人之天下"来辩护，并立下文书，取了西川后再归还荆州。鲁肃无奈，只好空手而回。后来，刘备娶了孙权的妹子，做了东吴的乘龙快婿，孙权又要鲁肃讨还荆州，刘备此时心中已无计可施，只得问计于军师诸葛亮。

诸葛亮说道："主公只管放声大哭，待哭到悲切处，我自出来劝解，荆州无大碍也。"

鲁肃来到堂上，双方互相谦让。

刘备说："子敬不必谦虚，有话直说。"

鲁肃说："小人奉吴侯军命，专为荆州一事而来，就算是一家人了，希望皇叔今日交还荆州为好。"

鲁肃说完后，专候刘备答复。哪知刘备无话可说，却用双手蒙脸大哭不已，哭得天昏地暗。鲁肃见刘备放声痛哭，泪如雨下，不禁惊慌失措，急忙问道："皇叔何如此？难道小人有得罪之处？"

那刘备哭声不绝于耳，哭得泪湿满襟，成了个泪人儿。鲁肃被刘备哭得胆战心惊。这时，诸葛亮摇着鹅毛扇从屏风后走出来说道："我听了很久了，子敬可知我的主公为什么哭吗？"

鲁肃说："只见皇叔悲伤不已，不知其原因，还望诸葛先生见教！"

诸葛亮说："这不难理解。当初我家主公借荆州时，曾经立下取得西川时便还给东吴的文书。可是仔细想想，主持西川军政大事的刘璋是我家主公的兄弟，大家都是汉朝的骨肉。若是兴兵去攻打西川，又怕被万人唾骂，若是不取西川，还了荆州无处安身；若是不还，那东吴主公孙权又是舅舅。我主处于这两难困境，子敬又三番五次地来讨，因此泪出痛肠，不由得放声恸哭。"

孔明说罢，又用眼色暗示刘备，刘备耸肩摇膀，捶胸顿足，大放悲声。

鲁肃原是厚道之人，见刘备泪下，放声痛哭，心中动了恻隐之心，以为刘备真的是因无立足之地而哭，便起身劝道："皇叔且休烦恼，待我与孔明从长计议。"

鬼谷子说："摩者揣之术也。内符者揣之主也。用之有道，其道必隐。微摩之以其索欲，测而探之，内符必应。"寻找、琢磨那些外在表象的内在心理因素。揣摩之间，信息自然会被人察觉。刘备心思细密，在多次磨合中了解鲁肃的性情，掌握心理欲望的内在因素。这也是他保住荆州，赢得胜利的关键。人非草木，孰能无情。眼泪就是一种能够征服人心的绝妙武器。所以不可轻视眼中滚落的泪水，它能够流到人的心灵深处，打中人的恻隐之心，冲垮了心理防线，从而达成自己的目的。可见，刘备"哭"得高明，哭得巧妙。

人们常说，一件事情需要三分的苦干加七分的巧干才能完美。王阳明在《绥柔流贼》中说："盖用兵之法，伐谋为先；处夷之道，攻心为上；今各瑶征剿之后，有司即宜诚心抚恤，以安其心；若不服其心，而徒欲久留湖兵，多调狼卒，凭借兵力以威劫把持，谓为可久之计，则亦末矣。"王阳明作战首选以谋胜敌，认为既这样可以避免自己过多地伤亡，也可不那么过分地杀戮敌人。这既体现了王阳明的仁者之心，也体现了他以谋胜敌的思想。勇而无谋是大忌，谋略是勇气的朋友，我们在生活中如果也将英勇和谋略完美结合的话，就没有克服不了的困难，没有打不败的挫折。

当我们面对瞬息万变的社会时，要想把自己的事业做好，"勇"和"谋"这两者缺一不可。勇气是剑，谋略是术，懂剑术的人才能天下无敌。

因地制宜，因时而化

"天下事虽万变，吾所以应之。"

——王阳明

这个世界瞬息万变，一个人只有顺应外界的变化而变化，用一种发展变化的眼光和思维来对待生活中的万事万物，才能因地制宜、因时而化，获得真正的自由和幸福。

王阳明在平定农民起义的过程中，始终从当地的实际情况出发，坚持因地制宜、因时而化的原则。他没有把起义农民当成打击对象，而是把杀人越货的盗贼和被迫铤而走险的贫苦民众区别开来，把首恶和胁从区别开来，把愿意改恶从善和坚持不改区别开来。具体到个人，王阳明更是谨慎从事，即使犯了罪，也要看认罪的态度来决定处罚。

为了给胁从者、愿意悔改者机会，王阳明在每次采取行动之前，都先发布告，劝谕误入迷途者改恶从善，弃旧图新。在征战过程中，他也是根据实际需要，灵活制定制敌政策。在平乱之后，是根据当地的实际情况，不是奏请皇帝，批准增设县治，管关隘检查的巡查司，就是改变布局不合理的巡检司治所。

王阳明根据社会制度和风俗习惯的不同，因地、因事、因时以制宜，并没有墨守成规。其实，任何事物的发展都会与原有的计划有所不同，当面对改变的时候，智慧之人往往能看到直中之曲和曲中之直，并不失时机地把握事物迂回发展的规律，通过迂回应变，达到既定的目标。反之，一个不善于变通的人，"一根筋"只会四处碰壁，被撞得头破血流。

孔子周游列国时，曾被围困在陈国与蔡国之间，整整十天没有饭吃，有时连野菜汤也喝不上，真是饿极了。学生子路偷来了一只煮熟的小猪，孔子不问肉的来路，拿起来就吃，子路又抢了别人的衣服换来了酒，孔子也不问酒的来路，端起来就喝。

可是，等到鲁哀公迎接他时，孔子却显出正人君子的风度，席子摆不正不坐，肉类割不正不吃。子路便问："先生为什么现在与在陈、蔡受困时不一样了呀？"孔子答道："以前我那样做是为了偷生，今天我这样做是为了讲义呀！"

孔子处理事情从容淡然的态度，原因就在于他有着因时而化、因地制宜的头脑。所以说，当遇到困难时，就要改变自己的思路和行为，因为只有变，才有通，才能克服困难，达到自己的目的。

当今社会，各种事物都是飞速发展变化的，深处其中的人如果不能审时度势，顺势而变，就很难适应社会的发展。要想做到积极应变，除了要顺应时代的潮流之外，还应当根据对手情况的变化而变化，也就是说"敌变我变"。诸葛亮"七擒孟获"就是达到了"敌变我变"的高超境界。

七擒孟获，每次用的方法与计谋都不相同，针对孟获心理与战术的变化，诸葛亮对症下药，使孟获完全在他的掌握之中。诸葛亮号称"东方智圣"，当然深谙变化的智慧，所以才能屡战屡胜，所向披靡。

我们在生活中如果也能做到随机应变、顺势而动，无疑会对我们适应生活，适应现实变化有很大的帮助。遇到困难的时候要学会因地、因时而化，及时调整自己的行动方案，不因循守旧。因为客观的情况在不断地变化，我们必须随着客观情况的变化而不断变化。正如王阳明所说："天下事虽万变，吾所以应之。"只有这样，我们才能克服各种困难，获得成功。

不打无准备之仗

"正恐后之罪今，亦犹今之罪昔耳。"

——王阳明

凡事预则立，不预则废。《孙子兵法》中说："凡用兵之法，驰车千驷，革车千乘，带甲十万，千里馈粮。则内外之费，宾客之用，胶漆之材，车甲之奉，日费千金，然后十万之师举矣。"关于战争成本，孙武对车马费、伙食费、医疗保险费、外交补贴等，都考虑得很清楚。战斗，需要一个强大的后勤集团做后盾。战前的准备工作，是战争所必需的，也是战争能够取得胜利的保证。正所谓"军无辎重则亡，无粮食则亡，无委积则亡"，只有解决了基本的生活问题，才有精力去作战。

王阳明戎马倥偬，他深知打仗是一场残酷的争夺，每一场战争都关乎生死、关乎朝廷安危，都会消耗大量的人力和物力，因而，每每打仗，他首先是了解对手情况，不打无准备之仗。比如官军在汀漳平乱时，多次出现泄露军事机密。官军还没行动，对手已经四散奔淘；等到官军收兵，又恢复老样子。毫无疑问，是内奸所为。因此消除内奸就成为打胜仗的起码条件。另外加强当地治安、巩固后方也是战争胜利必备的要素，于是王阳明决定采用"十家牌法"，建立起组织和制度上的保证。他还组织民兵，平时保卫县城，战时可由各省兵备调遣。

打有准备之战是王阳明从来没有打过败仗的重要因素。拿破仑·希尔说过，一个善于准备的人，是离成功最近的人；一个缺乏准备的人，一定是一个差错不断的人，纵然其有超然的能力、千载难逢的机会，也不能保证获得长久的成功。

在做任何事情之前，都不要急于行动，而是要悉心准备而后再一步步水到渠成地实现目标。

准备多做一分，相应的风险就会减少一分。而没有准备的行动会让一切陷入无序，最终面临失败的局面。古罗马学者塞涅卡有这样一句话："要想利用风驰电掣的机会，不仅要做好物质上的准备，更重要的是要做好精神上的准备。"可见，准备攸关成功，但人们总是忽视它。即便有人认识到了它的重要性，也很少能长久地关注它。于是，"效率低下，差错不断"就成了人们身上与失败相关联的标签。

有人曾这样说过，事业成功的三大要素是天赋、勤奋和机遇。而准备主要是指为成功而长期进行的坚韧、扎实的知识储备和辛勤努力的劳动，以及在机遇来临时的全力拼搏和冲刺。可见，机遇固然重要，但离不开天赋和勤奋，离不开充分的准备。成功者并非天生是幸运女神的宠儿，他们大多是在经历了奋力拼搏、曲折辛酸之后才会有所收获。

下 篇

《传习录》

卷上

徐爱[①] 录

【原文】

先生于《大学》"格物"诸说，悉以旧本为正，盖先儒[②]所谓误本者也。爱始闻而骇，既而疑，已而殚精竭思，参互错综，以质于先生，然后知先生之说若水之寒，若火之热，断断乎"百世以俟圣人而不惑"者也[③]。先生明睿天授，然和乐坦易，不事边幅。人见其少时豪迈不羁，又尝泛滥于词章，出入二氏之学，骤闻是说，皆目以为立异好奇，漫不省究。不知先生居夷三载[④]，处困养静，精一之功[⑤]固已超入圣域，粹然大中至正之归矣。

爱朝夕炙门下，但见先生之道，即之若易而仰之愈高，见之若粗而探之愈精，就之若近而造之愈益无穷。十余年来，竟未能窥其藩篱。世之君子，或与先生仅交一面，或犹未闻其謦，或先怀忽易忿激之心，而遽欲于立谈之间，传闻之说，臆断悬度。如之何其可得也？从游之士，闻先生之教，往往得一而遗二，见其牝牡骊黄，而弃其所谓千里者。故爱备录平日之所闻，私以示夫同志，相与考正之，庶无负先生之教云。

门人徐爱书

【注释】

①徐爱（1488~1518）：字曰仁，号横山，浙江余杭人，是王阳明最得意的门生，也是他第一位门生。王阳明的妹夫，有"王门颜回"之称，曾任工部郎中。下文的"爱"即徐爱的自称。②先儒：指程颢、程颐和朱熹。③"断断乎"句：意为等到百代以后圣人出世也不会有疑惑。语出《礼记·中庸》。④居夷三载：正德元年（1506），王阳明因上疏抗辩，获罪下狱，后

贬谪到贵州龙场（今修文县）前后三年。龙场当时尚未开化，所以称"夷"。

⑤ 精一之功：为精纯的功夫的意思。语出《尚书·大禹谟》："人心惟危，道心惟微，惟精惟一，允执厥中。"

【译文】

王阳明先生对于《大学》当中"格物"等观点，全以郑玄作注、孔颖达作疏的《礼记·大学》为准，即朱熹等大儒们认为是误本的那一版本。开始听说时我感到十分惊讶并且对先生的学说抱有怀疑。后来，我用尽心力，综合起来后进行参照对比，再向先生本人请教。最后我才明白先生的学说像水之寒冷，又像火之热烈。正如《中庸》中所说的，后世出现的圣人也不会怀疑它的正确。先生的睿智与生俱来，并且他为人和蔼、坦荡、平易近人、不修边幅。人们只知道先生年轻时豪迈不羁，曾经热衷于诗词文章的修习，受过佛、道两家学说的熏陶，乍一听到他的学说，都把它视为标新立异、荒诞不经的言论，不再深加探究。孰知先生在贬居贵州的三年当中，经历了艰难困苦的环境，修身静虑，精纯的功夫已经超凡入圣，进入了绝妙的境界，归入中正之旨。

我日夜在先生门下修习，聆听他的教诲，认为先生的学说刚接触时会感觉浅易，而越是深入研究越觉得十分高深。表面粗疏，但认真探究就越发感到精妙。接近时好像浅近，但深造时就觉得无穷无尽。修习十几年来，我自己觉得还没能窥探到它的边缘。当下的学者，有的与先生仅仅有过一面之缘，从没有听过先生的学说，一开始就先入为主地怀着轻视、偏激的心理，还没有仔细交谈便根据传闻草率地妄加揣度，做下了臆断。这样怎么可能真正理解先生的学说呢？跟随先生的学生们，听了先生的教诲，也是大都遗漏得多而学到的少。就好比相马的时候，仅仅看到了马的性别、颜色等表面情况，却漏掉了识别千里马的关键特征。因此，我把先生平日里的教诲尽悉记录了下来，给同学们传阅，然后共同考核订正，以免辜负先生的谆谆教诲。

学生徐爱记

一

【原文】

爱问："'在亲民'，朱子谓当作'新民'，后章'作新民'之文似亦有据。先生以为宜从旧本作'亲民'，亦有所据否？"

先生曰："'作新民'之'新'，是自新之民，与'在新民'之'新'不同，此岂足为据？'作'字却与'亲'字相对，然非'亲'字义。下面'治国平天下'处，皆于'新'字无发明。如云'君子贤其贤而亲其亲，小人乐其乐而利其利'，'如保赤子'，'民之所好好之，民之所恶恶之，此之谓民之父母'之类①，皆是'亲'字意。'亲民'犹《孟子》'亲亲仁民'②之谓，'亲之'即'仁之'也。'百姓不亲'，舜使契为司徒，'敬敷五教'③，所以亲之也。《尧典》'克明峻德'便是'明明德'④，'以亲九族'至'平章''协和'⑤，便是'亲民'，便是'明明德于天下'。又如孔子言'修己以安百姓'⑥，'修己'便是'明明德'，'安百姓'便是'亲民'。说'亲民'便是兼教养意，说'新民'便觉偏了。"

【注释】

①"如云"之后所引之语皆出自《大学》。②亲亲仁民：语出《孟子·尽心上》"亲亲而仁民，仁民而爱物"。③"舜使契"二句：舜，传说中的五帝之一。契，商族的始祖，帝喾之子，曾助禹治水有功，被舜封为司徒，掌管教化之职。敷，布、施。五教，五种伦理道德，即父义、母慈、兄友、弟恭、子孝。④"《尧典》"句：克明俊德，语出《尚书·尧典》"克明俊德，以亲九族"。俊，通"峻"，高大。明明德，语出《大学》，意为弘扬善良的德行。⑤"以亲"句：语出《尚书·尧典》"克明俊德，以亲九族。九族既睦，平章百姓。百姓昭明，协和万邦，黎民于变时雍"。⑥修己以安百姓：语出《论语·宪问》："修己以安百姓，尧舜其犹病诸！"

【译文】

徐爱问："《大学》中'在亲民'一词，朱熹认为应当写作'新民'，并且后面的文章有'作新民'的词句，可以作为他的凭证。先生却认为应当依照旧本作'亲民'，您这样认为也有什么依据吗？"

先生说："'作新民'的'新'，意思是自新之民，自我更新，与'在新民'中的'新'含义不尽相同，怎么能用这作为依据呢？'作'和'亲'相对应，但不是'亲'的意思。下面所讲的'治国''平天下'等地方，都没有对'新'字发表阐述。如：'君子贤其贤而亲其亲，小人乐其乐而利其利'，'如保赤子'，'民之所好好之，民之所恶恶之，此之谓民之父母'等，这些都有'亲'的意思。'亲民'就像《孟子》中的'亲亲仁民'所说，'亲之'也就是'仁之'，对他们'亲'也就是对他们'仁'。百姓缺少亲情，舜命契担任司徒，'敬敷五教'，教化百姓父子有亲、君臣有义、夫妇有别、长幼有序、朋友有信，使他们相互亲近。《尧典》中说的'克明峻德'就是'明明德'，'以亲九族'到'平章''协和'就是'亲民'，就是'明明德于天下'。又比如孔子所说'修己以安百姓'一句，'修己'就是'明明德'，'安百姓'就是'亲民'。说'亲民'就兼有教化和养育两个意思，朱熹说成'新民'，意思就显得偏僻而狭窄了。"

二

【原文】

爱问："'知止而后有定'，朱子以为'事事物物皆有定理'[①]，似与先生之说相戾？"

先生曰："于事事物物上求至善，却是义外[②]也。至善是心之本体，只是'明明德'到至精至一处便是，然亦未尝离却事物。本注[③]所谓'尽夫天理之极，而无一毫人欲之私'者得之。"

【注释】

①知止而后有定：语出《大学》。事事物物皆有定理：这是朱熹对"知止而后有定"的解释。语出朱熹《大学·或问》："能知所止，则方寸之间，事事物物皆有定理矣。"②义外：语出《孟子·告子上》："告子曰：'食、色，性也；仁，内也，非外也。义，外也，非内也。'"孟子反对告子义在心外的观点，认为仁和义都在人心之中。③本注：即朱熹《大学章句》第一章注，"明明德新民，皆当止于至善之地而不迁。盖必其有以尽夫天理之极，而无一毫人欲之私也。"

【译文】

徐爱问："《大学》中的'知止而后有定'，朱熹认为是说事物都有特定的道理，这好像和您的学说有抵触。"

先生说："要在具体的万事万物上寻求至善，就是把'义'当作是外在的东西了。至善是心的本体，只需'明明德'达到了精一的程度，那便是至善了。显然这并没有脱离客观事物。那种像朱熹在《大学章句》中所说的穷尽天理，而心中没有丝毫私欲的人，就能够达到这种至善的境界。"

三

【原文】

爱问："至善只求诸心，恐于天下事理有不能尽？"

先生曰："心即理①也，天下又有心外之事、心外之理乎？"

爱曰："如事父之孝，事君之忠，交友之信，治民之仁，其间有许多理在。恐亦不可不察。"

先生叹曰："此说之蔽久矣。岂一语所能悟？今姑就所问者言之。且如事父，不成去父上求个孝的理；事君，不成去君上求个忠的理；交友、治民，不成去友上、民上求个信与仁的理。都只在此心，心即理也。此心无私欲之蔽，即是天理，不须外面添一分。以此纯乎天理之心，发之事父便是孝，发之事君便是忠，发之交友治民便是信与仁。只在此心去人欲、存天理上用功便是。"

爱曰："闻先生如此说，爱已觉有省悟处。但旧说缠于胸中，尚有未脱然者。如事父一事，其间温清定省②之类，有许多节目。不亦须讲求否？"

先生曰："如何不讲求？只是有个头脑。只是就此心去人欲存天理上讲求。就如讲求冬温，也只是要尽此心之孝，恐怕有一毫人欲间杂。讲求夏清，也只是要尽此心之孝，恐怕有一毫人欲间杂。只是讲求得此心。此心若无人欲，纯是天理，是个诚于孝亲的心，冬时自然思量父母的寒，便自要去求个温的道理。夏时自然思量父母的热，便自要去求个清的道理。这都是那诚孝的心发出来的条件。却是须有这诚孝的心，然后有这条件发出来。譬之树木，这诚孝的心便是根。许多条件便是枝叶。须先有根，然后有枝叶。不是先寻了枝叶，然后去种根。《礼记》言：'孝子之有深爱者，必有和气。有和气者，必有愉色。有愉色者，必有婉容。'③须是有个深爱做根，便自然如此。"

【注释】

①心即理：王阳明学说的核心命题。②温清定省：语出《礼记·曲礼上》。温，冬天让父母温暖；清（　），夏天让父母凉快；定，夜里让父母睡得安稳；省，早上向父母问安。③"孝子"句：语出《礼记·祭义》。

【译文】

徐爱问："世上有万事万物的道理，而只在心里去追求至善的境界，恐怕难以去探究完吧？"

先生说："心就是理，难道天下有什么事物和道理是在人心之外的吗？"

徐爱说："比如侍奉父亲的孝道，辅佐君王的忠心，结交朋友的诚信，治理百姓的仁义，等等，这当中有很多的道理存在，恐怕也不能不去考察的。"

先生慨叹说："这不是一句话就能解释清楚的，因为此种说法蒙蔽人们很长时间了。姑且就你问的这些来说，侍奉父亲，不能从你父亲身上找个孝的理；辅助君王，不能从君主身上找个忠的道理；结交朋友、治理百姓，也不能从朋友或者百姓的身体上探寻到信和仁的道理。这些孝、忠、信、仁的道理都只存在于人的心中，所以说心就是理。当人心还没有被个人私欲所蒙蔽，那不需要从外面添加一丝一毫，人的内心就是天理。凭着这种合乎天理的心，用心侍奉父亲便是孝，用心辅佐君王便是忠，用心交友、治民便是信和仁。只需要用功去除心中的私欲、存养天理就行了。"

徐爱说："听了先生的教诲，我已经觉得有些明白了。但是以前的学说还在我的心里面，让我有纠结不清的地方。譬如说侍奉父亲这件事，有让父亲冬暖夏凉、白天请安、晚上请定等许多细节，这些不需要讲求吗？"

先生说："怎么不讲求呢？只是有个核心，就是先要摒除私欲，保存天理，然后在这上面去讲求。就比如讲求父母冬天暖和，不过是要尽一尽自己单纯的孝心，唯恐有点滴的私心杂念存在其中；讲求父母夏天凉快，也只是想尽尽孝心，唯恐有丝毫私欲夹杂其中，为的只是讲求这份心而已。自己的心如果没有任何私欲，纯属天理，是一颗虔诚孝敬的心，那自然会冬天记挂父母的寒冷，夏天记挂父母的暑热，也就自然会讲求'冬温''夏清'的道理。这些具体的事情，都是人那颗虔诚孝敬的心发出来。只有存在这颗虔诚孝敬的心，然后才有具体的事发生。以树木做比喻，虔诚孝敬的心是树根，具体的事情就是树的枝叶。绝对不是先找到枝叶，然后才去种树根，而必须是先有树根然后有枝叶。《礼记》有言：'深爱父母的孝子，对待双亲一定很和气；有和气的态度，定会有愉悦的气色；有了愉悦的气色，人就会有美好的表情了。'所以有一颗深爱的心做树根，就自然而然会有'冬温''夏清'等一系列细节了。"

四

【原文】

郑朝朔[①]问："至善亦须有从事物上求者？"

先生曰："至善只是此心纯乎天理之极便是，更于事物上怎生求？且试说几件看。"

朝朔曰："且如事亲，如何而为温之节，如何而为奉养之宜，须求个是当，方是至善。所以有学问思辨②之功。"

先生曰："若只是温之节、奉养之宜，可一日二日讲之而尽，用得甚学问思辨？惟于温时，也只要此心纯乎天理之极；奉养时，也只要此心纯乎天理之极。此则非有学问思辨之功，将不免于毫厘千里之缪。所以虽在圣人，犹加'精一'之训。若只是那些仪节求得是当，便谓至善，即如今扮戏子，扮得许多温清奉养的礼节是当，亦可谓之至善矣！"

爱于是日又有省。

【注释】

①郑朝朔：名一初，广东揭阳人，官至监察御史。王阳明任吏部主事时，朝朔为御史，曾向阳明问学。②学问思辨：语出《中庸》"博学之，审问之，慎思之，明辨之，笃行之"。

【译文】

郑朝朔问："至善也需要从具体的事物上探求吗？"

先生说："只要使自己的心达到纯然天理的状态，那就是至善，在事物上怎么探求呢？你暂且举几个例子出来谈一谈。"

朝朔说："以孝顺父母为例，怎样合理地进行防寒降暑适度，怎样做到得当地侍奉，都必须处理得恰到好处，找一个合适的标准才是算是至善。所以我觉得这里面就有了一个学习、询问、思考、辨别的功夫。"

先生说："如果只是防寒降暑、奉养适宜的问题，一两天就可以学习完，根本无须什么学问思辨的功夫。在这些问题上，只要讲求自己的心达到至纯天理的境界。要做到自己的心至纯天理，就必须有学问思辨的功夫了，否则将难免差之毫厘，谬以千里。所以，即便是圣人，仍要有'精一'的规范。

如果只讲求把那些礼节琐事完成适当，就认为是至善，那现在的演员在台上，他们恰当表演了许多对父母奉养得当的礼节，那他们也可以被看作是至善了。"

这一天，徐爱又明白了许多。

五

【原文】

爱因未会先生知行合一之训，与宗贤①、惟贤②往复辩论，未能决。以问于先生。

先生曰："试举看。"

爱曰："如今人尽有知得父当孝、兄当弟者，却不能孝不能弟，便是知与行分明是两件。"

先生曰："此已被私欲隔断，不是知行的本体了。未有知而不行者，知而不行只是未知。圣贤教人知行，正是要复那本体，不是着你只恁的便罢。故《大学》指个真知行与人看，说'如好好色，如恶恶臭'③。见好色属知，好好色属行。只见那好色时已自好了，不是见了后又立个心去好；闻恶臭属知，恶恶臭属行。只闻那恶臭时已自恶了，不是闻了后别立个心去恶。如鼻塞人虽见恶臭在前，鼻中不曾闻得，便亦不甚恶，亦只是不曾知臭。就如称某人知孝、某人知弟。必是其人已曾行孝、行弟，方可称他知孝、知弟。不成只是晓得说些孝、弟的话，便可称为知孝、知弟？又如知痛，必已自痛了方知痛；知寒，必已自寒了；知饥，必已自饥了。知行如何分得开？此便是知行的本体，不曾有私意隔断的。圣人教人必要是如此，方可谓之知。不然，只是不曾知，此却是何等紧切着实的功夫！如今苦苦定要说知行做两个是什么意？某要说做一个是什么意？若不知立言宗旨，只管说一个两个，亦有甚用？"

爱曰："古人说知行做两个，亦是要人见个分晓。一行做知的功夫，一行做行的功夫，即功夫始有下落。"

先生曰："此却失了古人宗旨也。某尝说，知是行的主意，行是知的功夫；知者行之始，行者知之成。若会得时，只说一个知，已自有行在；只说一个行，已自有知在。古人所以既说一个知，又说一个行者，只为世间有一种人，懵懵懂懂的任意去做，全不解思惟省察，也只是个冥行妄作，所以必说个知，方才行得是。又有一种人，茫茫荡荡，悬空去思索，全不肯着实躬行，也只是个揣摸影响，所以必说一个行，方才知得真。此是古人不得已补偏救弊的说话，若见得这个意时，即一言而足。今人却就将知行分作两件去做，以为必先知了然后能行。我如今且去讲习讨论做知的功夫，待知得真了，方去做行的功夫，故遂终身不行，亦遂终身不知。此不是小病痛，其来已非一日矣。某今说个知行合一，正是对病的药，又不是某凿空杜撰。知行本体原是如此。今若知得宗旨时，即说两个亦不妨，亦只是一个；若不会宗旨，便说一个，亦济得甚事？只是闲说话。"

【注释】

①宗贤：黄绾（1477~1551），字宗贤，号久庵，浙江黄岩人。官至礼部尚书，王阳明的学生。②惟贤：顾应祥（1483~1565），字惟贤，号箬溪，浙江长兴人。官至兵部侍郎，王阳明的学生。③如好好色，如恶恶臭：语出《大学》"所谓诚其意者，毋自欺也。如恶恶臭，如好好色，此之谓自谦"。

【译文】

徐爱因为还没有领会先生知行合一的教导，和宗贤、惟贤反复争辩后，仍旧不能了然于胸，于是请教先生。

先生说："举个例子说说你的看法。"

徐爱说："现在孝顺父母、尊敬兄长的道理，人人都明白，但事实上却没有办法完全做到，由此可见，知与行分明是两件事。"

先生说："这并不是知行的本来面目，因为私欲已经隔断了这种人的知与行。没有知而不行的，知而不行是因为没有真知。圣贤们教育人们知行，并不是简单地教人们如何认识、如何实践，其目的是要恢复知行的本体。因此，《大学》举出了一个真正知行的例子，说'如好好色，如恶恶臭'，意即喜爱美色，厌恶腐臭。懂得美色是知，喜欢美色是行。人们在看见美色的时候就自然喜欢上了，并不是看见美色之后才立马生个心去喜欢；闻到腐臭是知，厌恶腐臭是行，人也是一闻到腐臭就自然厌恶了，并非闻到之后而又另生出个心去讨厌它。如果那个人鼻子不通，那就算是看到腐臭的东西摆在面前，他的鼻子闻不到，也不会太厌恶，因为根本没有认识到臭。再比如，我们说某人知道孝顺父母、尊敬兄长，一定是这个人已经做了一些孝顺、尊敬的行为，才可以说他知道孝顺、尊敬的道理。难不成，只因为他会说些孝顺、尊敬的话，我们就认为他孝顺、尊敬吗？再如，一个人知道痛，一定是自己已经经历了或者正在经历痛，才知道痛；知寒、知饥，一定是已经经历了寒冷和饥饿。由此可见，知行如何能够分得开？这些例子就是知与行的本体，还不曾被私欲隔开的。圣人一定是这样教育学生，才能算作知。不然就并非真知，可见这是多么紧要切实的功夫呀！现在硬要将知行分开算作两件事情，有什么意思呢？而我要把知行看作一个整体，又有什么意思呢？如果连这番话的宗旨都不知道，只管在这里争论知与行是一件事还是两件事，又有什么用处呢？"

徐爱说："古人把知行分成两回事，也只是为了让人们能够有一个分别，好弄明白。一边对知下功夫，一边对实践下功夫，这样才能更好地落到实处。"

先生说："但是，这样说反而丢失了古人的本意了。我曾经说过，知是行的宗旨，行是知的实践；知是行的开始，行是知的成果。如果领会了这一点，就应该明白，只说一个知，已经自然有行存在；只说一个行，知也自然存在了，知行一同存在。古人之所以将行与知分开，说一个知又说一个行，是因为社会上有一种人，他们完全不会认真思考观察，只是懵懵懂懂地随意做事情，一个劲胡行妄作，因此必须跟他讲'知'的道理，他才能够清醒地做事。还有一种人，不切实际，漫天空想，又完全不愿意有所行动，只是靠主观猜测、捕风捉影，因此必须教他'行'的道理，这样他才能正确地知。古人为了补偏救弊不得已才将知行分开说的，如果真正领会了其中的含义，只要一个知或行就够了。今人非要将知行分开，以为必须要先认识才能实践。自己先去讨论如何做到知，等到真正知了才去做行的功夫，最后终身无法实践，也终身一无所知。这个问题由来已久，不再是一个小毛病。现在我提出知行合一，就是对症下药。而且这并非我凭空杜撰，知行的本体原本就是这样的。如果我们把知行合一的宗旨掌握了，即使将知行分开说，两者仍然是一回事，是一个整体；如果没领会知行合一的宗旨，即便说二者是一回事，那又何济于事呢？不过是说些无用的话而已。"

六

【原文】

爱问："昨闻先生'止至善'①之教，已觉功夫有用力处，但与朱子'格物'之训②，思之终不能合。"

先生曰："'格物'是'止至善'之功，既知'至善'，即知'格物'矣。"

爱曰："昨以先生之教，推之'格物'之说，似亦见得大略。但朱子之训，其于《书》之'精一'，《论语》之'博约'③，《孟子》之'尽心知性'，皆有所证据，以是未能释然。"

先生曰："子夏笃信圣人。曾子反求诸己④。笃信固亦是，然不如反求之切。今既不得于心，安可狃于旧闻，不求是当？就如朱子亦尊信程子，至其不得于心处，亦何尝苟从？'精一''博约''尽心'，本自与吾说吻合，但未之思耳。朱子'格物'之训，未免牵强附会，非其本旨。'精'是'一'之功，'博'是'约'之功。曰仁既明知行合一之说，此可一言而喻。'尽心知性知天'，是'生知安行'事；'存心养性事天'，是'学知利行'事；'夭寿不贰，修身以俟'，是'困知勉行'事⑤。朱子错训'格物'。只为倒看了此意，以'尽心知性'为'物格知至'，要初学便去做'生知安行'事。如何做得？"

爱问："'尽心知性'何以为'生知安行'？"

先生曰："性是心之体，天是性之原，尽心即是尽性。惟天下至诚为能尽其性，知天地之化育⑥。'存心'者，心有未尽也。'知天'，如知州、知县之'知'，是自己分上事，己与天为一。'事天'，如子之事父、臣之事君，须是恭敬奉承，然后能无失，尚与天为二。此便是圣贤之别。至于'夭寿不贰'其心，乃是教学者一心为善，不可以穷通夭寿之故，便把为善的心变动了，只去修身以俟命。见得穷通寿夭有个命在，我亦不必以此动心。'事天'虽与天为二，已自见得个天在面前；'俟命'便是未曾见面，在此等候相似。此便是初学立心之始，有个困勉的意在。今却倒做了，所以使学者无下手处。"

爱曰："昨闻先生之教。亦影影见得功夫须是如此。今闻此说，益无可疑。爱昨晓思，格物的'物'字，即是'事'字。皆从心上说。"

先生曰："然。身之主宰便是心。心之所发便是意。意之本体便是知。意之所在便是物。如意在于事亲，即事亲便是一物。意在于事君，即事君便是一物。意在于仁民爱物，即仁民爱物便是一物。意在于视听言动，即视听言动便是一物。所以某说无心外之理，无心外之物。《中庸》言'不诚无物'，《大学》'明明德'之功，只是个'诚意'。'诚意'之功，只是个'格物'。"

先生又曰："'格物'如孟子'大人格君心'⑦之'格'，是去其心之不正，以全其本体之正。但意念所在，即要去其不正以全其正，即无时无处不是'存天理'，即是'穷理'。'天理'即是明德。'穷理'即是'明明德'。"

又曰："知是心之本体，心自然会知。见父自然知孝，见兄自然知弟，见孺子⑧入井自然知恻隐。此便是良知，不假外求。若良知之发，更无私意障碍。即所谓'充其恻隐之心，而仁不可胜用矣'。然在常人不能无私意障碍，所以须用'致知''格物'之功，胜私复理。即心之良知更无障碍，得以充塞流行，便是致其知，知致则意诚。"

【注释】

①"止至善"句：达到最高的境界。语出《礼记·大学》。② 朱子"格物"之训：语出朱熹《大学章句》。③ 博约：语出《论语·雍也》。④ 子夏：姓卜，名商，是孔子学生。曾子：名参，字子舆，是孔子学生。⑤"尽心知性知天""存心养性事天""夭寿不贰，修身以俟"：语出《孟子·尽心上》。⑥"惟天下"句：语出《中庸》。⑦ 大人格君心：语出《孟子·离娄上》："惟大人惟能格君心之非"。格，正、纠正。⑧ 孺子：幼童。

【译文】

徐爱问："昨天听先生讲'止至善'，觉得有了用功的方向，但细想起来总觉得和朱熹'格物'的观点有不一样的地方。"

先生说："'格物'是为'止至善'下的功夫，既然明白了'至善'，也就明白了'格物'。"

徐爱说："昨天用先生的学说来推究朱熹的'格物'学说，大致上理解了。但是朱熹的观点有许多依据，例如《尚书》中的'精一'，《论语》中的'博约'，《孟子》中的'尽心知性'，因而对您的学说我才不能坦然接受。"

先生说："子夏十分相信圣人的言论，相反曾子则选择相信自己。相信圣人固然不错，但远不如自己反省探求来得深入。在心里还没有弄清楚的时候，你怎么可以选择因循守旧，而不自己想办法去探究正确的答案呢？朱熹同样尊崇和相信程颢，但是当他心里不明白的时候，又何曾盲目信从？'精一''博约''尽心'，这些与我的学说本来是相互吻合的，只是你还没有想明白罢了。至于朱熹'格物'的观点，未免有些牵强附会，并不是真正'格物'的宗旨。求精是达到根本的功夫，博览多学是达到简洁的功夫。既然你已经明白了知行合一的道理，一句话就可以把它说清楚了。'尽心知性知天'是'生知安行'的人能够做的事；'存心养性事天'是'学知利行'的人能够做的事；'夭寿不贰，修身以俟'是'困知勉行'的人能够做的事。朱熹会错误地解释'格物',是因为他颠倒了前后的因果关系,认为'尽心知性'就是'物格知至',要求初学者去做'生知安行'的事,怎么可能会做得来呢?"

徐爱问:"'尽心知性'怎么会是'生知安行'者才能够做的事呢?"

先生说:"心的本体是人的本性,天理是人性的本源,因而把人的本心尽力发扬就是把人性彻底地发挥。《中庸》说过:'只有天下最真诚的人才能把人性发挥彻底,领悟到天地万物的变化发展。'所谓'存心',反过来是说还没有做到'尽心'。'知天'中的'知'就像知州、知府中的'知',意即治理州、县是他们分内的事,两者合为一体。所以'知天'也就是说人知晓天理,与天合为一体。'事天',就好像儿子对待父亲、大臣侍奉君王,需要毕恭毕敬地小心奉承,不要有所闪失,'事天'也就是仍然还没有与天合二为一。圣人区别于贤人的就在这里。至于'夭寿不贰'其心,是指教育学生一心向善,不管处境好坏、寿命长短,绝不动摇行善的心,而只去修养身体,听天由命。当看到穷困通达、寿命长短都是由上天注定的,自己也不必因此而动摇了行善的心。'事天',虽然心与天没有合二为一,是两回事,但是自己已经看清楚天命就在面前了;'俟命'就是还不曾与天命相近,只在此等候它的到来。这就是初学者开始确立志向的时候,有困而知之,努力自勉的意思。而今朱熹却把这样一个循序渐进的过程颠倒了,让初学的人感到无从下手。"

徐爱说:"昨天听先生的教诲,也隐隐约约觉得应该这样下功夫。今天又听了您的解释,更加没有什么怀疑了。我昨天早上想,'格物'的'物'字,就是'事'字的意思,都是从心上来讲的。"

先生说:"对了。身体的主宰就是心,心发出来的就是意念,意念的本源就是感知,意念存在于事物之上。比如意念在侍奉双亲上,那么侍奉双亲就是一件事;意念在辅佐国君上,那么辅佐国君就是一件事;意念在仁爱百姓、爱护万物上,那么关心百姓、爱护万物就是一件事;意念在看、听、说、动上,那么看、听、说、动就是一件事。所以我说:'没有天理存在于心外,也没有事物存在于心外。'《中庸》中说'心不诚就没有万事万物',《大学》中说'弘扬崇高德行'的功夫就是要心诚，而心诚的功夫就是'格物'，探究事物的原理。"

先生又说："'格物'的'格'就像孟子所说'大人格君心'中的'格'，指去掉内心的邪念，从而使全体的纯正得以保持。一旦有意念萌生，就要去掉其中的邪念，时时处处都存养天理，就是穷尽天理。'天理'就是'明德'，崇高的德行。'穷尽天理'就是'明明德'，弘扬崇高的德行。"

先生又说："心自然会感知，因为知是心的本体。见到父亲自然而然会有孝敬之心，见到兄长也自然知道尊敬，见到小孩落井恻隐之心会自然产生。这就是良知，全凭本心，不需要从心外的东西求得。如果良知出现，也没有私心杂念阻碍，就会像孟子所说的'充分发挥恻隐之心，那么仁爱的感情就会取之不尽用之不竭'。但是一般人都会有私心阻碍，所以就需要用'致知''格物'的功夫，克服私心、恢复天理。心体的良知再没有什么障碍，充满心田，就会自如地发挥，充分地发扬流传，这就是'致知'。良知得到了，思想也就能够真诚专一。"

七

【原文】

爱问："先生以'博文'为'约礼'功夫①，深思之未能得，略请开示。"

先生曰："'礼'字即是'理'字。'理'之发见可见者谓之'文'，'文'之隐微不可见者谓之'理'，只是一物。'约礼'只是要此心纯是一个天理。要此心纯是天理，须就'理'之发见处用功。如发见于事亲时，就在事亲上学存此天理；发见于事君时，就在事君上学存此天理；发见于处富贵贫贱时，就在处富贵贫贱上学存此天理；发见于处患难、夷狄时，就在处患难、夷狄上学存此天理。至于作止、语默，无处不然，随他发见处，即就那上面学个存天理。这便是'博学之于文'，便是'约礼'的功夫。'博文'即是'惟精'。'约礼'即是'惟一'。"

【注释】

①博文、约礼：语出《论语·雍也》："君子博学于文，约之以礼，亦可以弗畔矣夫！"畔，通"叛"。

【译文】

徐爱问："先生将'博文'当作是'约礼'的功夫，对此我加以深思但还不是很明白，因此向先生请教，请您帮我讲一讲。"

先生说："'礼'即是'理'，'理'表现出来就是'文'，'文'中隐藏看不见的就是'理'，'礼''理'其实是一回事。所谓'约礼'便是让心纯然符合天理。而要做到让心纯然符合天理，就须要把功夫下在'理'表现出来的地方。比如表现在侍奉双亲上，就要在侍奉双亲上学着存养天理；表现在侍奉君王上，就要在侍奉君王上学着存养天理；表现在身处富贵贫贱上时，就在富贵贫贱上学着存养天理；表现在身陷患难夷狄时，就在患难夷狄的处境中学习存养天理。至于是行动还是静止、说话还是沉默，随时随地都不能忘了存养天理，无不如此。这就是'博学之于文'，在'文'中求'博'，也就是'约礼'的功夫。'博文'就是'惟精'，就是要在万事万物上广泛地学习存养天理，而目的就是求得至精至纯。'约礼'就是'惟一'，就是用礼来约束人与天理的统一，而天理只有一个。"

八

【原文】

爱问："'道心常为一心之主，而人心每听命'①，以先生'精一'之训推之，此语似有弊。"

先生曰："然。心一也，未杂于人谓之道心，杂以人伪谓之人心。人心之得其正者即道心，道心之失其正者即人心，初非有二心也。程子谓：'人心即人欲，道心即天理。'②语若分析，而意实得之。今曰'道心为主而人心听命', 是二心也。'天理''人欲'不并立, 安有'天理'为主, '人欲'又从而听命者？"

【注释】

①道心、人心：语出《尚书·大禹谟》"人心惟危, 道心惟微"。朱熹《中庸章句·序》云："必使道心常为一身之主宰, 而人心每听命焉。"道心, 指合乎天理的心；人心, 指私欲之心。②人心即人欲, 道心即天理：语出《河南程氏遗书》："人心, 私欲也；道心, 正心也。"

【译文】

徐爱问："拿先生对'精一'的理解来推敲朱熹的'道心常为一身之主, 而人心每听命', 这句话似乎有弊病。"

先生说："对。心只有一个。'道心'是指没有染上私心杂念的心, 被私欲限制了的便称之为人心。同样, 如果人心能够去除私欲也可成为道心, 道心失去了纯正便变成了人心, 原本就并不是说有两个心。程颐说：'人心即人欲, 道心即天理', 这句话看似把人心和道心分开成两个, 但实际上是把二者当作一体。而朱熹说'道心为主而人心听命', 这样就把心一分为二成为两个并存的概念了。'天理''人欲'根本上是不可能并存的, 又怎会有'天理'为主, '人欲'服从'天理'的道理呢？"

九

【原文】

爱问文中子、韩退之。①

先生曰："退之, 文人之雄耳。文中子, 贤儒也。后人徒以文词之故, 推尊退之, 其实退之去文中子远甚。"

爱问："何以有拟经之失？"

先生曰："拟经恐未可尽非。且说后世儒者著述之意，与拟经如何？"

爱曰："世儒著述，近名之意不无，然期以明道；拟经纯若为名。"

先生曰："著述以明道，亦何所效法？"

曰："孔子删述《六经》②，以明道也。"

先生曰："然则拟经独非效法孔子乎？"

爱曰："著述即于道有所发明，拟经似徒拟其迹，恐于道无补。"

先生曰："子以明道者，使其反朴还淳而见诸行事之实乎，抑将美其言辞而徒以于世也？天下之大乱，由虚文胜而实行衰也。使道明于天下则《六经》不必述，删述《六经》，孔子不得已也。自伏羲画卦至于文王、周公，其间言《易》如《连山》《归藏》③之属，纷纷籍籍，不知其几，《易》道大乱。孔子以天下好文之风日盛，知其说之将无纪极，于是取文王、周公之说而赞之，以为惟此为得其宗。于是纷纷之说尽废，而天下之言《易》者始一。《书》《诗》《礼》《乐》《春秋》皆然。《书》自《典》《谟》④以后，《诗》自《二南》⑤以降，如《九丘》《八索》⑥，一切淫哇逸荡之词，盖不知其几千百篇。《礼》《乐》之名物度数，至是亦不可胜穷，孔子皆删削而述正之，然后其说始废。如《书》《诗》《礼》《乐》中，孔子何尝加一语？今之《礼记》诸说，皆后儒附会而成，已非孔子之旧。至于《春秋》，虽称孔子作之，其实皆鲁史旧文；所谓'笔'者，笔其书，所谓'削'者，削其繁，是有减无增。孔子述《六经》，惧繁文之乱天下，惟简之而不得，使天下务去其文以求其实，非以文教之也。《春秋》以后繁文益盛，天下益乱。始皇焚书得罪，是出于私意，又不合焚《六经》，若当时志在明道，其诸反经叛理之说悉取而焚之，亦正暗合删述之意。自秦汉以降，文又日盛，若欲尽去之，断不能去，只宜取法孔子，录其近是者而表章之，则其诸怪悖之说亦宜渐渐自废。不知文中子当时拟经之意如何，某切深有取于其事，以为圣人复起不能易也。天下所以不治，只因文盛实衰，人出己见，新奇相高，以眩俗取誉，徒以乱天下之聪明，涂天下之耳目，使天下靡然，争务修饰文词以求知于世，而不复知有敦本尚实、反朴还淳之行。是皆著述者有以启之。"

【注释】

① 文中子：王通（584~618），字仲淹，隋朝绛州龙门（今山西河津）人。曾仿《春秋》《论语》著《元经》《中说》等，主张儒、佛、道三教合一，以儒为主。韩退之：韩愈（768~824），字退之，唐朝河阳（今河南孟州市）人，倡导儒学，排斥佛、道。著有《韩昌黎集》。②孔子删述《六经》：孔子晚年编修删改《诗经》《尚书》《礼记》《乐经》《易经》和《春秋》六种经典，即后世所谓《六经》。③《连山》《归藏》：《连山》相传为夏朝的《易》，《归藏》相传为商朝的《易》，后都失传。④《典》《谟》：指《尚书》中的《尧典》《舜典》《大禹谟》《皋陶谟》和《益稷谟》，共称为二典三谟。谟，计谋、谋略。⑤《二南》：即《诗经》中的《周南》《召南》两篇。⑥《九丘》《八索》：远古时代的书名。孔安国《古文尚书序》："八卦之说，谓之《八索》，九州之志，谓之《九丘》"。

【译文】

徐爱问先生对王通和韩愈两个人的看法。

先生说："韩愈是文人学士中出类拔萃的人，王通则是贤明鸿儒。因为文章诗词的缘故，后人相对更加推崇韩愈，但实际上韩愈比王通差很远。"

徐爱问："那么如何解释王通仿作经书这种过失呢？"

先生说："也不能够全盘否定仿作经书的事。后世儒生们著书立说、阐经述典的用意和仿作经书有什么不同呢？"

徐爱说："后世儒生们著书讲经虽不无邀名之嫌，有追求名声的私心，但其主要目的还是在于阐明圣道，仿作经书纯粹是为了个人的名利。"

先生说："为了阐明圣道而著书讲经，效仿的是谁呢？"

徐爱说："孔子删改过《六经》以阐明圣道，效仿的是他。"

先生说："那么仿作经书不也是效仿孔子吗？"

徐爱说："著书论经会使圣经有所发挥，并让之通晓，但仿作经书似乎只是模仿圣人的学说，对圣道恐怕并没有什么好处。"

先生说："那你认为阐明圣道，是使天理返璞归真使之付诸实事呢，还是利用华美的言辞招摇过市呢？之所以会天下大乱，就是因为虚文兴盛而缺少实践。假如圣道大白于天下，那么《六经》也不必删改了。孔子也是不得已而删改《六经》。从伏羲画八卦到周文王、周公，其间解释过《易经》的有《连山》《归藏》等，林林总总，数不胜数，使得《易经》的圣道弄得极其混乱。孔子觉得天下喜好文藻的风气与日俱增，知道《易经》将会被歪曲，于是倡导文王、周公的学说，把他们的学说视为《易经》的正宗。从此其他的学说都被废止，天下对于《易经》的阐述得以统一。《书》《诗》《礼》《乐》《春秋》也都是这样统一的。《书》自《典》《谟》以后，《诗》自《周南》《召南》以后，像《九丘》《八索》等，所有淫秽逸荡的词句共有成百上千篇。《礼》《乐》中的名物制度也是数不胜数。孔子做出了正确的阐释，把之前的一一删除，废止了其他乱七八糟的学说。《书》《诗》《礼》《乐》等书中，孔子在删除时并没有增加过自己的言论。如今《礼记》中的众多阐述，并非孔子删改的原本，大都是后世儒生的附会。至于《春秋》，虽然后人认为作者是孔子，但实际上是鲁国旧史书中的文字，只是经过孔子的整理削述，摘录原文、去掉繁杂，只有减少而无增加。孔子把《六经》删减到不能再减了，以免纷华浮逸的文辞扰乱天下人心，使天下人从此抛弃华丽的文饰注重文章的实质，而不是用虚逸淫荡的文辞来教化天下。《春秋》以后，各种华而不实的文辞日益兴盛，天下大乱。秦始皇焚书留下千古骂名，是因为他这样做是出于控制天下的私心，把《六经》也焚毁了。如果当时他旨在阐明圣道，将那些离经叛道的学说悉数焚毁，就会暗合了孔子删改《六经》的本意。自秦汉之后，繁文又一天天兴盛起来，如果想要除尽此风是不可能的，因此只能效法孔子，摘录那些接近真理的阐释加以宣传表彰，那些怪理悖论也就会慢慢地自行消亡了。虽然我不知道王通当初仿作经书的本意何在，但我深切地体会到，他的做法是有可取之处的。我想即使圣人复活，是不会阻止他的。天下纷乱的原因，正在于盛行浮华的文风，求实之风却日渐衰败。人们标新立异，各持己见，为了取得功名不惜哗众取宠，扰乱天下人的思绪，混淆大家的视听，使得天下人争着崇尚虚文浮词，在社会上争名夺利，忘记敦厚实在、返璞归真的品性。这些都是那些阐述经典的人所开启的。"

十

【原文】

爱曰："著述亦有不可缺者，如《春秋》一经，若无《左传》，恐亦难晓。"

先生曰："《春秋》必待《传》^①而后明，是歇后谜语矣，圣人何苦为此艰深隐晦之词？《左传》多是鲁史旧文，若《春秋》须此而后明，孔子何必削之？"

爱曰："伊川亦云：'《传》是案，《经》是断。'如书某君，伐某国，若不明其事，恐亦难断。"

先生曰："伊川此言恐亦是相沿世儒之说，未得圣人作经之意。如书'君'，即君便是罪，何必更问其君之详？征伐当自天子出^②，书'伐国'，即伐国便是罪，何必更问其伐国之详？圣人述《六经》，只是要正人心，只是要存天理去人欲，于存天理去人欲之事，则尝言之，或因人请问，各随分量而说，亦不肯多道，恐人专求之言语，故曰'予欲无言'。若是一切纵人欲、灭天理的事，又安肯详以示人？是长乱导奸也。故孟子云：'仲尼之门，无道桓、文之事者。是以后世无传焉。'此便是孔门家法。世儒只讲得一个伯者的学问，所以要知得许多阴谋诡计，纯是一片功利的心，与圣人作经的意思正相反，如何思量得通！"因叹曰："此非达天德^③者，未易与言此也！"

又曰："孔子云：'吾犹及史之阙文也^④。'孟子云：'尽信书，不如无书。吾于武成取二三策而已^⑤。'孔子删书，于唐虞夏四五百年间，不过数篇。岂更无一事，而所述止此？圣人之意可知矣。圣人只是要删去繁文，后儒却只要添上。"

【注释】

①《传》：指解释《春秋》的三传《左传》《公羊传》《穀梁传》。
②征伐当自天子出：语出《论语·季氏》："孔子曰：天下有道，则礼乐
伐自天子出；天下无道，则礼乐伐自诸侯出。"③天德：与天同德，
意为道德极其高尚。语出《中庸》："苟不固聪明圣知达天德者，其
孰能知之？"④吾犹及史之阙文也：语出《论语·卫灵公》："吾犹及史
之阙文也，有马者借人乘之。今亡矣夫！"⑤尽信书不如无书，吾于《武成》，
取二三策而已：语出《孟子·尽心下》。《武成》为《尚书》中篇名，记载
武王灭商后，与大臣商量怎样治理商地等。

【译文】

徐爱说："后世文人的一些著书阐述也是必要的，以《春秋》为例，假
如没有《左传》作为它的注解，后人恐怕难以读懂。"

先生说："如果必须有《左传》为《春秋》注解，众人才会明晓，那岂
不是像歇后语一样了？圣人为什么要写如此隐晦难懂的文章呢？《左传》的
文章大多来自鲁国的旧史书，如果《春秋》必须有《左传》作注才能看得明白，
那么孔子又何苦费神将鲁史删改为《春秋》呢？"

徐爱说："程颐先生也曾说过：'《传》是案，《经》是断。'比如《春
秋》中记载弑某君、伐某国，如果不明白整件事的来龙去脉，恐怕对这件事
也难以判断。"

先生说："程颐先生说这句话，恐怕也是沿袭了世俗儒生的说法，而没
有明白圣人作这些经书的本意。既然《春秋》记载了'弑君'，就是说弑君
本身就是大罪，他杀害国君的细节又何足多言？征讨本就应该由天子授权，
书中写伐国，那伐国本来就是犯罪，便无须多言伐国的详细情况。圣人阐述
《六经》，只是为了正人心，存天理、去人欲。关于这些，孔子也是在有人
请教的情况下才因人因时酌情作些解说，但也绝不会说太多，害怕人们会拘

泥于辞藻。因此他对子贡说'我不想说什么了'。圣人绝不肯把一些放纵私欲、毁灭天理的事详细地告诉人们，因为那会助长混乱、引导奸邪的。所以孟子说'仲尼之门，无道桓、文之事者'，这是孔门的家法。后世儒生只研究霸道的学问，所以他们就要懂得许多阴谋诡计，这纯粹是功利之心，与圣人作出经书的目的正好相反，怎么可能理解《春秋》一书呢？"说到这里，先生慨叹道："如果不是通达天理的人，和他们也很难谈到这个！"

先生又说："孔子说：'我还遇到过史书里有疑点的地方。'孟子说：'全然相信《尚书》，倒不如没有《尚书》。《武成》这篇文章里我只取两三节罢了。'孔子删改《尚书》，即使是尧、舜、夏朝四五百年的历史，也存留不过仅有的几篇。难道再没有一件事可写了吗？但他就阐述了仅有的这几篇，圣人的用意显而易见了。实际上圣人是要去繁就简，但是后世儒生却硬要往里添加繁文。"

十一

【原文】

爱曰："圣人作经，只是要去人欲，存天理。如五伯以下事，圣人不欲详以示人，则诚然矣，至如尧舜以前事，如何略不少见？"

先生曰："羲黄之世，其事阔疏，传之者鲜矣。此亦可以想见，其时全是淳庞朴素，略无文采的气象，此便是太古之治，非后世可及。"

爱曰："如《三坟》①之类，亦有传者，孔子何以删之？"

先生曰："纵有传者，亦于世变渐非所宜。风气益开，文采日盛，至于周末，虽欲变以夏商之俗，已不可挽，况唐虞乎？又况羲黄之世乎？然其治不同，其道则一。孔子于尧舜则祖述之，于文武则宪章之②。文武之法即是尧舜之道，但因时致治，其设施政令已自不同。即夏商事业施之于周，已有不合，故'周公思兼三王，其有不合，仰而思之，夜以继日'③，况太古之治，岂复能行？斯固圣人之所可略也。"

又曰："专事无为，不能如三王之因时致治，而必欲行以太古之俗，即是佛老的学术；因时致治，不能如三王之一本于道，而以功利之心行之，即是伯者以下事业。后世儒者许多讲来讲去，只是讲得个伯术。"

又曰："唐虞以上之治，后世不可复也，略之可也。三代④以下之治，后世不可法也，削之可也。惟三代之治可行，然而世之论三代者，不明其本而徒事其末，则亦不可复矣。"

【注释】

①《三坟》：相传为伏羲、神农、黄帝之书。②祖述、宪章：借为效法、遵循前人的行为或学说。③"周公"四句：语出《孟子·离娄下》"周公思兼三王，以施四事。其有不合者，仰而思之，夜以继日；幸而得之，坐以待旦"。④三代：夏、商、周谓之三代。

【译文】

徐爱说："孔子作《六经》，目的是要去人欲，存天理。因此孔子不想将春秋五霸之后的事详细地展示给世人，这是自然的。但尧舜以前的事，为什么也略而不论呢？"

先生说："一来，伏羲、黄帝，时代已经久远，事迹零散，可以想象，流传下来的很少。而且那时世风淳朴，不会有注重行式、喜好华文的风气，这就是太古时期的社会状况，是后世不能相比的。"

徐爱说："也有流传下来《三坟》之类的书，但是孔子为什么把它们都删掉了呢？"

先生说："那些书即使有些流传下来，会因时代的变化逐渐不合时宜。社会风气日益开放，文采日渐兴盛，世道沧桑，周朝末年的时候，要恢复夏商时期的淳朴风俗，已经不可能了，何况尧舜时的世风呢？太古时期的伏羲、黄帝的世风就更不可能挽回了。各国治理国家的具体方法尽管各不相同，他们遵循的天道准则都是一样的。孔子效法尧、舜和周文王、周武王。周文王、周武王实行的制度其实也就是尧、舜时的法则。但是他们都因时施政，因此制度政令会有所分别。夏、商的制度政令在周朝施行，就已经是不合时宜的了。所以周公对大禹、商汤及文王的制度吸收并举的同时，遇到有不合适的地方，就会反复琢磨、经过深思熟虑。更何况太古时的制度政令，更不可能再直接沿用？这些本来就是孔子可以略而不举的。"

先生又说："固执地想要恢复施行太古时的典章制度，只一味提倡采取无为而治的政策措施，而不能像三王那样因时施治，是佛教和老庄学派所宣扬的观点。春秋五霸以后的因时施治，不像三王一样遵循圣道，用道来一以贯之，而是存有功利之心来施政。后世儒生讲了很多，不过讲了些施行霸道之术而已。"

先生又说："后世不能再恢复唐尧、虞舜以前的治世了，因此可以删略。夏、商、周三代以后的治理方法，后世不能纯然效法，也可以删略。只有三代的治国方法是效法推行的，但是后世人们研究三代，并没有弄清楚其本质，而仅仅是探讨一些细枝末节，所以三代之治也不能恢复了！"

十二

【原文】

爱曰："先儒论《六经》，以《春秋》为史。史专记事，恐与《五经》①事体终或稍异。"

先生曰："以事言谓之史，以道言谓之经。事即道，道即事。《春秋》亦经，《五经》亦史。《易》是包牺氏之史，《书》是尧舜以下史，《礼》《乐》是三代史。其事同，其道同，安有所谓异！"

又曰："《五经》亦只是史，史以明善恶、示训戒。善可为训者，特存其迹以示法。恶可为戒者，存其戒而削其事以杜奸。"

爱曰："存其迹以示法，亦是存天理之本然，削其事以杜奸，亦是遏人欲于将萌否？"

先生曰："圣人作经，固无非是此意，然又不必泥着文句。"

爱又问："恶可为戒者，存其戒而削其事以杜奸，何独于《诗》而不删郑卫？先儒谓'恶者可以惩创人之逸志'②，然否？"

先生曰："《诗》非孔门之旧本矣。孔子云：'放郑声，郑声淫③。'又曰：'恶郑声之乱雅乐也④。''郑卫之音，亡国之音也⑤。'此是孔门家法。孔子所定三百篇，皆所谓雅乐，皆可奏之郊庙，奏之乡党，皆所以宣畅和平，涵泳德性，移风易俗，安得有此？是长淫导奸矣。此必秦火之后，世儒附会，以足三百篇之数。盖淫之词，世俗多所喜传，如今闾巷皆然。'恶者可以惩创人之逸志'，是求其说而不得，从而为之辞。"

【注释】

①《五经》：指《诗》《书》《礼》《易》《春秋》，六经中《乐》已佚失，故称五经。②恶者可以惩创人之逸志：语出朱熹《论语集注·为政篇》，意为记录历史上丑恶的事可以惩戒人们贪求安逸的思想。③放郑声，郑声淫：意为禁绝郑国的音乐，郑国的音乐淫靡放荡。语出《论语·卫灵公》。④恶郑声之乱雅乐也：意为厌恶郑国的音乐扰乱了高雅的音乐。语出《论语·阳货》。⑤郑卫之音，亡国之音也：意为郑国、卫国的音乐淫靡放荡，足以亡国。语出《礼记·乐记》。

【译文】

徐爱说："朱熹论述《六经》时，把《春秋》算作史书一类。史书是专门记载具体的历史事件的，这恐怕和《五经》的体例宗旨有点差别。"

先生说："从记事的角度看是史书，从载道的角度看是经典。事实是天理的表现，所以天理就是事实。因此《春秋》也是经典，其余四经也可以看作是史书。《易》是伏羲氏时的史书，《尚书》是尧、舜之后的史书，《礼》《乐》是夏、商、周三代时的史书。它们记载的事件是相类的，所遵循的天理也一样，差异从何而来呢？"

先生又说:"《五经》也是史。明辨善恶、总结历史经验教训是史书的作用。善行可以供后世效法,因此特意保存具体而又典型的善事。而用来训诫的恶事,则保留可以警戒世人的部分而略去具体的恶行,以此杜绝后世模仿。"

徐爱说:"保存善行供后人效法,是存天理的根本;而省略恶行以防止后世模仿,是为了把人的私欲遏止在萌芽状态吗?"

先生说:"孔子作六经的本意无非就是这样,但读者要掌握其宗旨,而不是拘泥于文章中的词句。"

徐爱问:"用来训诫的恶事,保留可以警戒世人的部分而略去具体的恶行,以杜绝后世模仿。那为何不删除《诗经》中的《郑风》《卫风》呢?真的像朱熹所说,'记录历史上丑恶的事可以惩戒人们贪图安逸的思想'?"

先生说:"现在的《诗经》并非孔子所删定的旧本了。孔子曾说过:'驱逐郑国的音乐,郑国的音乐放荡淫靡。'又说:'讨厌郑国的音乐扰乱了高雅的音乐。''郑国和卫国的音乐是亡国的音乐。'这是孔门的家法。孔子所删定的《诗经》三百篇,都是纯正典雅的音乐,在祭祀天地祖先的场合和乡村中都可以演奏,能起到宣扬和平、涵养德行、移风易俗的作用,郑国和卫国的音乐怎么可能掺杂其中呢?这些只能助长淫乱,导致奸邪。想必是在秦始皇焚书之后,后世儒生为了凑足三百篇,穿凿附会而成。大概俗人多喜欢传唱淫逸之词,现在的大街小巷也还是这样。朱熹无法正确解释这种情况,不得已而说'记录恶事可以惩戒人们贪图安逸的思想'。"

徐爱跋

【原文】

爱因旧说汩没,始闻先生之教,实是骇愕不定,无入头处。其后闻之既久,渐知反身实践,然后始信先生之学为孔门嫡传,舍是皆旁蹊小径、断港绝河矣。如说"格物"是"诚意"① 的功夫,"明善"是"诚身"的功夫②,"穷理"是"尽性"的功夫,"道问学"是"尊德性"的功夫③,"博文"是"约礼"的功夫，"惟精"是"惟一"的功夫，诸如此类，始皆落落难合，其后思之既久，不觉手舞足蹈。

【注释】

①诚意：语出《大学》"欲诚其意者，先致其知。致知在格物"。②明善、诚身：明善，意为明察事理，了解什么是善。诚身，意为使自己的行为符合天理准则。语出《中庸》。③道问学、尊德性：道问学，意为虚心学习，探究事理。尊德性，意为遵从道德规范。语出《中庸》。

【译文】

徐爱因为沉溺于程朱旧学中，受到程朱理学的影响较深，所以刚开始受到先生的教诲时，实在有点不知所云，寻不出头绪来。后来长时间得到先生的教诲，才渐渐回过头来，并笃行实践，由此开始相信先生的学说才是孔门的真传，其余都是旁门左道。比如先生所说的"格物"是"诚意"的功夫，"明善"是"诚身"的功夫，"穷理"是"尽性"的功夫，"道问学"是"尊德性"的功夫，"博文"是"约礼"的功夫，"惟精"是"惟一"的功夫。诸如此类的思想，刚开始实在难以理解，后来思考的时间久了，也就领会了其中意思，高兴得手舞足蹈。

陆澄录

一

【原文】

陆澄①问："主一之功，如读书则一心在读书上，接客则一心在接客上，可以为主一乎？"

先生曰："好色则一心在好色上，好货则一心在好货上，可以为主一乎？是所谓逐物，非主一也。主一是专主一个天理。"

【注释】

①陆澄：字原静，又字清伯，浙江吴兴人。官至刑部主事，王阳明的学生。

【译文】

陆澄问："关于专一的功夫，比方读书，便一心一意地读书；接待客人，便专心地接待客人，这样可以叫作'主一'吗？"

先生说："好色就一心全在好色上，喜欢财物就一味去追求财物，难道这也可以算作专一吗？这只是追逐物欲，而并非专一。'主一'是指对于天理圣道的专心。"

二

【原文】

问立志。

先生曰："只念念要存天理，即是立志。能不忘乎此，久则自然心中凝聚，犹道家所谓'结圣胎'①也。此天理之念常存，驯至于美大圣神②，亦只从此一念存养扩充去耳。"

【注释】

①结圣胎：圣胎是道教修炼所成的内功，是修道成仙的基础。②驯，逐渐。美大圣神：指人道德完善的几种境界。语出《孟子·尽心下》："可欲之为善，有诸己之谓信，充实之谓美，充实之有光辉之谓大，大而化之之谓圣，圣而不可知之之谓神。"

【译文】

陆澄询问关于立志的问题。

先生说："立志就是时刻不忘存天理。能够不把存天理忘记了，久而久之心自然就会凝聚天理，就像道家所说的'结圣胎'。存天理的念想时常记挂在心里，逐步达到精美、宏大、神圣的境界，就是不断保存这一意念并发扬光大的结果。"

三

【原文】

"日间功夫，觉纷扰，则静坐；觉懒看书，则且看书。是亦因病而药。"

【译文】

先生说："白天学习，觉得烦扰，就学习静坐；觉得懒于看书，就去看书。这也是对症下药。"

四

【原文】

"处朋友，务相下则得益，相上则损。"

【译文】

"同朋友相交，一定要相互谦让，就会获得好处，而相互攀比，互争高低则只会受损。"

五

【原文】

孟源①有自是好名之病，先生屡责之。一日警责方已，一友自陈日来功夫请正。源从旁曰："此方是寻着源旧时家当。"

先生曰："尔病又发。"源色变，议拟欲有所辨。

先生曰：“尔病又发！”因喻之曰：“此是汝一生大病根。譬如方丈地内种此一大树，雨露之滋，土脉之力，只滋养得这个大根，四傍纵要种些嘉谷，上面被此树叶遮覆，下面被此树根盘结，如何生长得成？须用伐去此树，纤根无留，方可种植嘉种，不然任汝耕耘培壅，只是滋养得此根。”

【注释】

① 孟源：字伯生，滁州人，王阳明的学生。

【译文】

自以为是、喜好虚名是孟源一直以来的缺点，为此先生曾多次批评他。一天，先生刚刚才批评了他，一个朋友来向先生陈述自己近日来的所学，并请求先生加以指正。孟源在旁边说：“你的这些所学只是找着了我以前的那些老家当。”

先生说：“你又犯毛病了！”孟源顿时脸色一变，想要为自己辩解。

先生说：“你又犯毛病了！这是你一生的大病根。就好比一丈方圆的地里种着一棵大树，滋润的雨露，肥力的土壤，只能养着这棵树根。若在四周种上些优良的种子，大树的树叶会把其遮挡住，下面还会被树根盘结，它们怎么能够长活呢？所以必须将这棵树连根拔起，这个地方才能够再种植优良的种子。否则，任凭你努力耕耘和栽培，也只能仅仅滋养了那个树根。”

六

【原文】

问：“后世著述之多，恐亦有乱正学。”

先生曰：“人心天理浑然，圣贤笔之书，如写真传神，不过示人以形状大略，使之因此而讨求其真耳；其精神意气，言笑动止，固有所不能传也。后世著述，是又将圣人所画摹仿誊写，而妄自分析加增以逞其技，其失真愈远矣。”

【译文】

有人问："后世著述太多，恐怕也是会扰乱正确的学说的。"

先生说："人心中的天理浑然一体，圣贤写下的书就像是对它的真实模样的描绘和传达，只不过是把他的大概的外观给人看，让人从这探求其本质罢了；人的精神、想法、说笑、举止，总有一些是不能传达的，后世人写的书，是又将圣人描绘的东西进行摹仿誊写，进而妄作分析、增加来显示自己的手段高明。他们离本质更远了。"

七

【原文】

问："圣人应变不穷，莫亦是预先讲求否？"

先生曰："如何讲求得许多？圣人之心如明镜，只是一个明，则随感而应，无物不照，未有已往之形尚在，未照之形先具者。若后世所讲，却是如此，是以与圣人之学大背。周公制礼作乐以文天下，皆圣人所能为，尧舜何不尽为之而待于周公？孔子删述《六经》以诏万世，亦圣人所能为，周公何不先为之，而有待于孔子？是知圣人遇此时，方有此事。只怕镜不明，不怕物来不能照。讲求事变亦是照时事，然学者却须先有个明的功夫。学者惟患此心之未能明，不患事变之不能尽。"

曰："然则所谓'冲漠无朕，而万象森然已具'①者，其言何如？"

曰："是说本自好，只不善看，亦便有病痛。"

【注释】

①冲漠无朕，而万象森然已具：程颐语，出自《河南程氏遗书》。意为在宇宙还是一片混沌时，万事万物的理已经在冥冥之中存在了。

【译文】

陆澄问："圣人能够根据情况随机应变，莫非这也是事先就预备好了的吗？"

先生说："怎么能预先准备得那么多呢？圣人的心像是一面明镜，只需它十分明亮，就没有什么东西是不能反映的，能够随着感触而应付自如。镜子里不会有先前所照见的东西存留，也不可能有没有照过的东西事先出现在镜子上。如果后人是这样认为的，那就与圣人的学说大不相同了。周公为教化世人制定礼乐，这是圣人们都能做的事，那么尧舜二帝为何不先行亲自制定而要等周公来做呢？孔子删定《六经》以昭明后人，也是圣人们都能做的事，周公为什么不先行亲自删定而等孔子来做呢？所以说圣人只有处于恰当的时代，才会有恰当的作为。就怕镜子不够明亮，无法照出镜前的东西。根据情况随机应变就像是用镜子，学者们所须只是先下功夫使自己这面镜子保持明亮。学者只应担心自己不能心如明镜，而不须担心自己明镜般的心不能应付发展的变化。"

陆澄说："那么程颐先生所说的'宇宙间混顿无物时，就已经有万物之理在冥冥之中存在了'，这句话如何解释呢？"

先生说："这句话本身正确，只是世人不能正确理解，也就有了毛病。"

八

【原文】

"义理无定在，无穷尽。吾与子言，不可以少有所得而遂谓止此也，再言之十年，二十年，五十年，未有止也。"

他日又曰："圣如尧舜，然尧舜之上善无尽；恶如桀纣，然桀纣之下恶无尽。使桀纣未死，恶宁止此乎？使善有尽时，文王何以'望道而未之见'①？"

【注释】

① 望道而未见之：语出《孟子·离娄下》。

【译文】

　　"义理不会有固定不变的所在，它根本无法穷尽。所以我跟你讲学，你稍有收获，就停滞不前，是不对的。即使再学习十年、二十年、五十年，也不能停止。"

　　一天，先生又说："尧、舜二帝已经十分圣明了，但在尧舜之上，善还远没有穷尽；恶人最多做到桀纣了，但在桀纣之下，还有无穷无尽的恶。而且即使桀纣还未死，残恶在他们这儿就到了尽头了吗？假如善会有穷尽之时，周文王何会感叹道'始终追求天理却依旧没有遇到过天理'呢？"

九

【原文】

　　问："静时亦觉意思好，才遇事便不同，如何？"

　　先生曰："是徒知静养，而不用克己功夫也。如此，临事便要倾倒。人须在事上磨，方立得住，方能'静亦定，动亦定'①。"

【注释】

① 静亦定，动亦定：语出《河南程氏遗书》。

【译文】

　　陆澄问："静养的时候也感觉自己的想法很清晰，可是遇到具体的事情就不能再依据自己的思路去做，这是为什么？"

　　先生说："这是你只懂得静心修养，却不下功夫来克制自己的原因。这样的话，遇到具体的事情就会觉得思路不稳。人必须在遇到事情的时候磨炼自己，才能稳，才能'静亦定，动亦定'。"

十

【原文】

　　问上达①功夫。

　　先生曰："后儒教人，才涉精微，便谓'上达'未当学，且说'下学'②，是分'下学''上达'为二也。夫目可得见、耳可得闻、口可得言、心可得思者，皆'下学'也。目不可得见、耳不可得闻、口不可得言、心不可得思者，'上达'也。如木之栽培灌溉，是'下学'也，至于日夜之所息③，条达畅茂，乃是'上达'，人安能预其力哉？故凡可用功、可告语者皆'下学'，'上达'只在'下学'里。凡圣人所说，虽极精微，俱是'下学'。学者只从'下学'里用功，自然'上达'去，不必别寻个'上达'的功夫。"

【注释】

①上达：意为参悟天理。语出《论语·宪问》："君子上达，小人下达。"②下学：意为关于事物的基本知识和思想方法。语出《论语·宪问》："不怨天，不忧人。下学而上达。知我者其天乎？"③日夜之所息：语出《孟子·告子上》。

【译文】

陆澄求教参悟天理的功夫。

先生说："后世儒生教人，才涉及精微之处，便说不应当学参悟天理的功夫，只学一些简单的基础知识和思想方法，于是将'上达'和'下学'分开了。那眼睛看得见、耳朵听得到、嘴巴说得出、心里想得到的，都是'下学'；而那些用眼睛看不到、耳朵听不到、嘴巴说不出、心里想不到的，就是'上达'。比如说树木的栽种灌溉，都属于'下学'，至于树木的生长休息、树枝繁茂，就是'上达'，不会被人力干预。所以凡是那些能够用功学到、用言语告知的，都只是'下学'，'上达'只存在于'下学'当中。凡是圣人谈到的虽然极其精微，但也只是'下学'而已。学者只需在'下学'的功夫里用功，自然而然就能到达到'上达'的功夫，而不必要在别的地方去寻'上达'的功夫。"

十一

【原文】

问："'惟精''惟一'是如何用功？"

先生曰："'惟一'是'惟精'主意，'惟精'是'惟一'功夫，非'惟精'之外复有'惟一'也。'精'字从'米'，姑以米譬之。要得此米纯然洁白，便是'惟一'意，然非加舂簸筛拣'惟精'之功，则不能纯然洁白也。舂簸筛拣是'惟精'之功，然亦不过要此米到纯然洁白而已。博学、审问、慎思、明辨、笃行者，皆所以为'惟精'而求'惟一'也。他如'博文'者即'约礼'之功，'格物致知'者即'诚意'之功，'道问学'即'尊德性'之功，'明善'即'诚身'之功，无二说也。"

【译文】

陆澄问："如何在'惟精''惟一'上下功夫？"

先生说："'惟一'是'惟精'的目的，'惟精'是'惟一'的功夫，'惟一'并不是在'惟精'之外的。'精'是'米'字旁，就用米来作比喻。'惟一'是要让大米纯然洁白，但是如果不经过舂簸筛拣等程序，大米就不可能纯然洁白。舂簸筛拣好比是'惟精'的功夫，其目的是让大米洁白。博学、审问、慎思、明辨、笃行等，也皆是'惟精'而求得'惟一'罢了。另外，'博文'是'约礼'的功夫，'格物致知'是'诚意'的功夫，'道问学'是'尊德性'的功夫，'明善'是'诚身'的功夫，也都是这个意思。"

十二

【原文】

"知者行之始，行者知之成。圣学只一个功夫，知行不可分作两事。"

【译文】

先生说："认识是实践的起点，实践是认识的成果。圣人的学问只是一个功夫，认识和实践不能当作两回事。"

十三

【原文】

"漆雕开^①曰：'吾斯之未能信^②。'夫子说之。子路使子羔为费宰^③，子曰：'贼夫人之子^④。'曾点^⑤言志，夫子许之。圣人之意可见矣。"

【注释】

①漆雕开：鲁国人，字子若，孔子的学生。②吾斯之未能信：语出《论语·公治长》："子使漆雕开仕。对曰：'吾斯之未能信。'"③子路：仲由（公元前542~公元前480），鲁国卞（今山东泗水）人，姓仲，名由，字子路，又字季路，孔子的学生。子羔：齐国人，姓高，名柴，孔子的学生。④贼夫人之子：意为危害人家的孩子。语出《论语·先进》。⑤曾点：曾晳，鲁国人，孔子的学生。

【译文】

先生说："漆雕开对孔子说：'对于做官，我没有自信。'孔子听了这话，心里很高兴。子路让子羔在费地担任地方官员，孔子说：'这是陷害别人的孩子。'曾点对孔子讲自己的志向，孔子表示赞许。由此可以看出孔子的心意。"

十四

【原文】

问："宁静存心时，可为'未发之中'^①否？"

先生曰："今人存心，只定得气。当其宁静时亦只是气宁静，不可以为'未发之中'①。"

曰："'未'便是'中'，莫亦是求'中'功夫？"

曰："只要去人欲存天理，方是功夫。静时念念去人欲存天理，动时念念去人欲存天理，不管宁静不宁静。若靠那宁静，不惟渐有喜静厌动之弊，中间许多病痛只是潜伏在，终不能绝去，遇事依旧滋长。以循理为主，何尝不宁静？以宁静为主，未必能循理。"

【注释】

①未发之中：语出《中庸》"喜怒哀乐之未发谓之中"。意为喜怒哀乐尚在内心，没有表现出来，理学认为这种状态的情绪纯真无伪，最符合'理'。

【译文】

陆澄问："当一个人静处以存心养性时，可以看作是'未发之中'吗？"

先生说："如今人们存心养性，仅仅是定气养神。宁静下来的时候也只有气得到了安定，全然不能算作是'未发之中'。"

陆澄说："'未发之中'就是'中'，这难道不也是寻求'中'的功夫吗？"

先生说："只有去人欲存天理，方能算功夫。不管是宁静时还是行动时，时时都想着去人欲存天理。假若仅仅在宁静时存天理，不但会渐渐养成喜静厌动的弊病，而且会有许多的毛病隐藏在心里，遇事便会滋长起来，终究很难断绝清除。心中时时遵循天理，怎么可能得不到宁静呢？单单追求宁静不一定能够遵循天理。"

十五

【原文】

问："孔门言志①，由、求②任政事，公西赤③任礼乐，多少实用！及曾说来，却似耍的事，圣人却许他，是意何如？"

曰："三子是有意必④，有意必便偏著一边，能此未必能彼。曾点这意思却无意必，便是'素其位而行，不愿乎其外，素夷狄行乎夷狄，素患难行乎患难，无入而不自得'⑤矣。三子所谓'汝器也'⑥，曾点便有'不器'⑦意。然三子之才，各卓然成章，非若世之空言无实者，故夫子亦皆许之。"

【注释】

①孔门言志: 语出《论语·先进》。讲的是孔子和他的学生谈论志向的故事。②由、求: 由，仲由，字子路；求，冉求，字子有，孔子的学生。③公西赤: 姓公西，名赤，字子华，孔子的学生。④意必: 语出《论语·子罕》"子绝四: 毋意、毋必、毋固、毋我"。意，即主观猜测。必，即武断绝对。⑤"素其位"五句: 语出《中庸》。素其位，安于现在的地位、条件。⑥汝器也: 语出《论语·公冶长》。器，即器具，特定的器具有特定的才能。⑦不器: 语出《论语·为政》"君子不器"。意为不是一般的器具，具有多种才能。

【译文】

陆澄问："孔子的门徒们谈论他们的志向，仲由和冉求想要担任政事，公西赤想要从事礼乐教化，多少有些经世致用的意思。但曾皙说起来像耍着玩一样，孔子反而赞许他，是什么意思呢？"

先生说："前面三人的志向都带着点主观的揣测、武断而又绝对，带有这样的倾向，便会偏执于一方面，能做这件事未必能做那件事。曾皙的志向没有此种倾向，只不过是'在自己的条件下行事，身处夷狄，就做夷狄能做的事；身处患难，就做患难中能做的事，无论在哪都能依据情势，怡然自得'了。前面三人是孔子所说在单方面有才能的人，而曾皙是孔子所说的在多个方面有才能的人。然而他们三人，各自才能卓著，而不是世间那些只讲讲而不实行的人，所以孔子也会赞许他们。"

十六

【原文】

问："知识不长进，如何？"

先生曰："为学须有本原，须从本原上用力，渐渐'盈科而进'[1]。仙家说婴儿亦善譬。婴儿在母腹时只是纯气，有何知识？出胎后，方始能啼，既而后能笑，又既而后能识认其父母兄弟，又既而后能立、能行、能持、能负，卒乃天下之事无不可能。皆是精气日足，则筋力日强，聪明日开。不是出胎日便讲求推寻得来，故须有个本原。圣人到'位天地育万物'，也只从'喜怒哀乐未发之中'上养来。后儒不明格物之说，见圣人无不知，无不能，便欲于初下手时讲求得尽，岂有此理！"

又曰："立志用功，如种树然。方其根芽，犹未有干，及其有干，尚未有枝，枝而后叶，叶而后花、实。初种根时，只管栽培灌溉，勿作枝想，勿作叶想，勿作花想，勿作实想。悬想何益？但不忘栽培之功，怕没有枝叶花实！"

【注释】

①盈科而进：语出《孟子·离娄下》。比喻循序渐进。

【译文】

陆澄问："知识没有长进，该怎么办？"

先生说："做学问首先须有一个根基，然后从根基上面下功夫，慢慢地循序渐进。道家学说用婴儿作比，说得很精辟。婴儿在母亲的肚子里还未成形时只是一团气，什么都没有。待他出生后，方才能够啼哭，之后能够笑，然后认识父母兄弟，既而可以站立、行走、背、拿，最后世上的事情已经无所不能。因为婴儿的精气日益充足，筋骨也越来越有力气，头脑则越来越聪明。婴儿并非出生便具备了各种能力，所以须要有个根基。圣人也是从涵养起喜怒哀乐各种情绪没有表现出来的时候慢慢培养起来，才能够立足于天地之间让万物随其本性生长。后代的儒生们不懂得格物的学说，却觉得圣人看起来无所不知、无所不能，于是妄想一开始就把学问讲求完，真是岂有此理！"

先生又说："立下志向用功夫做学问，就好比种树。开始发芽时没有树干，长出树干时没有树枝，长了树枝后才长叶子，叶子长好后才开花，最后结果。种上树根的时候，不要事先想着生枝、长叶、开花、结果，只管培土灌溉。因为空想也是无益。只要不忘尽心培土灌溉，怎怕没有枝、叶、花、果？"

十七

【原文】

问："看书不能明，如何？"

先生曰："此只是在文义上穿求，故不明。如此，又不如为旧时学问。他到看得多，解得去，只是他为学虽极解得明晓，亦终身无得。须于心体上用功，凡明不得，行不去，须反在自心上体当，即可通。盖四书①五经，不过说这心体，这心体即所谓'道'，心体明即是道明，更无二。此是为学头脑处。"

【注释】

①四书：宋代理学家朱熹把《大学》《中庸》《论语》《孟子》合起来，编为《四书》，作为儒学的基本经典。

【译文】

陆澄问："读书时看不懂含义，怎么办呢？"

先生说："读不懂主要是因为你只求明白字面上的含义，钻牛角尖。这样的话，倒不如专门去做程朱的学问。他们做学问极其清楚明白，看得多，而且解得通。但也只是终生没有收获。做学问必须在自己的心上苦下功夫，凡是看不明白、想不通的，回到自己的内心仔细体会，这样就能明白了。《四书》《五经》所阐述的不过是个心体，这个心体就是所谓的'天理'，体明就是道明，再没有别的。这才是读书做学问的关键。"

十八

【原文】

"'虚灵不昧，众理具而万事出①。'心外无理，心外无事。"

或问："晦庵先生曰，'人之所以为学者，心与理而已。'此语如何？"

曰："心即性，性即理，下一'与'字，恐未免为二，此在学者善观之。"

或曰："人皆有是心，心即理，何以有为善，有为不善？"

先生曰："恶人之心，失其本体。"

【注释】

①"虚灵"两句：语出朱熹《大学章句》。

【译文】

"'让心空灵明澈而不愚昧，就会具备各种道理，万事万物也从这里显现。'在人心之外再无天理，也无事物。"

有人问："朱熹先生说过：'人之所以为学者，心与理而已。'这句话说得对吗？"

先生说："心就是性，性就是理，'心'和'理'之间掺入一个'与'字，恐怕会将'心''理'分开。这就要求学者善于观察和体会。"

有人说："人人都同样有心，而心就是天理，那为什么有的人善良，而有的人却不善良呢？"

先生说："恶人的心早已经丧失了它的本体。"

十九

【原文】

问："'析之有以极其精而不乱，然后合之有以尽其大而无余'①，此言如何？"

先生曰："恐亦未尽。此理岂容分析？又何须凑合得？圣人说'精一'自是尽。"

"省察是有事时存养，存养是无事时省察。"

【注释】

①"析之"句：语出朱熹《大学或问》"析之极精不乱，说条目功夫；然后合之尽大无余，说明明德于天下"。

【译文】

陆澄问："朱熹说'分析天理可以使它显得精干而不混乱，综合天理便可使其包罗万象，各个方面都无从遗落'，这话对吗？"

先生说："恐怕并不全对。天理怎么可以分割开来加以分析？又何必需要综合？圣人所说'精一'就已经把它说尽了。"

先生说："省察是在具体的事情上存养天理，而存养天理就是在无事时反省体察天理。"

二十

【原文】

澄尝问象山①在人情事变上做功夫之说。

先生曰："除了人情事变则无事矣。喜怒哀乐非人情乎？自视听言动，以至富贵贫贱患难死生，皆事变也。事变亦只在人情里，其要只在'致中和②'，'致中和'只在'谨独③'。"

【注释】

①象山：陆九渊（1139~1193），字子静，自号存斋，江西抚州人。曾讲学于象山，学者称象山先生。②中和：语出《中庸》。中，天下的根本。和，天下的大道。③谨独：即慎独，意为一个人独处也要严格要求自己，言行思想要符合道德规范。

【译文】

关于陆九渊在人情事变上下功夫的学说，陆澄曾向先生请教。

先生说："除了人情事变，世界上也再没有别的事了。喜怒哀乐不是人情吗？从看、听、说、做再到富贵、贫贱、患难、死生，都是'事变'。而事变都只在人情里体现，它的关键是要做到'中正平和'，而'中正平和'的关键就在于'慎独'。"

二十一

【原文】

澄问："仁、义、礼、智之名，因已发而有？"

曰："然。"

他日，澄曰："恻隐、羞恶、辞让、是非，是性之表德邪①？"

曰："仁、义、礼、智也是表德。性一而已，自其形体也谓之天，主宰也谓之帝，流行也谓之命，赋于人也谓之性，主于身也谓之心。心之发也，遇父便谓之孝，遇君便谓之忠，自此以往，名至于无穷，只一性而已。犹人一而已，对父谓之子，对子谓之父，自此以往，至于无穷，只一人而已。人只要在性上用功，看得一性字分明，即万理灿然。"

【注释】

①"恻隐"句：语出《孟子·公孙丑》。

【译文】

陆澄问："仁、义、礼、智的名称，是人的心性发挥出来之后有的吗？"

先生说："是。"

又一天，陆澄问："恻隐、羞恶、辞让、是非等，这些善良或邪恶的情感也是心性展示出来的吗？"

先生说："仁、义、礼、智是善良的心性。心性只有一个，从它外在形式上叫作'天'，从它主宰万事万物的角度就叫作'帝'，而从它的流传变化上就叫作'命'，它赋予人时称作'性'，主宰人的身体时称作'心'，但实际上心性只有唯一的一个。心性体现的时候，善待父母便叫孝，忠于国君就叫忠，以此类推，虽然它的名称数不胜数，但心性也只有一个而已。就好比一个人，他拥有的称呼也是无穷无尽的，相对于父亲他是儿子，对于儿子他又是父亲。但实际上这只是同一个人而已。所以人只需用功把心性参悟透彻，世上的一切道理就会清楚明白了。"

二十二

【原文】

一日，论为学功夫。

先生曰："教人为学，不可执一偏。初学时心猿意马，拴缚不定，其所思虑，多是人欲一边，故且教之静坐息思虑。久之，俟其心意稍定，只悬空静守，如槁木死灰①亦无用，须教他省察克治。省察克治之功，则无时而可间，如去盗贼，须有个扫除廓清之意。无事时，将好色、好货、好名等私欲逐一追究搜寻出来，定要拔去病根，永不复起，方始为快。常如猫之捕鼠，一眼看着，一耳听着，才有一念萌动，即与克去，斩钉截铁，不可姑容，与他方便，不可窝藏，不可放他出路，方是真实用功，方能扫除廓清。到得无私可克，自有端拱时在。虽曰'何思何虑'，非初学时事。初学必须思省察克治，即是思诚，只思一个天理。到得天理纯全，便是'何思何虑'矣。"

【注释】

①槁木死灰：语出《庄子·齐物论》："形固可使如槁木，而心固可使如死灰乎？"

【译文】

有一天，大家讨论为学的功夫。

先生说："教人如何做学问，绝不能偏执一个方法。初学者心猿意马，心中考虑的多是个人私欲而不能够集中精力，因此，姑且可以教他学习静坐，安定思绪，平息心中私欲。久而久之，当他的心思渐渐安定，如果还一味让他像槁木死灰一般悬空静坐，也没有什么作用。在这个时刻就须教他做反省体察克制私欲。这种功夫是不能间断的，就像铲除盗贼，要有彻底清除的决心。没有事的时候，一定要把好色、贪财、慕名等私欲逐一搜出来，然后将其连根拔起，使它永不复发，才觉痛快。平时则要像猫捉老鼠，一边用眼睛看着，一边用耳朵听着，有丝毫的私心杂念萌动的时候，就要立马斩钉截铁地把它克服掉，绝不能姑息纵容，让它有放松的机会，不包藏它，更不能让它有生路，如此才能尽扫心中的私欲，这才是真功夫。到了心中再无私欲需要克除，就可以轻轻松松地做端坐拱手状。虽然也是什么都不想，但却不是初者能做到的。初学时必须专注思考省察克制，也就是想如何使意念专诚，只思考一个天理。到了天理纯正圆满的境界，就真正'何思何虑'了。"

二十三

【原文】

澄问："有人夜怕鬼者，奈何？"

先生曰："只是平日不能'集义'①而心有所慊，故怕。若素行合于神明，何怕之有？"

子莘②曰："正直之鬼不须怕，恐邪鬼不管人善恶，故未免怕。"

先生曰："岂有邪鬼能迷正人乎！只此一怕即是心邪。故有迷之者，非鬼迷也，心自迷耳。如人好色即是色鬼迷，好货即是货鬼迷，怒所不当怒是怒鬼迷，惧所不当惧是惧鬼迷也。"

【注释】

①集义：意思是经常积累善心。语出《论语·公孙丑上》。②子莘：马明衡，字子莘，福建莆田人。官至御史，王阳明最早的福建弟子。

【译文】

陆澄问："夜里怕鬼的人该怎么办？"

先生说："因为平日里不积累善心，因此心中有愧，才会怕鬼。如果平时的行为合乎神明，有什么害怕的呢？"

子莘说："不须怕正直的鬼，只是邪恶的鬼会无视善恶，而伤害人，所以未免有些害怕。"

先生说："难道有邪鬼能够迷惑正直人的吗？有怕的心理，就是此人心术不正的表现。是人的心把自己迷惑了，而并非是鬼迷惑了人。就像人好色，便是色鬼迷；贪财，就是贪财鬼迷；不应当发怒的地方发怒了，就是被怒鬼迷；害怕不该怕的，就是被怕鬼迷。"

二十四

【原文】

"定者，心之本体，天理也。动静，所遇之时也。"

【译文】

"定，恒定平静，是心的本体，也就是天理。动和静的变化，是天理在不同环境下的具体表现。"

二十五

【原文】

澄问《学》《庸》同异。

先生曰："子思^①括《大学》一书之义，为《中庸》首章。"

【注释】

①子思：孔子的孙子。相传为曾子的学生，继承和发扬了孔子的中庸思想。

【译文】

陆澄向先生请教《大学》《中庸》两本书的异同。

先生说："子思总结了《大学》一书的宗旨，并以此写了《中庸》的第一章。"

二十六

【原文】

问："孔子正名^①。先儒说：'上告天子，下告方伯，废辄立郢。'此意如何？"

先生曰："恐难如此。岂有一人致敬尽礼，待我而为政，我就先去废他，岂人情天理！孔子既肯与辄为政，必已是他能倾心委国而听。圣人盛德至诚，必已感化卫辄，使知无父之不可以为人，必将痛哭奔走，往迎其父。父子之爱本于天性，辄能悔痛真切如此，蒯聩岂不感动底豫？蒯聩既还，辄乃致国请戮。聩已见化于子，又有夫子至诚调和其间，当亦决不肯受，仍以命辄。群臣百姓又必欲得辄为君。辄乃自暴其罪恶，请于天子，告于方伯诸侯，而必欲致国于父。聩与群臣百姓亦皆表辄悔悟仁孝之美，请于天子，告于方伯诸侯，必欲得辄而为之君。于是集命于辄，使之复君卫国。辄不得已，乃如后世上皇故事，率群臣百姓尊聩为太公，备物致养，而始退复其位焉。则君君、臣臣、父父、子子^②，名正言顺，一举而可为政于天下矣。孔子正名，或是如此。"

【注释】

①正名：使名分恰当。语出《论语·子路》："子路曰：'卫君待子而为政，子将奚先？'子曰：'必也正名乎！'"孔子认为，为政治国必须先有恰当的名分，做到"君君、臣臣、父父、子子"，严格遵守等级秩序。②"君君"句：语出《论语·颜渊》："齐景公问政于孔子。孔子对曰：'君君、臣臣、父父、子子。'"意思是君臣父子都要遵守各自的行为规范。

【译文】

陆澄问："孔子正名。朱熹说孔子是'上要告知天子，下需告知诸侯，废除公子辄而拥立公子郢'。是吗？"

先生说："恐怕不是这样解释。哪有别人对我恭敬有礼，让我执掌政权，我却要先把他废除的道理？显然不符合人情天理。一定是全心全意地听从孔子的教诲，并把国家委托给他，孔子才会愿意帮助辄治理国家。卫辄已经为孔子的品德高尚，心灵至诚感化了，明白不孝顺父亲就不算是一个真正的人。所以卫辄定会痛哭着亲自跑去把他父亲迎接回来。卫辄能如此真切地痛改前非，蒯聩怎会不被他彻底感动，更何况父子之爱本来就是人的天性？把父亲接回来之后，卫辄想要把政权交还给父亲，并请求父亲让他以死谢罪。蒯聩被儿子的行为彻底感化了，并且又有孔子在当中诚恳调解，他是绝不会再接治理国家这副担子的，反而命令辄继续治理国家。蒯聩与众大臣百姓们也都表彰辄仁孝的美德，于是请示天子，昭告诸侯，一定要卫辄担任国君。他们一起请求辄，让他担任卫国的国君。卫辄不得已，便像后世帝王那样，率领众大臣和全国百姓尊奉父亲为太上皇，然后，辄才恢复了他的国君之位。这样君像君、臣像臣、父像父、子像子，各人恪守自己的身份，名正言顺，天下便一举可治了。孔子所谓的正名，或许就是如此吧！"

二十七

【原文】

澄在鸿胪寺仓居^①，忽家信至，言儿病危，澄心甚忧闷，不能堪。

先生曰："此时正宜用功，若此时放过，闲时讲学何用？人正要在此等时磨炼。父之爱子，自是至情，然天理亦自有个中和处，过即是私意。人于此处多认做天理当忧，则一向忧苦，不知已是'有所忧患不得其正'^②。大抵七情所感，多只是过，少不及者。才过，便非心之本体，必须调停适中始得。就如父母之丧，人子岂不欲一哭便死，方快于心？然却曰'毁不灭性'^③，非圣人强制之也，天理本体自有分限，不可过也。人但要识得心体，自然增减分毫不得。"

【注释】

① 鸿胪寺：掌管赞导相礼的衙门。王阳明于正德九年（1514）升任南京鸿胪寺卿，许多弟子随他前往。仓居，在衙舍居住。② 有所忧患不得其正：语出《大学》。③毁不灭性：意思是孝子哀伤不能伤害性命。语出《孝经·丧亲》。

【译文】

陆澄在南京鸿胪寺的衙门里居住的时候，突然接到儿子病危的家信，顿感忧郁，无法忍受。

先生说："这是修身养性的好时机，如果此时不用功，平日里无事时讲求学问有什么用呢？这时候的人就应该磨炼自己。父亲关爱儿子，是符合天理的最深切的情感，但是天理也要有中正的度，超过这个限度就成了私欲。大多数人在这时依照天理应当心有忧伤，于是一味悲伤痛苦，而不知自己已是'有所忧患不得其正'。一般来讲，七情六欲一旦出现，大多有点过分，很少有不足的。然而只要过分，便不再是心的本体，所以一定要调节，直至适中才可。比如父母去世，作为人子，哪有不想一下子哭死以化解心中的悲痛的？然而圣人说过：'毁不灭性'。这并非圣人要强行规定，而是因为天理本身便有限度，凡事不能过分。人只要真正认识了心体，自然不会增减分毫。"

薛侃录

一

【原文】

侃问："持志如心痛，一心在痛上，安有工夫说闲话、管闲事？"

先生曰："初学功夫如此用亦好，但要使知'出入无时，莫知其向'，心之神明原是如此，功夫方有着落。若只死死守着，恐于功夫上又发病。"

【译文】

薛侃问："秉持志向的时候好像犯了心痛，一心只在痛上面，哪还有时间去说其他闲话、管其他闲事呢？"

先生说："初学下功夫时用这样的方法也好，但是自己要明白心灵的神明原本就是'出入本没有什么固定的时间，也就不知道它的去向'，只有这样才能让所下的功夫有着落。如果只是死死坚守志向，恐怕会在下功夫上出差错。"

二

【原文】

侃问："专涵养而不务讲求，将认欲作理，则如之何？"

先生曰："人须是知学。讲求亦只是涵养，不讲求只是涵养之志不切。"

曰："何谓知学？"

曰："且道为何而学，学个甚？"

曰："尝闻先生教，学是学存天理。心之本体即是天理，体认天理只要自心地无私意。"

曰："如此则只须克去私意便是，又愁甚理欲不明？"

曰："正恐这些私意认不真。"

曰："总是志未切。志切，目视、耳听皆在此，安有认不真的道理？'是非之心，人皆有之'①，不假外求。讲求亦只是体当自心所见，不成去心外别有个见！"

【注释】

①是非之心，人皆有之：语出《孟子·公孙丑上》"恻隐之心，仁之端也；善恶之心，义之端也；辞让之心，礼之端也；是非之心，智之端也。人之有是四端也，犹其有四体也"。

【译文】

薛侃问："专注于德行的涵养而不讲求学问上的研究，如果把私欲认作天理，那怎么办呢？"

先生说："人必须先懂得学习。讲习求学也是为了德行的涵养，而不讲习求学只因为存养天性的志向不坚定。"

薛侃说："怎么样算是知道学习？"

先生说："你姑且谈一谈为什么要学习？又该学习些什么？"

薛侃说："曾经听先生教诲，学习就是学习存天理。心的本体就是天理，所以只要自己的内心没有私念，就能体察认识天理。"

先生说："这样的话只要克制自己把私欲去除就够了，还担心什么不明白天理、私欲呢？"

薛侃说："害怕的正是认不清这些私欲。"

先生说："这还是志向不够坚定。如果志向坚定的话，眼睛、耳朵只会集中在这上面，哪会有认不清私欲的道理？'是非之心，人皆有之'，不需从外面去寻求。讲习求学也只是体察自己的内心所见到的东西，难不成还可以去心外另寻他见？"

三

【原文】

先生问在坐之友："比来功夫何似？"

一友举虚明意思①。先生曰："此是说光景。"

一友叙今昔异同。先生曰："此是说效验。"

二友惘然，请是。

先生曰："吾辈今日用功，只是要为善之心真切。此心真切，见善即迁，有过即改②，方是真切功夫。如此，则人欲日消，天理日有。若只管求光景、说效验，却是助长外驰病痛，不是功夫。"

【注释】

①虚明意思：由静坐而产生的超觉体验，恍若海市蜃楼，故曰"光景"。
②见善即迁，有过即改：语出《周易·益卦》"君子以见善则迁，有过即改"。

【译文】

先生问在座的朋友们："近来功夫如何？"

一位朋友说了一些自己因为静坐而产生的幻觉。先生说："你这说的是些呈现在表面的现象而已。"

一位朋友讲述了现在和过去的异同。先生说："你这说的是做功夫的效果。"

两位朋友不解，向先生请教。

先生说："我们现在下功夫只是为了让善心更加真切。这个求善的心真切，见了善就要自然会靠近，有了错误会马上改正，这才达到了真切的功夫。如此下来私欲便会逐日不见，天理也就日益明朗。如果只管寻求表面现象和效果，反倒是助长了向外寻天理的弊端，并非达到真正的功夫。"

四

【原文】

朋友观书，多有摘议晦庵者。

先生曰："是有心求异，即不是。吾说与晦庵时有不同者，为入门下手处有毫厘千里①之分，不得不辩。然吾之心与晦庵之心未尝异也。若其余文义解得明当处，如何动得一字？"

【注释】

①毫厘千里：语出《论语·经解》："《易》曰：'君子慎始，差若毫厘，谬以千里。'"

【译文】

朋友们看书的时候，会有经常指责和批评朱熹的人。

先生说："如果是刻意表现出不同，这是不对的。我的学说和朱熹常有不同，是因为在入门功夫上有差别，所以不能不辩论清楚。然而，我和朱熹未曾有过不同的心。就拿朱熹解释文义来说，清晰明确的地方，怎么能有一个字被我改动呢？"

五

【原文】

希渊①问："圣人可学而至，然伯夷、伊尹于孔子才力终不同，其同谓之圣者安在？"

先生曰："圣人之所以为圣，只是其心纯乎天理而无人欲之杂，犹精金之所以为精，但以其成色足而无铜铅之杂也。人到纯乎天理方是圣，金到足色方是精。然圣人之才力亦有大小不同，犹金之分两有轻重。尧舜犹万镒[2]。文王孔子犹九千镒，禹、汤、武王犹七八千镒，伯夷、伊尹犹四五千镒。才力不同而纯乎天理则同，皆可谓之圣人，犹分两虽不同，而足色则同，皆可谓之精金。以五千镒者而入于万镒之中，其足色同也；以夷、尹而厕之尧、孔之间，其纯乎天理同也。盖所以为精金者，在足色而不在分两；所以为圣者，在纯乎天理而不在才力也。故虽凡人，而肯为学，使此心纯乎天理，则亦可为圣人，犹一两之金，此之万镒，分两虽悬绝，而其到足色处可以无愧。故曰'人皆可以为尧舜'[3]者以此。学者学圣人，不过是去人欲而存天理耳，犹炼金而求其足色。金之成色，所争不多，则煅炼之功省，而功易成，成色愈下则煅炼愈难。人之气质清浊粹驳，有中人以上、中人以下，其于道有生知安行、学知利行，其下者必须人一己百、人十己千[4]，及其成功则一。

"后世不知作圣之本是纯乎天理，专去知识才能上求圣人，以为圣人无所不知，无所不能，我须是将圣人许多知识才能逐一理会始得。故不务去天理上看功夫，徒弊精竭力，从册子上钻研、名物上考索、形迹上比拟。知识愈广而人欲愈滋，才力愈多而天理愈蔽。正如见人有万镒精金，不务煅炼成色，求无愧于彼之精纯，而乃妄希分两，务同彼之万镒，锡铅铜铁杂然而投，分两愈增而成色愈下，既其梢末，无复有金矣。"

时曰仁在旁，曰："先生此喻，足以破世儒支离之惑，大有功于后学。"

先生又曰："吾辈用功，只求日减，不求日增。减得一分人欲，便是复得一分天理，何等轻快脱洒，何等简易！"

【注释】

① 希渊：蔡宗兖，字希渊，号我斋，山阴（今浙江绍兴）人，王阳明的得意弟子。② 镒：古代重量单位，一镒合二十两，一说为二十四两。③ 人皆可以为尧舜：语出《孟子·告子下》："曹交问曰：'人皆可以为尧、舜，有诸？'孟子曰：'然。'"④ 人一己百、人十己千：语出《中庸》："人

一能之，己百之；人十能之，己千之。果能此道矣，虽愚必明，虽柔必强。"

【译文】

蔡希渊问："圣人的境界通过学习固然能够达到，但是伯夷、伊尹和孔子比较起来，他们的才能是有所不同的，但孟子统称他们为圣人，这是为什么呢？"

先生说："圣人能够叫作圣人，是因为他们有一颗纯然合乎天理而没有丝毫人欲掺杂其中的心。就像纯金之所以是纯金，也只是因为它没有掺杂任何铜、铅等杂质，成色很足。人纯然合乎天理才是圣人，成色饱足的金才是纯金。圣人的才力有大小之分就好比金的分量有轻重。尧、舜就好比是万镒的纯金，文王、孔子好比是九千镒，禹、汤、武王像七八千镒的纯金，伯夷、伊尹则像四五千镒的纯金。他们的心都是同样纯然合乎天理的，虽然才力不尽相同，也都可以算作是圣人。就好像是金，只要成色十足，即使分量不同，也都可以算作纯金了。把五千镒的纯金溶入万镒的纯金里面，成色还是一样的；把伯夷、伊尹安置在唐尧、孔子当中，他们的心都同样合乎天理。所以纯金的界定，是因为成色而非分量；圣人的界定，也是因为他们的心合乎天理而非因为他们的才智。因此，即便是普通人，只要愿意做学问，让他们的心纯然合乎天理，是同样能够成为圣人的。就像是一两重的金子，相比于万镒重的金子，虽然分量相差很远，但在成色上，是不会有差别的。因此，孟子才说'人皆可以为尧舜'。学者学习圣人，不过是去人欲、存天理罢了，好比炼金求成色充足。金的成色相差不多的时候，就可以省下许多功夫，炼成纯金比较容易。成色越差，冶炼也就越难。人的气质也会有清有浊，有中等以上、中等以下的差别，对于圣道，有的人生来就知道并且自然就能去实践，有的人则需通过学习才知道并实践，这样的人，就必须用别人百倍的努力，等到最后，取得的成就还是一样的。

"后世的人只专门在知识、才能上努力学习做圣人，认为圣人是无所不知，无所不能的，自己只需要把圣人的知识才能一一学会就行了，哪里知道做圣人的根本在于让心合乎天理？他们不从天理上下功夫，而是费尽精力钻研书本、考寻名物、推理形迹。这样，知识越渊博的人私欲越是滋长，才能越高，天理反而越被遮蔽。这就像看见别人拥有万镒的纯金，自己只妄想在分量上赶超别人，把锡、铅、铜、铁等杂质都掺杂进金子里去，却不肯冶炼自己的成色。虽然增加了分量，成色却更加低下，到最后，有的就不是真金了。"

这时在一旁的徐爱说道："先生的这个比喻，足以解决世儒们学问支离破碎的困惑，对学生们大有裨益。"

先生又说："我们用功，只求日减，不求日增。能减去一份私欲，就会得到一份天理，这样是多么轻快洒脱，多么简单啊！"

六

【原文】

士德①问曰："格物之说，如先生所教，明白简易，人人见得。文公②聪明绝世，于此反有未审，何也？"

先生曰："文公精神气魄大，是他早年合下便要继往开来，故一向只就考索著述上用功。若先切己自修，自然不暇及此。到得德盛后，果忧道之不明。如孔子退修六籍，删繁就简，开示来学，亦大段不费甚考索。文公早岁便著许多书，晚年方悔是倒做了。"

士德曰："晚年之悔，如谓'向来定本之悟'，又谓'虽读得书，何益于吾事'，又谓'此与守书籍，泥言语，全无交涉'③，是他到此方悔从前用功之错，方去切己自修矣。"

曰："然。此是文公不可及处。他力量大，一悔便转。可惜不久即去世，平日许多错处皆不及改正。"

【注释】

①士德：杨骥，字士德，王阳明的学生。②文公：朱熹死后谥"文"，

故称。③"向来定来之误"句、"虽读得书"句、"此与守书籍"句：均出自《朱子晚年定论》中所录朱熹强调内心觉悟的书信。

【译文】

杨骥问："按照先生教导的，格物的学说简易明了，人人都能学得到。而朱熹先生聪明盖世，反而没有弄明白格物的学说，这是何故？"

先生说："朱熹先生的精神气魄宏伟，早年就已经下定决心要继往开来，所以一直只在考据著书上用功。如果他早年先在自己身上认真修养，自然就没有时间去考据著书了。等到德行很高时，他果然担心儒道不行。就学习孔子，删述《六经》，去繁就简，启示后世学者，也就无须费工夫去考证了。早年朱熹写了许多书，晚年才悔悟，这是颠倒了功夫。"

杨骥说："朱熹晚年的悔悟，就像他说的'最初确定根本的错误'，他又说'虽读了很多书，对于我又有什么好处呢'，又说'这和死死守住书本，拘泥于言语，完全没有任何关系'，到了这个时候他才开始悔悟从前的功夫用错了，应当从自身修养天性开始。"

先生说："对。这就是朱熹同别人不同的地方。他气魄大，一旦悔悟就能够马上扭转过来。可惜不久他就去世了，一些错误的地方都没来得及改正。"

七

【原文】

侃去花间草，因曰："天地间何善难培，恶难去？"

先生曰："未培未去耳。"少间，曰："此等看善恶，皆从躯壳起念，便会错。"

侃未达。

曰："天地生意，花草一般。何曾有善恶之分？子欲观花，则以花为善，以草为恶。如欲用草时，复以草为善矣。此等善恶，皆由汝心好恶所生，故知是错。"

曰："然则无善无恶^①乎？"

曰："无善无恶者理之静，有善有恶者气之动。不动于气即无善无恶，是谓至善。"

曰："佛氏亦无善无恶，何以异？"

曰："佛氏著在无善无恶上，便一切都不管，不可以治天下。圣人无善无恶，只是'无有作好'，'无有作恶'，不动于气。然'遵王之道'，'会其有极'^②，便自一循天理，便有个裁成辅相^③。"

曰："草既非恶，即草不宜去矣。"

曰："如此却是佛、老意见。草若是碍，何妨汝去？"

曰："如此又是作好作恶。"

曰："不作好恶，非是全无好恶，却是无知觉的人。谓之不作者，只是好恶一循于理，不去又着一分意思。如此，即是不曾好恶一般。"

曰："去草如何是一循于理，不看意思？"

曰："草有妨碍，理亦宜去，去之而已；偶未即去，亦不累心。若着了一分意思，即心体便有贻累，便有许多动气处。"

曰："然则善恶全不在物？"

曰："只在汝心。循理便是善，动气便是恶。"

曰："毕竟物无善恶？"

曰："在心如此，在物亦然。世儒惟不知此，舍心逐物，将格物之学看错了，终日驰求于外，只做得个'义袭而取'，终身行不著，习不察。"

曰："'如好好色，如恶恶臭'，则如何？"

曰："此正是一循于理，是天理合如此，本无私意作好作恶。"

曰："如好好色，如恶恶臭。安得非意？"

曰："却是诚意，不是私意。诚意只是循天理。虽是循天理，亦看不得一分意。故有所忿、好乐，则不得其正。须是廓然大公，方是心之本体。知此，即知未发之中。"

伯生④曰："先生云：'草有妨碍，理亦宜去。'缘何又是躯壳起念？"

曰："此须汝心自体当。汝要去草，是甚么心？周茂叔⑤窗前草不除，是什么心？"

【注释】

①无善无恶：语出《坛经·行由第一》："惠能云：'不思善，不思恶。正与应时，那个是明上座本来面目。'"②"无有作好"等句：语出《尚书·洪范》。无有作好、无有作恶，意为没有自私的好恶。遵王之道，意为遵行王道、公道。会其有极，意为会归于法度、准则。③裁成辅相：语出《周易·泰卦·象传》。裁成，意为剪裁成适用的样子。辅相，意为辅助、帮助。④伯生：孟源，字伯生，王阳明弟子。⑤周茂叔：周敦颐（1017~1073），字茂叔，湖南道州营道（今道县）人。宋明理学创始人，程颐的老师。

【译文】

薛侃在锄花间杂草时，顺势问道："为什么天地间的善很难栽培，恶很难除去呢？"

先生说："因为人们还没有去培养善或者除去恶。"过了一会儿，先生又说："像你这样从表面上去看待善恶，就会出错。"薛侃没有理解。

先生又说："天地中一团生气，就像花草的生长，何曾有什么善恶之分？你想要赏花，便把花当作善，把花间的草作为恶。但是当你需要草的时候，你又会反过来把草当作善。这样的善恶之分，都是由你心中的喜好或讨厌生发出来的。所以说是错误的。"

薛侃说："这样说来，善恶之间没有分别了吗？"

先生说："无善无恶是天理的静止状态，而有善有恶是气的动态产生的。不因气而动，自然无善无恶了，这就是至善。"

薛侃说："佛教也有无善无恶的说法，与先生所说有何区别呢？"

先生说："佛教执着于无善无恶，对其余一切都置之不理，所以不能够治理天下。圣人讲的无善无恶，只是不刻意为善，不刻意为恶，不为气所动。这样，'遵循王道'，自然会归于法度天理。也就自然能'裁成天地之道，辅助天地之宜'。"

薛侃说："既然草并不是恶，那么就不应该把草去掉了。"

先生说："这样又是佛、道两家的主张了。既然草成了障碍，把它除掉又何妨呢？"

薛侃说："这样不又是在为善为恶了吗？"

先生说："不从私欲上为善为恶，并非全无好恶的区分，若是全无好恶之分，岂不成了没有知觉的人了？所谓不刻意为善为恶，只是说好恶须要遵循天理，不夹杂丝毫私心杂念。这样，就和不曾有好恶一样了。"

薛侃说："除草时怎样才能遵循天理，不带私欲呢？"

先生说："草对你有妨碍，依照天理就应当除去，除去就是；偶尔有没有及时除去的，也勿记挂心中。如果你有了一分记挂，心就会为它所累，便会有许多为气所动的地方了。"

薛侃说："那么善恶全然不在事物之上了？"

先生说："善恶只存在于你心中。遵循天理就是善，动气就是恶。"

薛侃说："那么事物到底有没有善恶之分？"

先生说："在心上是如此，在物也是如此。后世的儒生们往往不明白这个道理，而舍弃本心去追求心外之物，把格物的学问搞错了，成天在心外寻求，最终只能做到'义袭而取'，终身'行不著，习不察'。"

薛侃说："那么'如好好色，如恶恶臭'这句话，应当如何理解呢？"

先生说："这正是一直遵循天理，天理本该如此，它本来没有私欲去为善为恶。"

薛侃说："但是喜好美色，厌恶恶臭，怎会没有私欲在其中呢？"

先生说："这是诚意，而非私欲。诚意只是遵循天理。虽然遵循天理，也不能掺杂丝毫私欲。因此，有一丝怨愤或喜乐，心就不能保持中正平和。

豁然无私，才是心的本体。明白了这个，就明白'未发之中'了。"

孟源说："先生说：'草对你有妨碍，依照天理就应当除去。'为什么说这是从表面上产生的私念呢？"

先生说："这需要你用自己的心去体会。你想除掉草，是什么心思？周敦颐不拔掉窗前的草，又是怀着什么心思？"

八

【原文】

先生谓学者曰："为学须得个头脑，功夫方有着落。纵未能无间，如舟之有舵，一提便醒。不然，虽从事于学，只做个'义袭而取'，只是'行不著，习不察'，非大本、达道也。"

又曰："见得时，横说竖说皆是。若于此处通，彼处不通，只是未见得。"

【译文】

先生对学生说："做学问一定要有个宗旨，这样学问才有着落。虽然在其间不可能没有间断，但就像船有了舵，一提便明白了。不然的话，虽然是在做学问，也只能做个'义袭而取'，只会'行不著，习不察'，并非学习的主干大道。"

先生又说："有了宗旨，不管怎样说都是正确的。如果只是这里明白了，别处又不明白，那是因为没有宗旨。"

九

【原文】

或问："为学以亲故，不免业举之累。"

先生曰："以亲之故而业举为累于学，则治田以养其亲者，亦有累于学乎？先正云：'惟患夺志①。'但恐为学之志不真切耳。"

【注释】

①惟患夺志：程颐语，语出《河南程氏外书》"故科举之事，不患妨功，惟患夺志"。意为不怕科举耽误、妨碍学习，只怕因科举丧失了为学的志向。

【译文】

有人问："做学问只是为了父母的缘故，难免会被科举拖累。"

先生说："为了父母参加科举考试会妨碍学习，那么，为了侍奉父母去种田，也会妨碍学习。程颐先生说：'惟患夺志。'怕只怕学习的志向不够坚定。"

十

【原文】

崇一①问："寻常意思多忙，有事固忙，无事亦忙，何也？"

先生曰："天地气机，元无一息之停。然有个主宰，故不先不后，不急不缓，虽千变万化而主宰常定，人得此而生。若主宰定时，与天运一般不息，虽酬酢万变，常是从容自在，所谓'天君泰然，百体从令'②。若无主宰，便只是这气奔放，如何不忙？"

【注释】

①崇一：欧阳德（1495~1554），字崇一，号南野，江西泰和人，王阳明的弟子。②天君泰然，百体从令：语出宋代范浚《香溪集》。

【译文】

欧阳崇一问："平时里大多情况下思想意念都很忙乱，有事的时候固然会忙，但是没事的时候也忙，这是为什么呢？"

先生说："天地间的气息，原来就没有一刻停止过。但它有一个主宰，即使千变万化，也会不先不后，不急不缓，因为主宰是恒定不变的。人就凭着这个主宰生存。如果人的主宰安定，即使像天地一样运行不止，日理万机，也能常常保持从容自在，所谓'天君泰然，百体从令'。如果没有主宰，便会任由气奔腾放纵，怎么能不忙乱呢？"

十一

【原文】

先生曰："为学大病在好名。"

侃曰："从前岁自谓此病已轻，此来精察，乃知全未。岂必务外为人？只闻誉而喜，闻毁而闷，即是此病发来。"

曰："最是。名与实对，务实之心重一分，则务名之心轻一分；全是务实之心，即全无务名之心。若务实之心如饥之求食、渴之求饮，安得更有功夫好名！"

又曰："'疾没世而名不称'①，'称'字去声读，亦'声闻过情，君子耻之'②之意。实不称名，生犹可补，没则无及矣。'四十五十而无闻'③，是不闻道，非无声闻也。孔子云：'是闻也，非达也。'④安肯以此忘人！"

【注释】

①疾没世而名不称：语出《论语·卫灵公》："子曰：'君子疾没世而名不称焉。'"此句有二解，一为，到去世时名字不为人称道，君子引以为憾；二为，到去世时名声与自己的实际不相符，君子引以为憾。王阳明从第二种解释。②声闻过情，君子耻之：语出《孟子·离娄下》："故声闻过情，君子耻之。"意为盛名之下，其实难副，君子以此为耻。③四十五十而无闻：语出《论语·子罕》。④是闻也，非达也：语出《论语·颜渊》。意为是有名声，而不是有作为。

【译文】

先生说："治学最大的弊病是好名。"

薛侃说:"从去年以来,我自以为我的这个毛病已经有所减轻,但近来仔细体会观察,才知道完全不是这样。难道好名只是想从别人那求得好的名声吗?只要听到赞誉便欣喜,听到诋毁便郁郁不乐,也是因为有好名的毛病。"

先生说:"正是这样。名和实相互对应,多一分务实的心,就会少一分求名的心;心全在务实上,便没有求名的心思了。我们知道饿了会到处寻找食物,渴了会找水,如果务实的心也是如此,哪里还有时间去好名?"

先生又说:"孔子所说的'疾没世而名不称','称'应该读第四声,就是'名声超过了实情,君子感到羞耻'的意思。现实和名声不符,在活着的时候还能够挽回,死了就再也不行了。'四十五十而无闻'中的'闻'是没有听闻道,而不是没有名声。孔子说:'是闻也,非达也。'他怎么会凭名气来看待别人呢?"

十二

【原文】

侃多悔。

先生曰:"悔悟是去病之药,然以改之为贵。若留滞于中,则又因药发病。"

【译文】

薛侃时常会事后后悔。

先生说:"悔悟是去除毛病的良药,但能让人有错便改才是它的效用之所在。如果仅仅将悔恨留滞在心里,就会因为用药而添病。"

十三

【原文】

德章[①]曰:"闻先生以精金喻圣,以分两喻圣人之分量,以锻炼喻学者之功，最为深切。惟谓尧、舜为万镒，孔子为九千镒，疑未安。"

先生曰："此又是躯壳上起念，故替圣人争分两。若不从躯壳上起念，即尧、舜万镒不为多，孔子九千镒不为少。尧、舜万镒只是孔子的，孔子九千镒只是尧、舜的，原无彼我。所以谓之圣，只论'精一'，不论多寡。只要此心纯乎天理处同，便同谓之圣。若是力量气魄，如何尽同得？后儒只在分两上较量，所以流入功利。若除去了比较分两的心，各人尽着自己力量精神，只在此心纯天理上用功，即人人自有，个个圆成，便能大以成大，小以成小，不假外慕，无不具足②。此便是实实落落明善诚身的事。

"后儒不明圣学，不知就自己心地良知良能③上体认扩充，却去求知其所不知，求能其所不能，一味只是希高慕大，不知自己是桀、纣心地，动辄要做尧、舜事业，如何做得？终年碌碌，至于老死，竟不知成就了个什么，可哀也已！"

【注释】

①德章：姓刘，王阳明的学生。②具足：佛教名词，指佛教比丘和比丘尼所受戒律，与沙弥和沙弥尼所受十介戒相比，戒品具足，故称具足戒。这里是完备的意思。③良知良能：语出《孟子·尽心上》："孟子曰：'人之所以不学而能者，其良能也；所不虑而知者，其良知也。'"

【译文】

德章说："我听先生曾用纯金来比喻圣人，而以金的分量比喻圣人才力的大小，金的提炼比喻学者所下的修养功夫，很是深刻准确。只是您说尧、舜好比万镒重的金子，而只把孔子比作九千镒的金子，可能不太恰当。"

先生说："你之所以会为圣人们争分量，是因为只在表面形式上着想了。如果不是从表面上着想，那么把尧、舜比作万镒的纯金不会觉得多，而把孔子比作九千镒的纯金也不觉得少。尧、舜的万镒也是孔子的，孔子的九千镒也是尧、舜的，原本没有你我之别。把他们称为圣人，是只考虑他们的质是否达到了'精一'的境界，而不在于他们才力的大小。只要他们的心同样合乎天理，便一样把他们叫作圣人。谈到才智气魄，怎么可能会全然相同呢？后世儒生们只懂得在才力的大小上斤斤计较，所以才会陷入功利的泥潭当中。如果能够把这种计较才能大小的私心去除掉，各人只尽自己所能在存天理这方面下功夫，就会人人自然有所成就，功德圆满，能力大的人做出大成就，能力小的就做出小成就，不需要凭借外力就能完美纯粹。这就是实实在在、明善诚身的事情。

"后世儒生们不懂得圣人的学说，不知道扩充自己本心的知识和能力，以此追求那些没有认识的事情和不具备的能力，一味好高骛远，爱慕虚荣，不知道自己的心是桀纣的心，怎么能动不动就要去做尧舜的事业？直到终老死去，也只是终年碌碌无为，不知道究竟得了什么成就，真是可悲呀！"

十四

【原文】

侃问："先儒以心之静为体，心之动为用，如何？"

先生曰："心不可以动静为体用。动静，时也。即体而言用在体，即用而言体在用，是谓'体用一源'。若说静可以见其体，动可以见其用，却不妨。"

【译文】

薛侃问："先代儒生们认为静是心的本体，动是心的应用，这话对吗？"

先生说："心不能够把动静当作它的本体和应用。动静只是在时间方面来说的，只是暂时的。就本体而言，用在体；就作用而言，体在用。这就是所谓的'体用一源'。倘若说静时能够见到心的本体，动时能够见到心的作用，却也无妨。"

十五

【原文】

问："上智、下愚，如何不可移①？"

先生曰："不是不可移，只是不肯移。"

【注释】

①上智、下愚，不可移：语出《论语·阳货》："子曰：'唯上智与下愚不移。'"一般认为孔子所说的不移是不可移。

【译文】

薛侃问："智慧和笨愚，为什么不能改变？"

先生说："不是不可改变，只是不愿意改变而已。"

十六

【原文】

问"子夏门人问交"①章。

先生曰："子夏是言小子之交，子张②是言成人之交。若善用之，亦俱是。"

【注释】

①子夏门人问交：语出《论语·子张》。子夏，姓卜，名商，字子夏，春秋时晋国人，孔子的弟子。②子张：姓颛孙，名师，春秋时陈国阳城人，孔子的弟子。

【译文】

薛侃请教先生"子夏门人问交"一章。

先生说："子夏说的是孩童间的交往，子张说的是大人间的交往。如果懂得应用，他们都是正确的。"

十七

【原文】

子仁①问："'学而时习之，不亦说乎②？'先儒以学为'效先觉之所为'③，如何？"

先生曰："'学'是学去人欲、存天理。从事于去人欲、存天理，则自正诸先觉，考诸古训，自下许多问辨、思索、存省、克治功夫。然不过欲去此心之人欲、存吾心之天理耳。若曰'效先觉之所为'，则只说得学中一件事，亦似专求诸外了。'时习'者，'坐如尸'，非专习坐也，坐时习此心也；'立如斋'，非专习立也，立时习此心也。'说'是'理义之说我心'之'说'，人心本自说理义，如目本说色，耳本说声。惟为人欲所蔽所累，始有不说。今人欲日去，则理义日洽浃。安得不说？"

【注释】

① 子仁：冯恩，字子仁，号南江，王阳明的弟子。② 学而时习之，不亦说乎：语出《论语·学而》。③ 效先觉之所为：语出朱熹《论语集注》"学之为言效也。人性皆善，而觉有先后。后觉者必效先觉之所为，乃可以明善而复其初也"。

【译文】

子仁问："'学而时习之，不亦说乎'里的'学'，朱熹认为是'效仿先觉的行为'，他这种说法对吗？"

先生说："'学'是指学习去人欲、存天理。一直在去人欲、存天理，那么自然会求正于先觉，考求于古训，自然会努力问辨、思考、存养、克制。然而终究也只是去人欲、存天理的功夫罢了。如果只说是'效法先觉者的行为'，就只说到了学习中的一件事，似乎是专门在心之外求取了。'时习'时'坐如尸'，并非专门练习端坐，而是说在端坐的时候修养身心；'立如斋'，也并非专门练习站立，而是在站立的时候去学着修习自己的心。'说'是'理义之说我心'中的'说'，是我心高兴的意思。人心原本就会因学习天理而高兴，就像是眼睛喜欢颜色，耳朵喜欢声音一样。只是因为私欲牵累了本心，才会不因天理而愉快。现在私欲一天天地去除，天理就会一天天滋养人心，怎么会不高兴呢？"

十八

【原文】

国英①问："曾子三省②虽切。恐是未闻一贯③时功夫？"

先生曰："一贯是夫子见曾子未得用功之要，故告之。学者果能忠恕上用功，岂不是一贯？'一'如树之根本，'贯'如树之枝叶。未种根，何枝叶之可得？体用一源，体未立，用安从生？谓'曾子于其用处，盖已随事精察而力行之。但未知其体之一'。此恐未尽。"

【注释】

①国英：姓陈，名桀，字国英，福建莆田人，王阳明的学生。②三省：语出《论语·学而》："曾子曰：'吾日三省吾身：为人谋而不忠乎？与朋友交而不信乎？传不习乎？'"曾子，即曾参，字子舆，鲁国人，孔子的得意弟子，孔子学说出色的传承人。③一贯：即一以贯之。语出《论语·里仁》。

【译文】

国英问："曾子'吾日三省吾身'，虽然真切，但恐怕他还没有到'一以贯之'的境界。"

先生说："孔子见曾子还没有领会到用功的要领，所以才告诉他'一以贯之'的道理。学者要是真能在忠恕上用功，岂不就是'一以贯之'吗？'一'就像是树的根，'贯'就像是树的枝叶。没有树根，枝叶从哪里来？体和用同源，不存在体的时候，用从何而来？'朱熹说'曾子运用心，已经可以精确体察事情并且付诸实践了，只是他还不知道心的本体和作用是一体的'。这样说可能不全面吧。"

十九

【原文】

黄诚甫①问"汝与回也，孰愈"②章。

先生曰："子贡③多学而识，在闻见上用功，颜子在心地上用功，故圣人问以启之。而子贡所对又只在知见上，故圣人叹惜之，非许之也。"

【注释】

①黄诚甫：名宗贤，字诚甫，号致斋，宁波人，王阳明的学生。②汝与回也，孰愈：语出《论语·公治长》。③子贡：姓端木，名赐，字子贡，亦作子赣，春秋卫国人，孔子的弟子。能言善辩，长于经商。

【译文】

黄诚甫向先生请教"汝与回也，孰愈"这一章。

先生说："子贡知识渊博，把功夫用在见闻上。颜回在内心里下功夫，所以孔子用这一问题来启发他。但是子贡只在知识见闻上作了回答，所以孔子对此表示叹惜，而不是称赞他。"

二十

【原文】

"颜子不迁怒，不贰过①，亦是有'未发之中'始能。"

【注释】

①颜子不迁怒，不贰过：语出《论语·雍也》。意为颜回不迁怒于别人，

同样的错误不会犯两次。

【译文】

先生说："颜回不迁怒于别人，不会两次犯同样的错误，也只有'未发之中'的人能做到这样。"

二十一

【原文】

"种树者必培其根，种德者必养其心。欲树之长，必于始生时删其繁枝；欲德之盛，必于始学时去夫外好。如外好诗文，则精神日渐漏泄在诗文上去。凡百外好皆然。"

又曰："我此论学，是无中生有的功夫。诸公须要信得及，只是立志。学者一念为善之志，如树之种，但勿助勿忘，只管培植将去，自然日夜滋长，生气日完，枝叶日茂。树初生时，便抽繁枝，亦须刊落，然后根干能大。初学时亦然，故立志贵专一。"

【译文】

先生说："种树的人定会先栽培树根，培养德行的人定会先存养心性。想让树长高，一定会在开始的时候修剪掉多余的树枝；想让品德高尚，一定会在初学的时候除去对外物的爱好。比如爱好诗文，那么精神就会逐渐倾注到诗文上去。其余的爱好也都是这样。"

先生接着说："我这次讲学，讲的是无中生有的功夫。你们如果要相信，首先就要立志。学者的一点行善的念头，就好比种树，不揠苗助长，也不要把它忘记，只管去培育它，生长可任由它，这样自然会生机勃勃，枝叶也会日渐茂盛。树木刚开始生长的时候发出来的多余的枝，必须修剪，这样树的根和干才能粗壮。刚开始治学的时候也是这样，所以贵在立志专一。"

二十二

【原文】

因论先生之门，某人在涵养上用功，某人在识见上用功。

先生曰："专涵养者，日见其不足；专识见者，日见其有余。日不足者日有余矣，日有余者日不足矣。"

【译文】

谈及先生的弟子，发现某人把功夫下在修养身心上，某人则在知识见闻上用功。

先生说："专于身心修养的，会每天都看到自己的不足；专在知识见闻上用功的，会一天比一天觉得自己懂的东西多到有余。每天觉得自己不足的人，最终会一天比一天提高。而每天感到自己知识有余的人，会一天比一天不足。"

二十三

【原文】

梁日孚①问："居敬、穷理是两事②，先生以为一事，何如？"

先生曰："天地间只有此一事，安有两事？若论万殊，'礼仪三百，威仪三千'③，又何止两？公且道居敬是如何？穷理是如何？"

曰："居敬是存养功夫，穷理是穷事物之理。"

曰："存养个甚？"

曰："是存养此心之天理。"

曰："如此，亦只是穷理矣。"

曰："且道如何穷事物之理？"

曰："如事亲便要穷孝之理，事君便要穷忠之理。"

曰："忠与孝之理在君、亲身上？在自己心上？若在自己心上，亦只是穷此心之理矣。且道如何是敬？"

曰："只是主一。"

曰："如何是主一？"

曰："如读书，便一心在读书上，接事，便一心在接事上。"

曰："如此，则饮酒便一心在饮酒上，好色便一心在好色上，却是逐物，成甚居敬功夫！"

日孚请问。

曰："一者，天理。主一是一心在天理上。若只知主一，不知一即是理，有事时便是逐物，无事时便是着空。惟其有事无事，一心皆在天理上用功，所以居敬亦即是穷理。就穷理专一处说，便谓之居敬；就居敬精密处说，便谓之穷理。却不是居敬了，别有个心穷理，穷理时，别有个心居敬。名虽不同，功夫只是一事。就如《易》言'敬以直内，义以方外'④。敬即是无事时义，义即是有事时敬，两句合说一件。如孔子言'修己以敬'，即不须言义。孟子言'集义'，即不须言敬。会得时，横说竖说，功夫总是一般。若泥文逐句，不识本领，即支离决裂，功夫都无下落。"

问："穷理何以即是尽性？"

曰："心之体，性也，性即理也。穷仁之理，真要仁极仁；穷义之理，真要义极义。仁、义只是吾性。故穷理即是尽性。如孟子说'充其恻隐之心，至仁不可胜用'，这便是穷理功夫。"

日孚曰："先儒谓'一草一木亦皆有理，不可不察'，何如？"

先生曰："'夫我则不暇。'公且先去理会自己性情，须能尽人之性，然后能尽物之性。"

日孚悚然有悟。

【注释】

① 梁日孚：梁焯，字日孚，广东南海人。王阳明的弟子。② 居敬：居心恭敬；穷理，通晓事物之理。③ 礼仪三百，威仪三千：语出《中庸》"礼

仪三百，威仪三千，待其人而后行”。④ 敬以直内，义以方外：意为内心恭敬而正直，待人接物则要行为合乎正义。语出《周易·坤卦·文言》。

【译文】

梁日孚问："程朱学派把'居敬'与'穷理'当作两件事，而先生却把它们看成一件事，这是为什么呢？"

先生说："天地间仅仅就只有一件事，怎么会有两件事？如果谈到事物的千差万别，那么'礼仪三百，威仪三千'，又何止这两件事？你暂且说说认为的居敬是什么？穷理是什么？"

梁日孚说："居敬是存养内心的功夫，穷理是穷尽事物的道理。"

先生说："存养什么？"

梁日孚说："存养自己心中的天理。"

先生说："这样的话，也只是穷理罢了。"

先生接着说："再谈一谈如何去穷尽事物的道理？"

梁日孚说："例如，侍奉父母，就要穷尽孝道，供奉国君，就要穷尽忠的道理。"

先生说："是在国君、父母的身上有忠和孝的道理，还是在自己的心里？如果是在自己心里，那也只是要穷尽这种忠孝之心的道理。你再谈谈什么是敬吧。"

梁日孚说："敬，就是主一。"

先生问："什么是主一呢？"

梁日孚说："例如，读书便专心在读书上，碰到事情就便一心在处理事情上。"

先生说："照这种说法，喝酒便一心在喝酒上，好色就一心在好色上，也是所谓的主一了。但这些只是在追逐物欲，算什么居敬的功夫呢？"

梁日孚向先生请教如何做到主一。

先生说："我们所说的一就是天理，主一即一心一意在天理上。如果只知道主一，却不知道一就是天理，那么碰到事情就会追逐物欲，没有事情就会着意于虚空。只有全心都在天理之上下功夫，不管有没有碰到事情，这样居敬也是穷理。就穷理的专一而言，穷理就是居敬；就居敬的精密而言，居敬就是穷理。并非居敬后，又有一个心去穷理，穷理时，又有一个心去居敬。名称虽然不同，功夫其实像《易经》中说的'敬以直内，义以方外'，都只是一回事。无事时敬就是义，有事时义就是敬，说的是同一回事。正如孔子所说'修己以敬'，就不必再说义了；孟子说'集义'，就不必再说敬了。体会到了这个以后，横说竖说，功夫都是一样的。如果执着于文句，不了解根本，只会弄得支离破碎，使功夫都没有着落。"

梁日孚问："为什么穷理就是尽性呢？"

先生说："天性是心的本体，天性就是理。穷尽仁的道理，直到仁成为至仁；穷尽义的道理，直到义成为至义。仁与义，都是天性，所以穷理就是尽性。正如孟子所说'充其恻隐之心，至仁不可胜用'，就是穷理的功夫。"

梁日孚说："先儒说'一草一木亦皆有理，不可不察'，这句话怎么样？"

先生说："孔子说'夫我则不暇'。您姑且先去修养自己的品性情操，只需穷尽了人之本性，然后就能够穷尽万物的本性。"

梁日孚因此警醒而有所感悟。

二十四

【原文】

惟乾问："知如何是心之本体？"

先生曰："知是理之灵处。就其主宰处说便谓之心，就其禀赋处说便谓之性。孩提^①之童，无不知爱其亲，无不知敬其兄，只是这个灵能不为私欲遮隔，充拓得尽，便完完是他本体，便与天地合德。自圣人以下，不能无蔽，故须格物以致其知。"

【注释】

① 孩提：指儿童。

【译文】

惟乾问："为什么知是心的本体？"

先生说："知是天理的灵妙之处。就它的主宰处来说，叫作心，从它的先天禀赋来说，叫作性。儿童还是小孩的时候，都懂得爱自己的父母、尊敬自己的兄长。只要这种天性不因为私欲而隔断，得到充分发挥，便完完全全是心的本体，就和天理合德了。圣人之下的普通人，没有不被私欲所蒙蔽的，所以需要格物来获取知识。"

二十五

【原文】

守衡问："大学功夫只是诚意，诚意功夫只是格物，修、齐、治、平，只诚意尽矣，又有正心之功，'有所忿懥好乐，则不得其正'，何也？"

先生曰："此要自思得之。知此则知未发之中矣。"

守衡再三请。

曰："为学功夫有浅深，初时若不着实用意去好善恶恶，如何能为善去恶？这着实用意便是诚意。然不知心之本体原无一物，一向着意去好善恶恶，便又多了这分意思，便不是廓然大公。《书》所谓'无有作好作恶'，方是本体。所以说'有所忿懥好乐，则不得其正'。正心只是诚意功夫里面体当自家心体，常要鉴空衡平①，这便是未发之中。"

【注释】

① 鉴空衡平：语出朱熹《大学或问》"人之一心，湛然虚明，如鉴之空，如衡之平，以为一身之主者，固其真体之本然"。鉴，镜子。衡，秤杆。此

语以镜之空、秤之平比喻心体的清明中正。

【译文】

守衡问："《大学》中的功夫讲的是诚意，而诚意的功夫是格物，修身、齐家、治国、平天下，诚意到达就足够了。可是《大学》中又还有正心的功夫，说'如果有愤恨喜乐，心就不能中正'，这是为什么？"

先生说："这需要你自己思考才能明白。知道了这个你就懂得未发之中了。"

守衡再三地请教先生。

先生说："治学的功夫有深浅的区别，开头如果不用心去好善憎恶，如何能做到为善除恶呢？这里的用心就是诚意。但是如果不明白心的本体原本就是纯净无物的，一直执着地去刻意好善憎恶，便又会多了一份执着刻意，便不是廓然大公了。《尚书》中说'不故意去伪善作恶'，才是心的本体。所以说，'有所忿懥好乐，心就不能中正'。正心就是要经常使心像镜子一样空明，像秤杆一样平衡，从诚意功夫上体察它。这便是未发之中了。"

二十六

【原文】

正之 ① 问曰："戒惧是己所不知时功夫，慎独是己所独知时功夫，此说如何？"

先生曰："只是一个功夫，无事时固是独知，有事时亦是独知。人若不知于此独知之地用力，只在人所共知处用功，便是作伪，便是'见君子而后厌然'。 ② 此独知处便是诚的萌芽。此处不论善念恶念，更无虚假，一是百是，一错百错。正是王霸、义利、诚伪、善恶界头。于此一立立定，便是端本澄源，便是立诚。古人许多诚身的功夫，精神命脉，全体只在此处，真是莫见莫显，无时无处，无终无始，只是此个功夫。今若又分戒惧为己所不知，即功夫便支离，亦有间断。既戒惧即是知。己若不知，是谁戒惧？如此见解，便要流入断灭禅定。"

曰："不论善念恶念，更无虚假，则独知之地，更无无念时邪？"

曰："戒惧亦是念。戒惧之念，无时可息。若戒惧之心稍有不存，不是昏聩，便已流入恶念。自朝至暮，自少至老，若要无念，即是己不知，此除是昏睡，除是槁木死灰。"

【注释】

①正之：黄弘纲（1492~1561），字正之，号洛村，江西人，官至刑部主事，王阳明的学生。②见君子而后厌然：意为见到君子后掩饰自己的恶行。语出《大学》："小人闲居为不善，无所不至，见君子而后厌然，掩其不善而著其善。"

【译文】

正之问："戒惧是自己不知晓时的功夫，慎独是自己一个人思考时的功夫，这种说法您怎么看？"

先生说："都只不过是一个功夫，没有遇到事情时固然是一个人知晓，遇到事情的时候也应当独立思考。人们如果只知道在人人都懂的地方用功，而不知道在应该独立思考的地方用功，便是做假，就好像是《大学》中所说的'见君子而后厌然'。在独立思考的地方下功夫便是诚意的萌芽。这里没有一丝虚假的地方，不管是善念还是恶念，一对百对，一错百错。这就是王道与霸道、义与利、真诚与虚伪、善与恶的区别所在。能在此立住脚跟，便是正本清源，便是坚定诚意。古人许多诚身的功夫，精神命脉，全都只在这个地方，真是无处不显，无时不在，贯穿始终，只是这个功夫而已。现在又把'戒惧'分出来，认为是自己不知道的功夫，就会使功夫支离破碎，中间也会有断隔。如果自己并不知道，那是谁在戒惧呢？戒惧也是自己知道知的功夫。这类见解，会沦入佛教的断灭禅定中去。"

正之说："不管善念恶念，都没有虚假，那么，自己独处时，就没有念的时候了吗？"

先生说："戒惧也是念。戒惧的念头，从来不会停止，如果不存在戒惧的念头，人就会变得糊涂，就会被恶念侵袭。从早上到晚上，从年少到老时，若是没有意念，就相当于没有知觉。这样，不是在昏睡中，就是形同槁木，心如死灰。"

二十七

【原文】

志道①问："荀子云'养心莫善于诚'②，先儒非之，何也？"

先生曰："此亦未可便以为非。'诚'字有以功夫说者。诚是心之本体，求复其本体，便是思诚的功夫。明道说'以诚敬存之'③，亦是此意。《大学》：'欲正其心，先诚其意。'荀子之言固多病，然不可一例吹毛求疵。大凡看人言语，若先有个意见，便有过当处。'为富不仁'之言，孟子有取于阳虎④，此便见圣贤大公之心。"

【注释】

①志道：姓管，字登之，号东溟，江苏太仓人，王阳明门人耿定的弟子。②养心莫善于诚：意为养心最好的办法是思诚。语出《荀子·不苟》。③以诚敬存之：语出《河南程氏遗书》"学者须先识仁。仁者浑然与物同体，义礼知信，皆仁也。识得此理，以诚敬存之而已。不须防检，不须穷索"。④孟子有取于阳虎：指孟子在谈话中引用阳虎的话。语出《孟子·滕文公上》"阳虎曰：'为富不仁矣，为仁不富矣。'"阳虎，春秋晚期鲁国人，正卿季氏的家臣，曾挟持季氏专政鲁国，后因失败而流亡。

【译文】

志道问："荀子说'养心莫善于诚'，程颐先生否定了他的说法，为什么呢？"

先生说："也不能就认为这句话是错的。'诚'字有从功夫上来说的。诚是心的本体，想要恢复心的本体，就是思诚的功夫。程颢先生说：'以诚敬养之'，也是这个意思。《大学》中也有'欲正其心，先诚其意'。荀子的话虽然有很多毛病，但也不能对他一味地吹毛求疵。如果看待别人的学说，事先有偏见存在，就会有不妥的地方。'为富不仁'这句话，是孟子引用的阳虎的原话，可见圣贤大公的心。"

二十八

【原文】

萧惠①问："己私难克，奈何？"

先生曰："将汝己私来替汝克②。"

又曰："人顶有为己之心，方能克己，能克己，方能成己。"

萧惠曰："惠亦颇有为己之心，不知缘何不能克己？"

先生曰："且说汝有为己之心是如何？"

惠良久曰："惠亦一心要做好人，便自谓颇有为己之心。今思之，看来亦只是为得个躯壳的己，不曾为个真己。"

先生曰："真己何曾离着躯壳？恐汝连那躯壳的己也不曾为。且道汝所谓躯壳的己，岂不是耳、目、口、鼻、四肢？"

惠曰："正是为此。目便要色，耳便要声，口便要味，四肢便要逸乐，所以不能克。"

先生曰："'美色令人目盲，美声令人耳聋，美味令人口爽，驰骋田猎令人发狂③。'这都是害汝耳、目、口、鼻、四肢的，岂得是为汝耳、目、口、鼻、四肢？若为着耳、目、口、鼻、四肢时，便须思量耳如何听，目如何视，口如何言，四肢如何动。必须非礼勿视、听、言、动④，方才成得个耳、目、口、鼻、四肢，这个才是为著耳、目、口、鼻、四肢。汝今终日向外驰求，为名、为利，这都是为着躯壳外面的物事。汝若为着耳、目、口、鼻、四肢，要非礼勿视、听、言、动时，岂是汝之耳、目、口、鼻、四肢自能勿视、听、言、动？须由汝心。这视、听、言、动皆是汝心。汝心之动发窍于目，汝心之听发窍于耳，汝心之言发窍于口，汝心之动发窍于四肢。若无汝心，便无耳、目、口、鼻、四肢。所谓汝心，亦不专是那一团血肉。若是那一团血肉，如今已死的人，那一团血肉还在，缘何不能视、听、言、动？所谓汝心，却是那能视、听、言、动的，这个便是性，便是天理。有这个性，才能生这性之生理，便谓之仁。这性之生理，发在目便会视，发在耳便会听，发在口便会言，发在四肢便会动，都只是那天理发生，以其主宰一身，故谓之心。这心之本体，原只是个天理，原无非礼。这个便是汝之真己，这个真己是躯壳的主宰。若无真己，便无躯壳。真是有之即生，无之即死。汝若真为那个躯壳的己，必须用着这个真己，便须常常保守着这个真己的本体，戒慎不睹，恐惧不闻，惟恐亏损了他一些。才有一毫非礼萌动，便如刀割，如针刺，忍耐不过，必须去了刀，拔了针。这才是有为己之心，力能克己。汝今正是认贼作子，缘何却说有为己之心不能克己？"

【注释】

①萧惠：王阳明的弟子，生平不详。②替汝克：据《景德传灯录》记载，禅宗二祖神光师从达摩老祖之初，曾对达摩说："我心未安，请师安心。"达摩说："将心来，与汝安。"③"美色令人目盲"四句：语出《老子》"五色令人目盲，五音令人耳聋，五味令人口爽，驰骋畋猎令人发狂"。意为过度的感官享受有损人的健康。爽，败坏，在此指味觉有失误。④非礼勿视、听、言、动：语出《论语·颜渊》："子曰：'非礼勿视，非礼勿听，非礼勿言，非礼勿动。'"

【译文】

萧惠问："自己的私欲难以除去，该拿它怎么办？"

先生说："说出你的私欲来，我帮你把它除去。"接着说："人需有为自己考虑的心才能够克制自己，能够克制自己，才能让自己有所成就。"

萧惠说："我也很有为自己着想的心，但是不知为何总是不能克制自己，除去私欲？"

先生说："暂且说说你为自己着想的心是什么样的？"

萧惠过了很久才说："我一心想要成为好人，就自以为很有为自己着想的心。现在看来，我并非为真正的自己着想，而只是为自己的空躯壳着想。"

先生说："真正的自己何时会离开人的躯壳？恐怕你为自己的躯壳都不曾着想过。你所说的自己的躯壳，岂不就是指耳朵、眼睛、嘴巴、鼻子、四肢吗？"

萧惠说："正是这些。眼睛需要美色，耳朵需要声音，嘴巴需要美味，四肢需要安逸，这些私欲无法克制。"

先生说："美色会让人眼睛盲目，美声会使人耳朵发聩，美味会败坏人的口味，骑马狩猎则会使人发狂。这些都是损害你的耳目口鼻和四肢的，哪里是为了它们着想？如果真是为耳目口鼻和四肢着想，就应该考虑耳朵该怎么听，眼睛该怎么看，嘴巴该吃什么，四肢该怎么运动。必须'非礼勿视，非礼勿听，非礼勿言，非礼勿动'，才能满足耳目口鼻和四肢的需要，才真正是为了自己的耳目口鼻和四肢着想。如今，你成天向外去寻求名、利，这些只是为了你躯体外面的东西。如果你只是为了耳目口鼻和四肢，便不看、不听、不说、不做违背礼仪的事情，难道你的耳目口鼻和四肢会自动不看、不听、不说、不做吗？必须是你的心决定。你的心用眼睛看，用耳朵听，用嘴巴说，用四肢运动而已。如果没有你的心，也就没有你的耳目口鼻和四肢。但是你的心，也不单指身体里的那一团血肉。如果单单是指那一团血肉，死去的人也还有那一团血肉在，为何他们却不能看、听、说、动呢？你的心，指的是那颗能指挥你看、听、说、动的心，就是天性，也就是天理。有了这个性，才有了这性生生不息的道理，也就是仁。这性的生生之理，在眼睛上表现出来就是看，在耳朵上表现出来就是听，在嘴巴上表现就是说，在四肢上表现就是运动，这些都只不过是天理发生作用。因为天理主宰着全部的身体，所以叫作心。这心的本体，原本只是一个天理，原本就不会违背天理。这就是你的真实的自己，这个真实的自己是躯壳的主宰。如果没有真正的自己，躯体也不存在。有了真实的自己就有了生命，没有真实的自己就会死掉。你如果真的为了自己的躯壳，就必须用这个真正的自己，时时刻刻都坚守这个自己的本体。做到戒慎于不视，恐惧于不闻，害怕对这个真我的本体有一丝损伤。违背礼仪的意念稍有萌动，就会像刀割针刺，自己不能忍受。必须去了刀、拔了针，这样才算是有为自己着想的心，才能克制私欲。你现在正是认贼为子，为什么要说成是有了替自己着想的心，却不能够克制自己呢？"

二十九

【原文】

有一学者病目，戚戚甚忧，先生曰："尔乃贵目贱心。"

【译文】

有一个学者患了眼病，忧虑难当，先生说："你这是珍视眼睛，轻视本心。"

三十

【原文】

萧惠好仙、释。

先生警之曰："吾亦自幼笃志二氏，自谓既有所得，谓儒者为不足学。其后居夷三载，见得圣人之学若是其简易广大，始自叹悔错用了三十年气力。大抵二氏之学，其妙与圣人只有毫厘之间。汝今所学，乃其土苴，辄自信自好若此，真鸱鸮窃腐鼠耳。"

惠请问二氏之妙。

先生曰："向汝说圣人之学简易广大，汝却不问我悟的，只问我悔的。"

惠惭谢，请问圣人之学。

先生曰："汝今只是了人事问，待汝辨个真要求为圣人的心，来与汝说。"

惠再三请。

先生曰："已与汝一句道尽，汝尚自不会！"

【译文】

萧惠喜好道教和佛教。

先生告诫他说："我也自幼深信在佛、道两教的学说，自以为颇有收获，觉得儒家学说根本就不值得学习。但在后来我在贵州的龙场待了三年，发现孔子的学问是如此的简易博大，这个时候才开始感叹，后悔枉花了自己三十年的功夫和时间。大致上来说，佛道两家的精妙之处和圣人的学说只有毫厘之差。你现在学习到的不过是佛道两家的糟粕，就已经自信、自我欣赏到这种地步，有点像猫头鹰逮到了一只腐鼠一样。"

萧惠便向先生请教佛道两家的精华所在。

先生说："我刚跟你说了，圣人的学说简易广大，你却不问我领悟到的圣学，只问我觉得后悔的部分。"

萧惠惭愧地道了歉，并且再请教圣人的学说。

先生说："你现在只是为了敷衍了事才问我的，等你真正有了求圣的心的时候，我再来告诉你。"

萧惠又再三请教先生。

先生说："已经用一句话全都告诉过你了，你自己还不明白！"

三十一

【原文】

刘观时[①]问："'未发之中'是如何？"

先生曰："汝但戒慎不睹，恐惧不闻，养得此心纯是天理，便自然见。"

观时请略示气象。

先生曰："哑子吃苦瓜，与你说不得。你要知此苦，还须你自吃。"

时曰仁在傍，曰："如此才是真知，即是行矣。"

一时在座诸友皆有省。

【注释】

① 刘观时：湖南常德人，王阳明的弟子。

【译文】

刘观时问："'未发之中'指的是什么？"

先生说："你只要戒慎不睹，恐惧不闻，存养本心纯然为天理，就自然能领会到。"

刘观时请先生大概讲一下"未发之中"的表象。

先生说："哑巴吃苦瓜，跟你说不出。如果你想要品味这种苦味，还须你自己去吃才行。"

这时徐爱在旁边，说："真正的认识就是这样的，同时也是实践。"

顿时在座的人都有所领悟。

三十二

【原文】

萧惠问死生之道。

先生曰："知昼夜即知死生。"

问昼夜之道。

曰："知昼则知夜。"

曰："昼亦有所不知乎？"

先生曰："汝能知昼？懵懵而兴，蠢蠢而食，行不着，习不察，终日昏昏，只是梦昼。惟'息有养，瞬有存'①，此心惺惺明明，天理无一息间断，才是能知昼。这便是天德，便是通乎昼夜之道而知 ②，更有甚么死生？"

【注释】

①息有养，瞬有存：意为瞬息之间都不要间断存养的功夫。语出张载《张子全书》。②"通乎"句：意为通晓了昼夜阴阳的变化规律就会明白天地宇宙的运动规律。语出《易经·系辞上》。

【译文】

萧惠向先生请教生死的道理。

先生说："知道昼夜，就知道了生死。"

萧惠又请教昼夜的道理。

先生说："懂得了白天，就懂得了黑夜。"

萧惠说："还有人会不懂得白天吗？"

先生说："你能知道白昼吗？迷迷糊糊地起床，傻傻地吃饭，不明白为什么开始，习惯后也不知道为什么会是这样，全天的昏昏沉沉，只是像在做白日梦。只有时时不忘存养的功夫，使心变得清醒明白，天理也没有片刻的中断，才能算是知道白天了。这就是天理，就是通晓了白天夜晚的道理，还会有什么生死之事弄不明白的呢？"

三十三

【原文】

马子莘 ① 问："'修道之教'，旧说谓圣人品节吾性之固有 ②，以为法于天下，若礼、乐、刑、政之属。此意如何？"

先生曰："道即性即命。本是完完全全，增减不得，不假修饰的。何须要圣人品节？却是不完全的物件。礼、乐、刑、政是治天下之法，固亦可谓之教，但不是子思本旨。若如先儒之说，下面由教入道的，缘何舍了圣人礼、乐、刑、政之教，别说出一段'戒慎恐惧'功夫？却是圣人之教为虚设矣。"

子莘请问。

先生曰："子思性、道、教皆从本原上说。天命于人，则命便谓之性；率性而行，则性便谓之道；修道而学，则道便谓之教。率性是'诚者'事。所谓'自诚明，谓之性'也。修道是'诚之者'事。所谓"自明诚，谓之教'③也。圣人率性而行即是道。圣人以下未能率性，于道未免有过不及，故须修道。修道则贤知者不得而过，愚不肖者不得而不及，都要循着这个道，则道便是个教。此'教'字与'天道至教'④、'风雨霜露，无非教也'⑤之'教'同。'修道'字与'修道以仁'⑥同。人能修道，然后能不违于道，以复其性之本体，则亦是圣人率性之道矣。下面'戒慎恐惧'便是修道的功夫，'中和'便是复其性之本体。如《易》所谓'穷理尽性以至于命'⑦，'中和''位育'，便是尽性至命。"

【注释】

①马子莘：马明衡，字子莘，福建莆田人，官至御史，王阳明的弟子。②"旧说"句：指朱熹对"修道之教"的解释。语出朱熹《中庸集注》："修，品节之也。性道虽同，而气禀或异，故不能无过、不及之差。圣人因人物之所当行者而品节之，以为法于天下，则谓之教，若礼、乐、刑、政之属也。"品节之，按素质而加以评价，并规定什么是人应该做的。③自诚明，谓之性；自明诚，谓之教：意为由于天生具有道德觉悟而有道德认识，这是圣人本性所固有的，是尽心知性；由于有了道德认识而产生道德觉悟，是贤人受教化的结果，是存心养性。语出《中庸》："自诚明，谓之性。自明诚，谓之教。诚则明矣，明则诚矣。"④天道至教：意为天道就是至高无上的教化。语出《礼记·礼器》："天道圣教，圣人至德。"⑤风雨霜露，无非教也：意为天象的变化都是教化。语出《礼记·孔子闲居》。⑥修道以仁：意为修养道德要依靠仁。语出《中庸》。⑦"穷理"句：意为《周易》可以穷究推理、通晓人性、渗透天命。语出《易经·说卦传》。

【译文】

马子莘问："按着往日朱熹的说法，'修道之教'，是圣人按照我们人性中固有的道做出的评价和规定，以此让天下人效仿，就像礼、乐、刑、政等。这样认识对吗？"

先生说："道就是性，就是命。原本就是完完整整，不能够有所增减，也无须修饰的。何需圣人来评价而节制？只有那些不完整的事物才需要评价和规定。礼、乐、刑、政是治理天下的法则，固然也可以叫作教，但并非子思所说的本意。按照朱熹先生的说法，那些中下资质的人通过教化领悟圣道，为何另外说出一段'戒慎恐惧'的功夫来，而舍弃了圣人的礼、乐、刑、政等教化？难道只是把圣人的教化当作一种摆设了吗？"

子莘继续向先生请教。

先生说："子思的性、道、教都是从本质上说的。天命体现在人身上，那么命就叫作性；跟随着人性去行动，那么性就叫作道；修养圣道而去学习，那么道就叫作教。率性而为，是'诚意'的人做的事，就是《中庸》中所谓的'自明诚，谓之性'。修养圣道也是那些'诚意'的人的事，就是《中庸》中所谓的'自明诚，谓之教'。圣人按照自己的天性行动就是修养圣道。而普通人不能完全依照自己的天性行动，在圣道上未免会有过分或欠缺的地方，因此必须修养圣道。贤明的人修养圣道就不会做过分，才智愚钝的人也不会有欠缺。这里的圣道便是教的意思。这个'教'与'天道至教''风雨霜露，无非教也'中的'教'意思相同。'修道'与'修道以仁'中的'修道'也相同。人能修养圣道，而后不违背圣道，以恢复天性的本体，也就等同于圣人遵照天性行动。后面所说的'戒慎恐惧'就是修道的功夫，'中和'就是恢复天性的本体。正如《易经》所说'穷理尽性以至于命'，'中和''位育'，就是尽性，充分发挥天性，全然照天命行事。"

三十四

【原文】

黄诚甫问："先儒以孔子告颜渊为邦①之问，是立万世常行之道②，如何？"

先生曰："颜子具体圣人，其于为邦的大本大原都已完备。夫子平日知之已深，到此都不必言，只就制度文为上说。此等处亦不可忽略。须要是如此方尽善。又不可因自己本领是当了，便于防范上疏阔，须是要'放郑声，远佞人'。盖颜子是个克己向里、德上用心的人，孔子恐其外面末节或有疏略，故就他不足处帮补说。若在他人，须告以'为政在人，取人以身，修身以道，修道以仁'，'达道'，'九经'及'诚身'许多功夫，方始做得。这个方是万世常行之道。不然只去行了夏时，乘了殷辂，服了周冕，作了《韶》《武》，天下便治得？后人但见颜子是孔门第一人，又问个为邦，便把做天大事看了。"

【注释】

①孔子告颜渊为邦：典出《论语·卫灵公》："颜渊问为邦。子曰：'行夏之时，乘殷之辂，服周之冕，乐则《韶》《武》。放郑声，远佞人，郑声淫，佞人殆。'"朱熹认为，孔子所言，是从先王之礼中总结出来的万世常行之道。②万世常行之道：朱熹《论语集注》引程颐言"盖三代之制，皆因时损益。及其久也，不能无弊。周衰，圣人不作。故孔子斟酌先王之礼，立万世常行之道，发此以为之兆尔"。

【译文】

黄诚甫问："朱熹把孔子教导颜回治国的方法当作是后代万世治国的根本原则，这个看法对吗？"

先生说："颜回领悟了孔子学说的大概，几乎具备了圣人的条件。他对治国的方针策略都已经掌握。平日里孔子对他了解很深，所以这些方面没有必要多说，只需在典章制度上谈一谈。因为这方面也不能忽略。必须讲到这些才能是算完善。不能因为自己的本领已经到了恰当的地方，便疏忽了防范克制，仍须'杜绝郑国的靡靡之音，远离奉承的小人'。颜回可能是一个在内心严于律己、注意在德行上用功的人，孔子只怕他忽略了外面的细枝末节，所以就在他容易疏忽的地方加以补充。如果是对其他人，孔子定会教他'为政在人，取人以道，修身以道，修道以仁'，'达道''九经'以及'诚身'等才能治理好国家。因为这些才是万代常行的治国原则。要不然只是去推行夏朝历法，乘坐商朝辂车，穿上周朝服饰，听了《韶》《武》等礼乐，天下怎么可能就会治理好？"后人们只看到了颜回是孔子的第一门生，又问了个治国安邦的问题，便把孔子的这个回答当作天大的准则看待了。"

卷中

钱德洪序

【原文】

德洪曰：昔南元善①刻《传习录》于越，凡二册。下册摘录先师手书，凡八篇。其答徐成之②二书，吾师自谓："天下是朱非陆，论定既久，一旦反之为难，二书姑为调停两可之说，便人自思得之。③"故元善录为下册之首者，意亦以是欤！今朱、陆之辨明于天下久矣。洪刻先师《文录》，置二书于《外集》者，示未全也，故今不复录。

其余指知行之本体，莫详于答人论学④与答周道通、陆清伯、欧阳崇一四书。而谓格物为学者用力日可见之地，莫详于答罗整庵⑤一书。平生冒天下之非诋推陷，万死一生，遑遑然不忘讲学，惟恐吾人不闻斯道，流于功利机智，以日堕于夷狄禽兽，而不觉其一体同物之心，终身，至于毙而后已。此孔、孟以来贤圣苦心，虽门人子弗未足以慰其情也。是情也，莫详于答聂文蔚⑥之第一书。此皆仍元善所录之旧。而揭"必有事焉"即"致良知"功夫，明白简切，使人言下即得入手，此又莫详于答文蔚之第二书，故增录之。

元善当时汹汹，乃能以身明斯道，卒至遭奸被斥，油油然惟以此生得闻斯学为庆，而绝无有纤芥忿郁不平之气。斯录之刻，人见其有功于同志甚大，而不知其虑时之甚艰也。今所去取，裁之时义则然，非忍有所加损于其间也。

【注释】

①南元善（1487~1541）：名大吉，字元善，号瑞泉，陕西渭南人。官至户部郎中、知府，王阳明的学生，曾刊刻《传习录》。因支持王学被罢官后，归陕讲学，致力于王学的传播。②徐成之：人名，余不详。③"吾师自谓"

两句：语出《王阳明全集》卷二十一《答徐成之》。南宋淳熙二年（1175），在信州（今江西上饶）鹅湖寺，朱熹与陆九渊进行了一次学术辩论，陆讥朱为支离，朱讥陆为空渺。朱陆门户之争历数百年，阳明之前，朱派一直占上风。④答人论学：即《答顾东桥书》。顾东桥，字华玉，号东桥，江苏江宁人，进士，官至南京刑部尚书，王阳明友人。少有才，工诗文。⑤罗整庵：名钦顺，字允升，号整庵，江西泰和人，进士，官至南京吏部尚书，后辞官归家，潜心学问。早年笃信佛学，后崇举儒学，著有《困知记》等。⑥聂文蔚：名豹，字文蔚，号双江，江西永丰人，进士，官至太子太保，曾会晤王阳明，后以王门弟子自称，著有《困辩录》等。

【译文】

　　德洪说：过去，南元善在浙江绍兴刻录《传习录》，共上下两册，下册是先生的八封书信。其中《答徐成之》有两篇，我们先生自己说："世人褒朱熹而贬陆九渊的定论已经许久了，一旦要把这种定论推翻十分困难，这两封信可以说是能够调停两家的说法，使得人们思考，从而得出准确的结果。"所以下册的开头就是这两封信，南元善的用意也是这个！到今天，人们对于朱、陆两家的争辩已经很熟悉了。我对先生的《文录》进行刻录的时候，在《外集》中放了这两封书信，意图是想表明书信并不能完全反映先生的观点，所以在这里便没有再收录了。

　　其余，谈到知行的本体，没有比《答顾东桥书》与《答周道通书》《答陆清伯书》《答欧阳崇书》这四封书信更详尽的了。而论述格物应为学者日常所下的功夫，最详细的是《答罗整庵》这封信。先生平生冒着世人的否定、诋毁和诬陷，九死一生，虽遑然无定，但仍时刻不忘讲学，只怕我们这些人不懂得他的学说，而流于为追逐功名利禄而巧用心智，最后有一天堕落到和夷狄禽兽一般，而不能发现先生一辈子都在兢兢业业地追求与天地万物同心，至死方休。这也是孔、孟以来圣贤们的苦心，虽然门人子弟们并不能够宽慰他们的至情。这种至情，在《答聂文蔚》的一信中写得最详尽。这些都是南元善以前刻录过的信。而详尽揭示孟子所说的"必有事焉"就是"致良知"的信，则莫过于先生的《答聂文蔚》的第二封信，它明白简易，使人听了就能入门，所以我也把它增录了进来。

南元善当时慷慨激昂，能够以身犯险，讲授阳明学说，以至遭到奸邪排斥，但他仍旧欣然因平生能学到王阳明先生的学说而庆幸，在心中全没有丝毫郁闷不平。他刻录《传习录》，世人只看见了这本书对大家有很大的作用，而不知道他当时处境的艰难。现在我对《传习录》进行增删，并非忍心对他的刻录有所损害，而只是出于对目前情况的考虑。

答顾东桥书

一

【原文】

来书云："近时学者，务外遗内，博而寡要。故先生特倡'诚意'一义①，针砭膏肓，诚大惠也！"

吾子洞见时弊如此矣，亦将同以救之乎？然则鄙人之心，吾子固已一句道尽，复何言哉？复何言哉！若"诚意"之说，自是圣门教人用功第一义，但近世学者乃作第二义看，故稍与提掇紧要出来，非鄙人所能特倡也。

【注释】

①"故先生"一句：王阳明早期曾强调"诚意"的重要性，他所著的《大学古本序》第一句就是"《大学》之要，诚意而已也矣"。

【译文】

来信写道："近代的学者，注重外在的知识积累而忽视了内在本心的存养，知识广博却遗漏了关键所在。所以先生特意提倡'诚意'，以针砭时弊，这实在是很大的恩德呀！"

你对时弊洞若观火，那你又打算如何去拯救呢？我的思想观点，你的几句话都已经把它说明白了，我能再说什么？我能说什么呢！"诚意"的学说，原本是孔门教人用功的第一要义，但近代学者却把它当作次要看待，所以并非是我本人的首倡，我只是稍稍把它的重要性提示出来。

二

【原文】

来书云："但恐立说太高，用功太捷，后生师传，影响谬误，未免坠于佛氏明心见性①、定慧顿悟②之机，无怪闻者见疑。"

区区格、致、诚、正之说，是就学者本心日用事为间，体究践履，实地用功，是多少次第、多少积累在！正与空虚顿悟之说相反。闻者本无求为圣人之志，又未尝讲突其详，遂以见疑，亦无足怪。若吾子之高明，自当一语之下便了然矣，乃亦谓"立说太高，用功太捷"，何邪？

【注释】

①明心见性：佛教禅宗的主张，意为让自己心底清澈明亮，待看见自己的真性，就可以成佛，而无须于文字上抠求。②定慧顿悟：定慧，佛教的修养功夫，指禅定与智慧。除去心中的杂念为定，明了事物的道理为慧。顿悟，意为突然之间明白了困惑已久的佛理，一悟成佛。与儒家的"困知"相对。

【译文】

你来信说："担心先生的学说立论太高，而学生们用功时又过于简单，难免会产生谬误，就容易陷入佛教中的明心见性、定慧顿悟，这就难怪世人会对先生的学说产生怀疑。"

这些格物、致知、诚意、正心的学说，是就学者的本心而言，学者的本心需在日常事物中体察、探究、实践、落实，实实在在用功，这期间分很多阶段、也有很多积累！它和佛教的定慧顿悟的说法正好相反。听到我的学说的人自己可能没有圣人的志向，加上又没有详细研究过我的学说，所以有些疑惑，也不足为怪。但是凭你的聪明，对我的学说应该是一点就明，为什么也要说"立说太高，用功太捷"呢？

三

【原文】

来书云："所喻知行并进，不宜分别前后，即《中庸》'尊德性而道问学'之功交养互发，内外本末一以贯之之道。然功夫次第，不能无先后之差，如知食乃食，知汤乃饮，知衣乃服，知路乃行。未有不见是物先有是事。此亦毫厘倏忽之间，非谓截然有等，今日知之而明日乃行也。"

既云"交养互发，内外本末一以贯之"，则知行并进之说无复可疑矣，又云"功夫次第，不能无先后之差"，无乃自相矛盾已乎？"知食乃食"等说，此尤明白易见。但吾子为近闻①障蔽，自不察耳。夫人必有欲食之心，然后知食，欲食之心即是意，即是行之始矣。食味之美恶，必待入口而后知，岂有不待入口而已先知食味之美恶者邪？必有欲行之心，然后知路，欲行之心即是意，即是行之始矣。路岐之险夷，必待身亲履历而后知，岂有不待身亲履历而已先知路岐之险夷者邪？"知汤乃饮，知衣乃服"，以此例之，皆无可疑。若如吾子之喻，是乃所谓"不见是物而先有是事"者矣。吾子又谓"此亦毫厘倏忽之间，非谓截然有等，今日知之而明日乃行也"，是亦察之尚有未精。然就如吾子之说，则知行之为合一并进，亦自断无可疑矣。

【注释】

① 近闻：指朱熹的知先行后的观点。

【译文】

你来信说："你说知行应该同时进行，不应该区分先后，也就是《中庸》中的'尊德行而道问学'，两种功夫互相存养，互相促进，内外本末，不能分割，只能一以贯之。但是修行功夫不可能没有先后阶段的区别，就像知道是食物才吃，知道是汤水才喝，知道是衣服才穿，知道是路才在上面走。不可能还没见到是什么东西就先行事的。当然，在先后的顺序间也只是瞬间，并非有截然的区分，不会是今天知道了这件事，明天才去行事。"

你既然已经说"交养互发，内外本末一以贯之"了，就应知道知行并举的说法，根本就不用再去怀疑了又还说"功夫次第，不能无先后之差"，这不是已经自相矛盾了吗？"知食乃食"等说法，尤其明白易见。但是你被朱熹先生的观点所蒙蔽，自己还没有察觉而已。人一定是先有想吃东西的心，之后才会去认识食物，想吃食物的心就是意，也是行动的开端。而食物味道的好坏，必须等到入口才能知道，难道在还没有入口之前就会预先知道食物味道的好坏的吗？必定是先有走路的想法，之后才会去认识路，想走路的心就是意，也就是走路的开端。而路途的坦荡或是险峻，也须等亲自去经历过之后才会知道，难道在还没有亲自走过就预先已经知道路途是坦荡或险峻的吗？"知汤乃饮，知衣乃服"，也跟吃食、行路一样，没有什么可以怀疑的。如果像你所说的，就是所谓的"不见是物而先有事"了。你又说"此亦毫厘倏忽之间，非谓截然有等，今日知之而明日乃行也"，也只是因为你洞察得还不够精确罢了。但是，即使像你所说的那样，知行并举也是完全没有什么可以怀疑的了。

四

【原文】

来书云："真知即所以为行，不行不足谓之知。此为学者吃紧立教，俾务躬行则可。若真谓行即是知，恐其专求本心，遂遗物理，必有暗而不达之处，抑岂圣门知行并进之成法哉？"

知之真切笃实处即是行，行之明觉精察处即是知。知行功夫本不可离，只为后世学者分作两截用功，先却知行本体，故有合一并进之说。真知即所以为行，不行不足谓之知。即如来书所云"知食乃食"等说可见，前已略言之矣。此虽吃紧救弊而发，然知行之体本来如是，非以己意抑扬其间，姑为是说，以苟一时之效者也。

专求本心，遂遗物理，此盖失其本心者也。夫物理不外于吾心，外吾心而求物理，无物理矣；遗物理而求吾心，吾心又何物邪？心之体，性也，性即理也。故有孝亲之心即有孝之理，无孝亲之心即无孝之理矣；有忠君之心，即有忠之理，无忠君之心，即无忠之理矣。理岂外于吾心邪？晦庵谓"人之所以为学者，心与理而已，心虽主乎一身而实管乎天下之理，理虽散在万事而实不外乎一人之心"，是其一分一合之间，而未免已启学者心、理为二之弊。此后世所以有"专求本心遂遗物理"之患。正由不知心即理耳。夫外心以求物理，是以有暗而不达之处，此告子义外之说[1]，孟子所以谓之不知义也。心一而已，以其全体恻怛而言谓之仁，以其得宜而言谓之义，以其条理而言谓之理。不可外心以求仁，不可外心以求义，独可外心以求理乎？外心以求理，此知、行之所以二也。求理于吾心，此圣门知行合一之教，吾子又何疑乎？

【注释】

①告子义外之说：语出《孟子·告子上》："告子曰：'仁，内也，非外也；义，外也，非内也。'"孟子的评论见《孟子·公孙丑上》："我故曰：'告子未尝知义，以其外之也。'"

【译文】

你来信道："真正的理论是能够指导实践的，而不实践就不足以称为认识。向学者指出的切实的方法，让学者们务必躬身实行，这样说是可以的。但是如果真的把实践当作认识，恐怕人们只会专门追求存养本心，而遗漏了万物之理，也肯定会有偏颇不通的地方，难道这是圣学关于知行并举的方法吗？"

认知确切之后付诸行动就是实践，行事实践之后明确的体察就是认识。

知行的功夫本来不能分离，只是后世学者要把它们分开作为两部分来用功，反而丢失了知行的本体，所以之后才会有知行并举的说法。真识是能够指导实践的，不实践就不足以称为认识。像你的来信信中所说"知食乃食"等，已经能够明白了，前面也已经大略说过了。这虽然是因为拯救时弊才说出来的，但是知行的本体就是这样的，并非是我为了追求一时的效用，而按照自己有所褒贬的意思提出来的。

专门追求存养本心，便抛弃了万物之理，大概这是失去本心的一种表现。万物之理并不存在于心外，在心外探求万物之理，就是没有万物之理；遗漏万物之理而追求存养自己的本心，那么本心又是何物呢？心的本体就是性，性即是理。所以拥有孝心就是有孝顺父母的道理，没有孝心也不存在孝顺父母的道理了；有忠心就有侍奉君王的道理，没有忠心也就没有侍奉君王的道理了。理难道是在我们的本心之外的吗？朱熹先生说"人之所以为学者，心与理而已，心虽主乎一身而实管乎天下之理，理虽散在万事而实不外乎一人之心"，像他这样把心和理先分开之后再结合起来，未免就会产生让学者们把心与理分开看待的弊端。后人有"专求本心，遂遗物理"的忧患，就是因为他们不明白心就是理。在心外寻求万物之理，实际上是告子的"义外"观点，会有偏颇不通的地方，孟子也因此批判告子不懂得义。心，唯有一个，就它对所有人的恻隐而言就是"仁"，就它的合理而言就是"义"，就它的条理清晰而言就是"理"。不能在心外求仁、也不能在心外求义，难道就独独可以在心外求理吗？在心外求理，是把知行当作两件事了。在我们的心里寻求理，这才是圣学知行合一的教诲，你还有什么可以怀疑的呢？

五

【原文】

来书云："所释《大学》古本，谓致其本体之知，此固孟子尽心之旨。朱子亦以虚灵知觉为此心之量①。然尽心由于知性，致知在于格物。"

"尽心由于知性，致知在于格物"，此语然矣。然而推本吾子之意，则其所以为是语者，尚有未明也。朱子以"尽心、知性、知天"为格物、致知。以"存心、养性、事天"为诚意、正心、修身，以"夭寿不贰，修身以俟"为知至、仁尽，圣人之事。若鄙人之见，则与朱子正相反矣。未"尽心、知性、知天"者，生知安行，圣人之事也；"存心、养性、事天"者，学知利行，贤人之事也；"夭寿不贰，修身以俟"者，困知勉行，学者之事也。岂可专以"尽心知性"为知，"存心养性"为行乎？吾子骤闻此言，必又以为大骇矣。然其间实无可疑者，一为吾子言之。

夫心之体，性也；性之原，天也。能尽其心，是能尽其性矣。《中庸》云："惟天下至诚。为能尽其性。"又云："知天地之化育，质诸鬼神而无疑，知天也。"此惟圣人而后能然。故曰：此"生知安行"，圣人之事也。存其心者，未能尽其心者也，故须加存之之功；必存之既久，不待于存而自无不存，然后可以进而言尽。盖"知天"之"知"，如"知州""知县"之知。知州则一州之事皆己事也，知县则一县之事皆己事也，是与天为一者也。"事天"则如子之事父，臣之事君，犹与天为二也。天之所以命于我者，心也，性也，吾但存之而不敢失，养之而不敢害，如"父母全而生之，子全而归之"②者也。故曰：此"学知利行"，贤人之事也。至于"夭寿不贰"，则与存其心者又有间矣。存其心者虽未能尽其心，固已一心于为善，时有不存则存之而已。今使之"夭寿不贰"，是犹以夭寿二其心者也。犹以夭寿二其心，是其为善之心犹未能一也，存之尚有所未可，而何尽之可云乎？今且使之不以夭寿二其为善之心，若曰死生夭寿皆有定命，吾但一心于为善，修吾之身以俟天命而已，是其平日尚未知有天命也。事天虽与天为二，然己真知天命之所在，但惟恭敬奉承之而已耳。若俟之云者，则尚未能真知天命之所在，犹有所俟者也，故曰：所以立命。立者"创立"之"立"，如"立德""立言""立功""立名"之类③。凡言"立"者，皆是昔未尝有而今始建立之谓，孔子所谓"不知命，无以为君子"者也。故曰：此"困知勉行"，学者之事也。

今以"尽心、知性、知天"为格物致知，使初学之士尚未能不二其心者，而遽责之以圣人生知安行之事，如捕风捉影，茫然莫知所措其心，几何而不至于"率天下而路④"也？今世致知格物之弊，亦居然可见矣。吾子所谓"务外遗内，博而寡要"者，无乃亦是过欤？此学问最紧要处，于此而差，将无往而不差矣。此鄙人之所以冒天下之非笑，忘其身之陷于罪戮，呶呶其言，其不容己者也。

【注释】

①"朱子"句：语出《中庸章句序》"心之虚灵知觉，一而已"。②父母全而生之，子全而归之：语出《礼记·祭仪》"父母全而生之，子全而归之，可谓孝"。意为父母把子女完好地生下来，子女要好好地保全身体发肤，等到死时完完整整地归还给父母，这才是孝。③"立德"句：语出《左传·襄公二十四年》。讲做人的几种境界。④率天下而路：语出《孟子·滕文公上》"且一人之身，而百功之所为备。如必自为而后用之，是率天下而路也"。意为对一个人来说，各种工匠的产品对他都是不可缺少的，如果每件东西都要自己制造出来才能用，这是率领天下的人疲于奔命。

【译文】

你来信说："先生注释的《大学》旧本提到对心的本体的认识是致知，孟子'尽心'的宗旨与此是相同的。而朱熹先生也用虚灵知觉当作是心的本体。但是因为认识的天性才会尽心，致知要依靠格物。"

"尽心由于知性，致知在于格物"，这句话是正确的。但是我看你说这句话，大概是因为还有不明白的地方。朱熹先生把"尽心、知性、知天"当作是格物、致知，把"存心、养性、事天"当作是诚意、正心、修身，而把"夭寿不贰，修身以俟"当作是认识的最高境界、仁爱的顶峰，是圣人做的事。但在我看来，正好相反了。"尽心、知性、知天"，即所谓的天生就知道，天生就能够实践，是圣人才能够做得到的；而"存心、养性、事天"，通过学习就能够知道，并且顺利实践，是贤人能够做到的事；"夭寿不贰，修身以俟"，获得知识很难，实践起来也很勉强，便是学者们的事。怎么能简单地把"尽心知性"当作识，而把"存心养性"当作行呢？你听到我这话，一定又会为此非常惊奇了。然而这实在是没有什么可以怀疑的，我一一给你解释。

心的本体就是性；人的本原就是理。能尽其心，就是能够尽其天性。《中庸》中说："只有天下最真诚的人，才能够充分发挥他的天性。"又说："知道万物的生化孕育，崇拜鬼神，而没有产生疑问，这是知天。"只有圣人才能做到这些，所以我说：圣人才能做到先生就知道和实践。存养本心，说明还不能够做到尽心，还必须加上个存养的功夫；存养心性很久之后，到了不需要特地去存养而时刻都在存养的境界，才能进一步到达尽心的境界。"知天"中的"知"，就像"知州""知府"中的"知"意思一样，知州、知县把管理一州、一县当作是自己的事情，"知天"，就是与天合为一体。"事天"则像儿子孝顺父亲，大臣侍奉君王，还没有达到与天合而为一的地步。上天给予我们的，是心、是性，我们只需存起它而不丢失，修养它而不损害，就像"父母全而生之，子全而归之"一样。所以我说：这种"学知利行"，是贤人做的事。至于"夭寿不贰"，则和存养本心的人又还有些差距。存养本心的人虽然没有尽心，但本来就已经是一心为善，失去了本心的时候再存养它就行了。现今要求人不论夭寿始终如一，这依然是将夭寿一分为二。仍旧将夭寿一分为二，因为寿命的长短而分心，是因为他为善之心还不能始终如一，尚且不可能存养它，尽心更从何说起呢？现在暂且让人们不再因为生命的长短而改变向善的心，好比说生死夭寿都有定数，我们只需一心向善，修养我的身心来等待天命的安排，主要是因为他平日还不知道有天命呢。事天虽然是将天与人分而为二，但已经知道恭恭敬敬地去承受天命了。那些等待天命降临的人，是还没有真正认识到天命存在于何处，仍旧只是在等待天命，所以孟子说："所以立命。""立"，即"创立"的"立"，就像"立德""立言""立功""立名"中的"立"。凡是说到"立"，都是指以前从未有过而如今开始建立的意思，也就是孔子所说"不知命，无以为君子"

的人。所以说：这种"困知勉行"，属于学者的事情。

现在把"尽心、知性、知天"当作格物、致知，当初学者尚不能做到一心一意时，就拿他不能像圣人那样天生就认识和实践来指责，这简直是无中生有，让人摸不着头脑，使得人们疲于奔命。如今世上格物、致知的弊病已经明显可见了。你说注重外在的学习，而忽略掉内心的存养，博学但又没有学到要领，这不也是它的弊病之一吗？在做学问最关键的地方出了差错，就会无处不出差错了。这也是我之所以冒着天下人的否定、嘲笑，不顾身陷罗网，仍喋喋不休的原因。

六

【原文】

来书云："闻语学者，乃谓'即物穷理①之说亦是玩物丧志'，又取其'厌繁就约''涵养本原'数说标示学者，指为晚年定论②，此亦恐非。"

朱子所谓格物云者，在即物而穷其理也。即物穷理是就事事物物上求其所谓定理者也，是以吾心而求理于事事物物之中，析心与理为二矣。夫求理于事事物物者，如求孝之理于其亲之谓也。求孝之理于其亲，则孝之理其果在于吾之心邪？抑果在于亲之身邪？假而果在于亲之身，则亲没之后，吾心遂无孝之理欤？见孺子之入井，必有恻隐之理，是恻隐之理果在于孺子之身欤？抑在于吾心之良知欤？其或不可以从之于井欤？其或可以手而援之欤？是皆所谓理也。是果在于孺子之身欤？抑果出于吾心之良知欤？以是例之，万事万物之理莫不皆然，是可以知析心与理为二之非矣。夫析心与理而为二，此告子义外之说，孟子之所深辟也。"务外遗内，博而寡要"，吾子既已知之矣，是果何谓而然哉？谓之玩物丧志，尚犹以为不可欤？

若鄙人所谓致知格物者，致吾心之良知于事事物物也。吾心之良知即所谓天理也，致吾心良知之天理于事事物物，则事事物物皆得其理矣。致吾心之良知者，致知也。事事物物皆得其理者，格物也。是合心与理而为一者也。

合心与理而为一，则凡区区前之所云，与朱子晚年之论，皆可以不言而喻矣。

【注释】

①即物穷理：意为通过接触事物来研究事物的道理。语出朱熹《大学章句》："所谓致知在格物者，言欲致吾之知，在即物而穷其理也。"②晚年定论：王阳明作《朱子晚年定论》，收录朱熹一些包含"厌繁就约""涵养本原"等论点的书信，认为朱熹晚年改变了观点，与陆九渊的观点接近。此说遭到后世的非议。

【译文】

你来信说："听说您教导学生'即物穷理就是玩物丧志'，还拿了朱熹晚年一些关于'厌繁就约''涵养本原'等学说的书信给学生参看，我认为这可能有些不对。"

朱熹所说的格物，是指在事物上去穷究万物之理。即用心在万事万物上探求到它们所谓的原本的理，这样就将心和理分而为二了。在万事万物上探求道理，就和在父母身上寻求孝敬是一个道理。在父母的身上寻求孝敬的道理，那么这个孝敬的道理到底是在父母的身上，还是在我们的心中呢？如果是在父母身上，那么当父母逝世之后，我们就不需要孝敬，心中就没有孝敬的道理了吗？遇见小孩子掉到水井里，肯定会产生恻隐之心，那么这个道理是在孩子身上还是在我们自己的心上呢？或许不能跟着孩子跳入井中，或许可以伸手援救小孩，这都是所说的理。以此类推，万事万物的道理无一不是如此，由此就能够知道将心与理分而为二是错误的了。把心与理分而为二，就是孟子曾深刻批判过的告子的"义外"学说了。"务外遗内，博而寡要"，既然你已经知道这不对，那为何还要这样说呢？我说它是玩物丧志，难道你认为不可以吗？

像我所说的格物致知，是将我们心里面的良知应用到万事万物上去。我们心中的良知就是天理，把我们心中良知应用到万事万物上，万事万物就都能得到天理了。求得我们内心中的良知就是致知的功夫。而万事万物都得到天理便是格物的功夫。这才是把心与理合而为一。把心与理合而为一，那么我前面所说的，还有我对于朱熹先生晚年学说的说法，便都能够不言而喻了。

七

【原文】

来书云："人之心体，本无不明，而气拘物蔽，鲜有不昏。非学、问、思、辨以明天下之理，则善恶之机、真妄之辨不能自觉，任情恣意，其害有不可胜言者矣。"

此段大略似是而非。盖承沿旧说之弊，不可以不辨也。夫学、问、思、辨、行皆所以为学，未有学而不行者也。如言学孝，则必服劳奉养，躬行孝道，然后谓之学。岂徒悬空口耳讲说，而遂可以谓之学孝乎？学射则必张弓挟矢，引满中的；学书则必伸纸执笔，操觚染翰①。尽天下之学，无有不行而可以言学者，则学之始固已即是行矣。笃者，敦实笃厚之意。已行矣，而敦笃其行，不息其功之谓尔。盖学之不能以无疑，则有问，问即学也，即行也；又不能无疑，则有思，思即学也，即行也；又不能无疑，则有辨，辨即学也，即行也。辨既明矣，思既慎矣，问既审矣，学既能矣，又从而不息其功焉，斯之谓笃行，非谓学问思辨之后而始措之于行也。是故以求能其事而言谓之学，以求解其惑而言谓之问，以求通其说而言谓之思，以求精其察而言谓之辨，以求履其实而言谓之行。盖析其功而言则有五，合其事而言则一而已。此区区心、理合一之体，知、行并进之功，所以异于后世之说者，正在于是。

今吾子特举学、问、思、辨以穷天下之理，而不及笃行，是专以学、问、思、辨为知，而谓穷理为无行也已。天下岂有不行而学者邪？岂有不行而遂可谓之穷理者邪？明道云："只穷理，便尽性至命。"故必仁极仁而后谓之能穷仁之理，义极义而后谓之能穷义之理。仁极仁则尽仁之性矣，义极义则尽义之性矣。学至于穷理至矣，而尚未措之于行，天下宁有是邪？是故知不

223

行之不可以为学，则知不行之不可以为穷理矣；知不行之不可以为穷理，则知知行之合一并进，而不可以分为两节事矣。

夫万事万物之理不外于吾心，而必曰穷天下之理，是殆以吾心之良知为未足，而必外求于天下之广，以裨补增益之。是犹析心与理而为二也。夫学、问、思、辨、笃行之功，虽其困勉至于人一己百②，而扩充之极至于尽性知天，亦不过致吾心之良知而已。良知之外，岂复有加于毫末乎？今必曰穷天下之理，而不知反求诸其心，则凡所谓善恶之机、真妄之辨者，舍吾心之良知，亦将何所致其体察乎？吾子所谓"气拘物蔽"者，拘此蔽此而已。今欲去此之蔽，不知致力于此，而欲以外求，是犹目之不明者，不务服药调理以治其目，而徒伥伥然求明于其外，明岂可以自外而得哉？任情恣意之害，亦以不能精察天理于此心之良知而已。此诚毫厘千里之谬者，不容于不辨。吾子毋谓其论之太刻也。

【注释】

①操觚染翰：意为提笔作文。觚，古人书写时用的竹筒。翰，笔。
②人一己百：语出《中庸》"人一能之己百之，人十能之己千之。果能此道矣，虽愚必明，虽柔必强"。

【译文】

来信说："人的心体原本没有不清明的，但受到了气的拘束和物欲的蒙蔽，就很少有不模糊的。如果不通过学习、询问、思考、辨析来明晰天下的道理，那么就不能自然觉察善恶的原因、真假的区别，而纵情恣意，会产生不可言尽的危害。"

你的这段话，大体上是似是而非的。大概是沿袭了朱熹学说的弊端，我不能不把它分辨清楚。学、问、思、辨、行，都是所谓的学，从不会有习而不行的。比如说学"孝"，必须辛苦地服侍奉养父母，亲自实践孝道，才能称之为在学习孝道。难道仅仅是悬口空言，就能够说他在学习孝道吗？学习射箭就必须自己张弓拉箭，拉满弓以命中目标；学习书法就必须执笔揾墨。所有天下的学习，没有能够不实践就算作学习的，因而学习的开始，本身就已经是实践了。笃，敦实笃厚的意思。已经去"行"了，就是指敦实笃厚地行，而且是切实地连续地下功夫。学习不可能没有疑问，便需要问，询问就是学习，就是行；之后又不会没有疑惑了，所以便需要思，思考就是学习，就是行；思考了还有疑问，便需要辨，辨析也是学习，也是行。辨析明白了，思考谨慎了，询问也很清楚了，学习也有收获了，加上不断地努力，这才叫笃行，而并非是在学问思辨之后，才开始去实践。所以学习是指追求做某事的能力，询问是指解除疑惑，思是指通达自己的学问，辨是指精密地审察，行就是具体地实践。从分析它们的功用的角度可以分成这五个方面，但是把它们综合起来则实际上只有一个。我的心、理合一成为本体，知、行并举的方法，之所以不同于朱熹先生的学说，原因就是在这个地方。

现在你特别举出学、问、思、辨来穷尽天下之道，却不提及切身实践。这样做，是专门把学、问、思、辨看成知，又不把穷理当作行。天下哪有不行而学的道理？哪有不行便可以叫作穷理的道理？程颢先生说："只穷理，便尽性至命。"所以必须行仁达到仁的最高境界，才能说是穷尽了仁爱的道理，在行义达到了义的最高境界，才能说是穷尽了义的道理。达到最高境界，就充分发挥了天性。学习也是这样，它达到了穷尽事理的最高境界，却还没有在行的方面下手，天下哪有这样的事情呢？所以知而不行就不是学习，知而不行就不能够穷尽事物的道理；知道了不去行便无法穷尽事物的道理，就知道知行必须合一，不能够把他们分开做两件事。

万事万物的道理并不在我们心外，如果一定要说穷尽天下之理，可能是因为心中的良知还不足够，而必须向天下众多事物中寻求道理，以求弥补增加。这仍旧是把心与理分而为二了。学、问、思、辨、行的功夫，那些天资愚笨的人付出了相对于别人而言百倍的努力，最后到了极点能够充分发挥天性而知道天命，这也不过是我们心里的良知到达最高境界，得到圆满而已。难道良知之外还需再有一丝一毫的其他东西吗？现在一定要执着于穷尽天下之理，却不懂得反过来向我们的内心寻求。舍弃我们心中的良知，那些善恶的原因、真假的区别，将怎么去体察辨明呢？你说'气拘物蔽'，是受了这些说法的拘束和影响。现在想要改正这一弊端，但不在本心上用功，却要往心外寻求。就好像得眼疾的人，不吃药调理、治疗，只是徒劳地去外面寻找光明，光明难道是能从眼睛之外求得的吗？不能从我们的内心上去探究天理，就会有任意放纵的危险。这些确实是差之毫厘，谬以千里的事情，不能不去进行详细的分辨。你不要认为我讲得太严厉，太苛刻了。

八

【原文】

来书云："教人以致知、明德，而戒其即物穷理，试使昏暗之士深居端坐，不闻教告，遂能至于知致而德明乎？纵令静而有觉，稍悟本性，则亦定慧无用之见，果能知古今、达事变而致用于天下国家之实否乎？其曰：'知者意之体，物者意之用'，'格物如格君心之非之格'。语虽超悟独得，不蹈陈见，抑恐于道未相吻合？"

区区论致知格物，正所以穷理，未尝戒人穷理，使之深居端坐而一无所事也。若谓即物穷理，如前所云务外而遗内者，则有所不可耳。昏暗之士，果能随事随物精察此心之天理，以致其本然之良知，则"虽愚必明，虽柔必强"。大本立而达道行，九经①之属可一以贯之而无遗矣，尚何患其无致用之实乎？彼顽空虚静之徒，正惟不能随事随物精察此心之天理，以致其本然之良知，而遗弃伦理，寂灭虚无以为常，是以"要之不可以治家国天下"。孰谓圣人穷理尽性之学，而亦有是弊哉？

心者，身之主也，而心之虚灵明觉，即所谓本然之良知也。其虚灵明觉之良知应感而动者，谓之意。有知而后有意，无知则无意矣。知非意之体乎？意之所用必有其物，物即事也。如意用于事亲，即事亲为一物；意用于治民，即治民为一物；意用于读书，即读书为一物；意用于听讼，即听讼为一物。凡意之所用，无有无物者。有是意即有是物，无是意即无是物矣，物非意之用乎？

"格"字之义，有以"至"字之训者，如"格于文祖"②、"有苗来格"③，是以"至"训得也。然"格于文祖"，必纯孝诚敬，幽明之间无一不得其理，而后谓之"格"。有苗之顽，实以文德诞敷而后"格"，则亦兼有"正"字之义在其间，未可专以"至"字尽之也。加"格其非心""大臣格君心之非"之类，是则一皆"正其不正以归于正"之义，而不可以"至"字为训矣。且《大学》"格物"之训，又安知其不以"正"字为训，而必以"至"字为义乎？如以"至"字为义者，必曰"穷至事物之理"，而后其说始通。是其用功之要全在一"穷"字，用力之地全在一"理"字也。若上去一"穷"、下去一"理"字，而直曰"致知在至物"，其可通乎？夫"穷理尽性"，圣人之成训，见于《系辞》者也。苟格物之说而果即穷理之义，则圣人何不直曰"致知在穷理"，而必为此转折不完之语，以启后世之弊邪？

盖《大学》"格物"之说，自与《系辞》"穷理"大旨虽同，而微有分辨。穷理者，兼格、致、诚、正而为功也。故言穷理则格、致、诚、正之功皆在其中，言格物则必兼举致知、诚意、正心，而后其功始备而密。今偏举格物而遂谓之穷理，此所以专以穷理属知，而谓格物未常有行，非惟不得格物之旨，并穷理之义而失之矣。此后世之学所以析知、行为先后两截，日以支离决裂，而圣学益以残晦者，其端实始于此。吾子盖亦未免承沿积习，则见以为于道未相吻合，不为过矣。

【注释】

①九经：语出《中庸》"凡为天下国家有九经，曰：修身也，尊贤也，亲亲也，敬大臣也，子庶民也，来百功也，柔远人也，怀诸侯也"。
②格于文祖：语出《尚书·舜典》"归，格于艺典"。注曰："归，告至文祖之庙，艺，文也。"格，至、到。文祖，尧的庙。③有苗来格：意为有苗族人到来。语出《尚书·大禹谟》："七旬，有苗格。"

【译文】

你来信道："先生教人致知、明德，却又阻止他们即物就理，从事物上寻求天理。假若让懵懂昏沉的人深居端坐，不听教导和劝诫，就能够达到有了知识，德行清明的境界吗？纵然他们静坐时有所觉悟，对本性稍有领悟，那也是定慧之类的佛家的无用见识，难道果真可以通晓古今、通达事变，对治理国家有实际作用吗？你说：'知者意之体，物者意之用'，'格物如格君心之非之格'。这些话虽然显得高超而独到，不墨守成规，但恐怕和圣道不大吻合吧？"

我所讲的格物致知，正是为了穷尽事物，我未曾禁止人们穷尽事理，让他们深居静坐，无所事事。如果把即物穷理讲成是前面所说的重视外在知识，忽略内心修养，那也是错误的。糊涂的人，如果能够在万物之上精察心中的天理，发现原有的良知，那么即使愚蠢也定能变得聪明，即使柔弱定能变得刚强。最后就能够行达道、立大本，九经之类的书也能一以贯之没有纰漏，难道还需担心他会没有经世致用的实际才干吗？那些只谈空虚寂静的佛、道弟子，恰恰是不能在万事万物上精察心中的天理，发现其心中本有的良知，以致抛弃人间伦常，把寂灭虚无当作是正常现象，所以他们才不能够齐家、治国、平天下。谁说圣人穷理尽性的学说也会有这样的弊病呢？

身体的主宰是心，心的虚灵明觉就是人原本的良知。虚灵明觉的良知因感应发生作用，就是意念。有识即是有意，无识即无意。怎么能说认识不是意念的本体？意念的运用，一定会有相应的东西，就是事。如果意念在侍奉双亲上起作用，那么，侍奉双亲便是一件事；意念在治理百姓上起作用，治理百姓便是一件事；意念在读书上起作用，那么读书就是一件事；意念在听讼上起作用，听讼也就是一件事。只要是意念起作用的地方，就有事物存在。有这个意就有这个物，没有这个意也就没有这个物，事物难道不是意念的运用吗？

"格"的含义，有用"至"字来训释的，如"格于文祖""有苗来格"

里的"格"，都是"至"来解释的。然而"格于文祖"，必定诚心诚意地纯然至孝，对于人间和阴间的道理都无一不晓，之后才能叫作"格"。苗族人十分顽固，只有通过礼乐把他们教化之后才能"格"，所以这个"格"也有"正"的意思，不能够仅仅用"至"字就能完全解释它的含义。如"格其非心""大臣格君心之非"中的"格"，都是"纠正不正以达到正"的意思，不能用"至"字来训释。那么《大学》中"格物"的解释，怎么知道它不是用"正"字而须用"至"字来解释呢？如果用"至"字来解释，就必须用"穷至事物之理"才说得通。用功的要领全在一个"穷"字，用功的对象全在一个"理"字上。如果在前面把"穷"字去掉，后面把"理"字去掉，而直接说成"致知在至物"，这说得通吗？"穷理尽性"是圣人既定的教诲，在《易经》里已经有了记载。如果格物的含义真的就是穷理，那么圣人为什么不直接说"致知在穷理"，却一定要让语意有了转折且不完整，说这种话，造成后世的弊病呢？

《大学》里的"格物"和《易经》里的"穷理"，意思只有一些细微的区别，含义基本上是一样的。穷理里包括格物、致知、诚意、正心等功夫。所以谈到穷理，格物、致知、诚意、正心等功夫就已经都包含在其中了。谈到格物，就必然一同有致知、诚意、正心，这样，格物的功夫才能够是完整的。现在说到格物便说成是穷理，就只是把穷理当作了一种认识，而不认为格物里还包括实践了。这样，不但没有把握到格物的宗旨，就连穷理的本义也一并丢掉了的。这就是后世的学者们，把认识、实践分而为二，并且让它日益支离破碎，圣学日渐残缺晦涩的原因所在。你承袭旧来的观点也在所难免，而觉得我的学说与圣道不符，这也不算什么。

九

【原文】

来书云："谓致知之功，将如何为温、如何为奉养即是诚意，非别有所谓格物，此亦恐非。"

此乃吾子自以己意揣度鄙见而为是说，非鄙人之所以告吾子者矣。若果如吾子之言，宁复有可通乎？盖鄙人之见，则谓：意欲温、意欲奉养者，所谓意也，而未可谓之诚意；必实行其温奉养之意，务求自慊而无自欺，然后谓之诚意。知如何而为温之节、知如何而为奉养之宜者，所谓知也，而未可谓之致知；必致其知如何为温之节者之知，而实以之温，致其知如何为奉养之宜者之知，而实以之奉养，然后谓之致知。温之事，奉养之事，所谓物也，而未可谓之格物；必其于温之事也，一如其良知之所知当如何为温之节者而为之，无一毫之不尽，于奉养之事也，一如其良知之所知当如何为奉养之宜者而为之，无一毫之不尽，然后谓之格物。温之物格，然后知温之良知始致；奉养之物格，然后知奉养之良知始致。

故曰："物格而后知至①。"致其知温之良知，而后温之意始诚；致其知奉养之良知，而后奉养之意始诚。故曰"知至而后意诚"。此区区诚意、致知、格物之说盖如此。吾子更熟思之，将亦无可疑者矣。

【注释】

① 物格而后知至：语出《大学》"物格而后知至，知至而后意诚，意诚而后心正，心正而后身修，身修而后家齐，家齐而后国治，国治而后天下平"。

【译文】

你信中说："先生您所说的致知的功夫，是要保证父母的冬暖夏凉，怎样去奉养父母的诚意，而并非另有个什么格物，我想这恐怕不对吧。"

你按照自己的想法来揣度我的观点才这样说的，并不是我这样跟你说过。如果真像你说的那样，难道还有能讲得通的地方吗？我的看法是这样的：想让父母冬暖夏凉、想要侍奉父母，这只是所谓的意，而并不能把它当作诚意；一定是要笃行了让父母冬暖夏凉、侍奉他们的愿望，务必是自己在做的时候感到满意，没有违心，这样才能叫作诚意。知道如何让父母冬暖夏凉的礼节、知道怎样适宜地侍奉父母，只是所谓的知，而不能说已经是致知；必须知道了，并且切实完成所知道的礼节，才能称作致知。使父母冬暖夏凉的事，对父母奉养适宜的事，都只能算作是事物，而不能算作是格物；在父母冬暖夏凉和侍奉适宜的事情上，必须遵循自己的良知去做，而没有丝毫不到的地方，才叫作格物。父母冬暖夏凉的物"格"了，使父母冬暖夏凉的良知才是"致"了；奉养父母适宜的物"格"了，很好地侍奉父母的良知才算是"致"了。

所以《大学》里说："物格而后知至。"有了让父母冬暖夏凉的良知，才能产生使父母冬暖夏凉的真诚的意念；有了适宜奉养的良知，才能产生奉养适宜的真诚的意念。所以《大学》说"知至而后意诚"。我说的诚意、致知、格物的学说大概就是这样。你再好好思考一下这个问题，也就没有什么可以怀疑的了。

十

【原文】

来书云："道之大端易于明白，所谓'良知良能，愚夫愚妇可与及者'①。至于节目时变之详，毫厘千里之谬，必待学而后知。今语孝于温定省，孰不知之？至于舜之不告而娶，武之不葬而兴师，养志、养口②，小杖、大杖③，割股④、庐墓⑤等事，处常处变、过与不及之间，必须讨论是非，以为制事之本。然后心体无蔽，临事无失。"

"道之大端易于明白"，此语诚然。顾后之学者忽其易于明白者而弗由，而求其难于明白者以为学，此其所以"道在迩而求诸远，事在易而求诸难"⑥也。孟子云："夫道若大路然，岂难知哉？人病不由耳。"良知良能，愚夫愚妇与圣人同。但惟圣人能致其良知，而愚夫愚妇不能致，此圣愚之所由分也。

"节目时变"，圣人夫岂不知？但不专以此为学。而其所谓学者，正惟致其真知，以精审此心之天理，而与后世之学不同耳。吾子未暇真知之致，而汲汲焉顾是之忧，此正求其难于明白者以为学之蔽也。夫良知之于节目时变，犹规矩尺度之于方圆长短也。节目时变之不可预定，犹方圆长短之不可胜穷也。故规矩诚立，则不可欺以方圆，而天下之方圆不可胜用矣；尺度诚陈，则不可欺以长短，而天下之长短不可胜用矣；良知诚致，则不可欺以节目时变，而天下之节目时变不可胜应矣。毫厘千里之谬，不于吾心真知一念之微而察之，亦将何所用其学乎？是不以规矩而欲定天下之方圆，不以尺哽而欲尽天下之长短。吾见其乖张谬戾，日劳而无成也已。

吾子谓"语孝于温定省，孰不知之"，然而能致其知者鲜矣。若谓粗知温定省之仪节，而遂谓之能致其知，则凡知君之当仁者，皆可谓之能致其仁之知；知臣之当忠者，皆可谓之能致其忠之知，则天下孰非致知者邪？以是而言可以知，"致知"之必在于行，而不行之不可以为"致知"也，明矣。知行合一之体，不益较然矣乎？

夫舜之不告而娶，岂舜之前已有不告而娶者为之准则，故舜得以考之何典、问诸何人而为此邪？抑亦求诸其心一念之良知，权轻重之宜，不得已而为此邪？武之不葬而兴师，岂武之前已有不葬而兴师者为之准则，故武得以考之何典、问诸何人，而为此邪？抑亦求诸其心一念之良知，权轻重之宜，不得已而为此邪？使舜之心而非诚于为无后[7]，武之心而非诚于为救民，则其不告而娶与不葬而兴师，乃不孝不忠之大者。而后之人不务致其良知，以精察义理于此心感应酬酢之间，顾欲悬空讨论此等变常之事，执之以为制事之本，以求临事之无失，其亦远矣。其余数端，皆可类推，则古人致知之学从可知矣。

【注释】

①愚夫愚妇可与及者：语出《中庸》"君子之道费而稳。夫妇之愚，可以与知焉；及其至也，虽圣人亦有所不知焉"。② 养志、养口：典出《孟子·离娄上》。③ 小杖、大杖：典出《孔子家语·六本》。曾子在瓜地锄草时，锄掉了瓜苗。其父大怒，用大杖将其打昏在地。曾子醒来后，先向父亲请安，又回到屋里弹琴，使父亲知道自己安然无恙。孔子知道后很生气，教育曾子

应像大舜侍奉父亲那样，父亲用小杖打时则坦然承受，用大杖打时就逃跑，以免使自己身体受伤，使父亲背上不义的罪名。④割股：春秋时期，晋文公重耳流亡时，介子推曾割大腿上的肉给文公吃。后以割股治疗父母之病为至孝。⑤庐墓：古时，父母亡故后，孝子在墓旁搭建草棚，一般要住三年，以表达对父母的哀思怀念之情。⑥"道在迩"二句：语出《孟子·离娄上》。⑦为无后：语出《孟子·离娄上》"不孝有三，无后为大。舜不告而娶，为无后也，君子以为犹告也"。

【译文】

你来信写道："圣道的宗旨很容易明白，就像先生说的'良知良能，愚夫愚妇可与及者'。至于具体的细节，随着时间的变化，往往差之毫厘，谬以千里，这需要学习之后才能明白。谈论孝道就是温清定省这些礼节，现在谁不明白？至于舜不请示父母就娶妻，武王还没有安葬文王便兴师伐纣，曾子养志而曾元养口，小杖承受而大杖逃跑，割股疗亲，为亲人守墓三年等事情，可能正常，可能不正常，这是处于过分与不足之间。必须讨论个是非曲直，作为处事的原则。然后人的心体没有遮蔽，这样临事才能没有过失。"

"圣道的宗旨很容易明白"，这句话是对的。只是后世的学者们往往忽略那些简单明白的道理不去遵循，却去追求那些很难明白的东西，这正是"道在迩而求诸远，事在易而求诸难"。孟子说："圣道像大路一样，难道很难明白吗？人们的毛病在于不去遵循罢了。"愚夫愚妇和圣人是同样拥有良知良能的。只是圣人能够意识并保存自己的良知，而愚夫愚妇则不能，这就是二者的区别。

"节目时变"，圣人对此岂有不知的？只是不一味地在这上面做文章罢了。圣人的学问，与后世所说的学问不同，它只是意识并保存自己的良知，以精确体察心中的天理。你不去保存自己的良知，而是念念不忘这些细节，这正是将那些难于理解的东西当作学问的弊病了。良知对于随着时间变化的具体细节，就像规矩尺度对于方圆长短一样。方圆长短的变化是无穷无尽的，具体细节随时间变化也不能够事先预测。因此，规矩尺度一旦确立，那么方圆长短就能够一目了然了，而天下的方圆长短也就用不完了。确实已经达到了致良知的境界，那么具体细节随时间的变化也就一览无余，天下不断变化的细节就能应对自如了。差之毫厘，谬以千里，不在我们本心的良知上的细微处去体察，那你怎么去应用你所学的东西呢？这是不依照规矩尺度想去确定天下的方圆长短。这种狂妄的说法，只会每天徒劳而一无所成。

你说"语孝于温清定省，孰不知之"，然而真正知道的人很少。如果说简单地知道一些温清定省的礼节，便能认为他已经做到了致孝的良知。那么凡是那些知道应当仁爱百姓的国君，都能认为他能够致仁爱的良知；凡是知道应当忠诚的臣子，都能认为他能致忠诚的良知，那么天下哪个不是能够致良知的人呢？由此便明显可见，"致知"必须实践，没有实践便不能够称他能够"致知"。这样知行合一的概念，不是更加清楚了吗？

舜不告知父母而娶妻，难道是在舜之前便已经有了不告而娶的准则，所以舜能够考证某部经典或者询问某人才这样做的吗？还是他依照心中的良知，权衡利弊轻重，不得已才这样做？周武王没有安葬文王便兴师伐纣，难道是武王之前便已经有了不葬而兴师的准则，所以武王能够考证某部经典或者询问某人才这样做的吗？抑或是他依照自己心中的良知，权衡利弊，不得已才这样做？如果舜并非担心没有后代，武王并非急于拯救百姓，那么，舜不禀报父母而娶妻，武王不葬文王而兴师，便是最大的不孝和不忠。后世的人不努力致其良知，不在处理事情上精细地体察天理，只顾空口谈论这中间时常变化的事物，并执着于此作为处理事情的准则，以求得遇事时没有过失，这也差得太远了。其余几件事也能够依此类推，那么古人致良知的学问就可以明白了。

十一

【原文】

来书云："谓《大学》格物之说，专求本心，犹可牵合。至于《六经》

《四书》所载‘多闻多见’①‘前言往行’②‘好古敏求’③‘博学审问’‘温故知新’‘博学详说’④‘好问好察’⑤，是皆明白求于事为之际，资于论说之间者，用功节目固不容素矣。”

格物之义，前已详悉，牵合之疑，想已不俟复解矣。至于“多闻多见”，乃孔子因子张之务外好高，徒欲以多闻多见为学，而不能求诸其心，以阙疑殆，此其言行所以不免于尤悔，而所谓见闻者，适以资其务外好高而已。盖所以救子张多闻多见之病，而非以是教之为学也。夫子尝曰：“盖有不知而作之者，我无是也。⑥”是犹孟子“是非之心人皆有之”之义也。此言正所以明德性之良知，非由于闻见耳。若曰“多闻，择其善者而从之，多见而识之”，则是专求诸见闻之末，而已落在第二义矣，故曰“知之次也”。夫以见闻之知为次，则所谓知之上者果安所指乎？是可以窥圣门致知用力之地矣。夫子谓子贡曰：“赐也，汝以予为多学而识之者欤？非也，予一以贯之。”使诚在于多学而识，则夫子胡乃谬为是说以欺子贡者邪？一以贯之，非致其良知而何？《易》曰：“君子多识前言往行以畜其德。”夫以畜其德为心，则凡多识前言往行者，孰非畜德之事？此正知行合一之功矣。

“好古敏求”者，好古人之学，而敏求此心之理耳。心即理也，学者学此心也，求者求此心也。孟子云：“学问之道无他，求其放心而已矣。”非若后世广记博诵古人之言词以为好古，而汲汲然惟以求功名利达之具于外者也。“博学审问”，前言已尽。“温故知新”，朱子亦以温故属之尊德性矣。德性岂可以外求哉？惟夫知新必由于温故，而温故乃所以知新，则亦可以验知行之非两节矣。“博学而详说之”者，将“以反说约也”。若无反约之云，则“博学详说”者果何事邪？舜之“好问好察”，惟以用中而致其精一于道心耳。道心者，良知之谓也。君子之学，何尝离去事为而废论说？但其从事于事为论说者，要皆知行合一之功，正所以致其本心之良知，而非若世之徒事口耳谈说以为知者，分知行为两事，而果有节目先后之可言也。

【注释】

①多闻多见：意为通过多闻多见增长知识。语出《论语·为政》。②前言往行：语出《周易·大畜》卦辞"君子以多识前言往行，以畜其德"。意为君子应该多了解古代先贤的言行，以积蓄自己的德行。③好古敏求：意为喜欢古学而勉力追求。语出《论语·述而》。④博学详说：语出《孟子·离娄下》"博学而详说之，将以反说约也"。意为广泛地学习并详细地解说，等到融会贯通之后，再回头来简略地叙述其精髓大义。⑤好问好察：意为喜欢请教别人，并且喜欢体察人们日常生活中的言谈，以便能了解民意。语出《中庸》。⑥"盖有"二句：语出《论语·述而》："子曰：'盖有不知而作之者，我无是也。多闻，择其善者而从之；多见而识之，知之次也。'"

【译文】

你来信中说："您说《大学》里格物的学说，唯指寻求本心，还勉强说得通。至于《六经》《四书》记载的'多闻多见''前言往行''好古敏求''博学审问''温故知新''博学详说''好问好察'等，都是指在处事和辩论之中得到的，用功的内容和次序是不能弄乱和改变的。"

格物的含义，之前我都已经详细地谈过了，你仍觉牵强，想必也不需要我再多加解释了。至于"多闻多见"，是孔子针对子张说的。子张好高骛远，只以多闻多见当作学问，而不能认真存养本心，所以心存疑惑，语言和行为里便难免有埋怨和悔恨，而他所谓的见闻，又恰恰滋长了他好高骛远的心性。所以孔子大概是为了纠正他多闻多见的毛病，而并非把多闻多见当作做学问。孔子曾说："盖有不知而作之者，我无是也。"就像孟子所说的"是非之心人皆有之"意思差不多。这话正好说明明德行的良知并不是从见闻中来的。孔子所说的"多闻，择其善者而从之，多见而识之"，则是专门从见闻的细枝末节中探求，是第二位的事情罢了，所以他又说"知之次也"。把见闻的知识当作是次要的学问，那么学问之首是指什么呢？从此处，对圣人致知用功的地方我们可以完全窥见了。孔子对子贡说："赐也，汝以予为多学而识之者软？非也，予一以贯之。"如果果真在于多闻多见，那么孔子为何说这种话来欺骗子贡呢？一以贯之，不是致良知是什么？《易经》中说："君子多识前言往行以畜其德。"以积蓄德行为主，而更多地了解前人言行的人，不也是在做积蓄德行的事吗？这正是知行合一的功夫。

"好古求敏"，就是热衷于古人的学说并且勤奋敏捷地探求心中的理。心即是理，学习就是学习本心，探求就是探求本心。孟子说："学问之道无他，求其放心而已矣。"好古并不是像后世那样，广泛地背诵记忆古人的言辞，心中却念念不忘追求功名利禄等外在的东西。"博学审问"，前面也提及过。"温故知新"，朱熹也把它当作是尊德行的范畴。德行难道能从心外求得吗？知新必经由温故，温故才可知新，这又可作为知行并非两回事的有力证据。"博学而详说之"，是为了再返回至简约，如果不是为了返回至简约，那么"博学详说"到底是什么呢？舜好问好察，仅仅是中正平和地达到至精至纯合乎道心的境界。道心就是良知。君子的学问，什么时候离开过实践、废弃过辩说呢？但是实践和辩说的时候，都要知道知行合一的功夫，这正是致其本心的良知，而不是像后世学者那样只在口耳里空谈便当作认识了，把知行分而为二，才会产生用功有先后区分的说法。

十二

【原文】

来书云："杨、墨之为仁义①，乡原②之乱忠信，尧、舜、子之之禅让③，汤、武、楚项之放伐④，周公、莽、操之摄辅⑤，谩无印证，又焉适从？且于古今事变、礼乐名物未常考识，使国家欲兴明堂，建辟雍，制历律，草封禅，又将何所致其用乎？故《论语》曰'生而知之'者，'义理耳。若夫礼乐，名物，古今事变，亦必待学而后有以验其行事之实'。此则可谓定论矣。"

所喻杨、墨、乡原、尧、舜、子之、汤、武、楚项、周公、莽、操之辨，与前舜、武之论，大略可以类推。古今事变之疑，前于良知之说已有规矩尺度之喻，当亦无俟多赘矣。

至于明堂、辟雍诸事，似尚未容于无言者。然其说甚长，姑就吾子之言而取正焉，则吾子之惑将亦可以少释矣。夫明堂、辟雍之制，始见于《吕氏》之《月令》、汉儒之训疏。六经、四书之中，未尝详及也。岂吕氏、汉儒之知，乃贤于三代之贤圣乎？齐宣之时，明堂尚有未毁，则幽、厉之世，周之明堂皆无恙也。尧、舜茅茨土阶，明堂之制未必备，而不害其为治。幽、厉之明堂，固犹文、武、成、康之旧，而无救于其乱。何邪？岂能以不忍人之心，而行不忍人之政，则虽茅茨土阶，固亦明堂也；以幽、厉之心，而行幽、厉之政，则虽明堂，亦暴政所自出之地邪？武帝肇讲于汉，而武后盛作于唐[6]，其治乱何如邪？天子之学曰辟雍，诸侯之学曰泮宫[7]，皆象地形而为之名耳。然三代之学，其要皆所以明人伦，非以辟不辟、泮不泮为重轻也。

【注释】

①杨、墨之为仁义：杨，即杨朱，字子居，又称阳生，战国时魏人，主张为我，近似于义。墨，即墨翟，战国时鲁人，墨家的创始人，提倡兼爱、非攻，反对儒家"爱有差等"，近似于仁。②乡原：即乡愿，指不讲原则、八面玲珑的好好先生。③尧、舜、子之之禅让：古代部落首领的职位传贤不传子，尧禅让于舜，舜禅让于禹。子之为战国时燕王哙的相国，后哙让位于子之，事见《史记·燕召公世家》。④汤、武、楚项之放伐：商汤放逐夏桀于南巢，周武王讨伐商纣于牧野，项羽杀义帝而自立为西楚霸王。⑤周公、莽、操之摄辅：周公在周成王年幼时摄政，待成王成年后还政于成王，为后世典范，事见《史记·周本纪》。王莽以外戚居大司马，杀汉平帝，立孺子婴，自摄其政，后篡位，改国号新，事见《汉书·王莽传》。曹操讨伐董卓，迎立汉献帝，自任丞相，挟天子以令诸侯，其子曹丕废献帝，建魏国，事见《三国志·魏志》。⑥武帝肇讲于汉，而武后盛作于唐：汉武帝时曾与大臣们议论立明堂之事，武则天曾毁乾元殿而立明堂。⑦泮宫：西周时诸侯设立的学校。

【译文】

你来信说："杨朱、墨子的仁与义，乡愿的破坏忠信，尧、舜、子之的禅让，商汤、周武王、项羽的放逐与杀戮，周公、王莽、曹操的摄政，这些事情都无从考证，我们将从何去听信呢？而且对于古今事变、礼乐名物还未考察识别，假如国家想要兴建明堂、建立学校、制定历律、操办封禅大典，又将发挥什么作用呢？所以《论语》中说'生而知之者'，'义理耳，若夫礼乐，名物，古今事变，亦必待学而后有以验其行事之实也'。这可以被当作定论了。"

你提到的杨朱、墨翟、乡愿、尧、舜、子之、商汤、武王、项羽、周公、王莽、曹操等人之间的区别，就跟前面所说的舜和武王的情况大致相同，可以类推。古今事变的问题，前面在谈到良知的学说时，已经有了规矩尺度作为比喻，因此也无须多说了。

至于兴建明堂、建立学校等事，似乎不谈一谈还不行。但是说来话长，姑且就你提到的这些事情来加以辨析吧，你的困惑也能够稍微减少一点。明堂、学校的制度，最早在《吕氏春秋》的《月令》篇和汉代儒生的注释中出现，六经、四书里没有详细提到。难道吕不韦、汉代儒生的知识比三代圣贤的知识还要丰富吗？齐宣王时期，明堂尚且存留有未被毁掉的，那么幽王、厉王时，周王朝的明堂都应该是安然无恙的。尧舜时以茅草盖屋，以土为台阶，明堂之制还没有完备，但并不妨碍他们治理天下。幽王、厉王时的明堂，沿袭了文王、武王、成王、康王时期的旧制，但对于乱世也于事无补。为什么呢？这不是正好可以说明，能用怜恤他人的仁德之心来实施怜恤他人的仁政，即使是茅屋和土台阶，也仍旧是明堂，用幽王、厉王的心来行幽王、厉王的暴政，虽然有明堂的设立，也不过是他们施行暴政的地方？汉武帝重新探讨过立明堂的事，武则天也曾大建明堂，他们治理天下的情况又是怎样的呢？天子的学校叫辟雍，诸侯的学校叫泮宫，都以地形来命名。然而夏商周三代时的学校，都是以教育伦理纲常为主要目的，而不是看它的外表像不像璧环或者它是不是建造在水边。

十三

【原文】

孔子云："人而不仁，如礼何？人而不仁，如乐何？"制礼作乐，必具中和之德，声为律而身为度^①者，然后可以语此。若夫器数之末，乐工之事，祝史之守。故曾子曰："君子所贵乎道者三……笾豆之事，则有司存也。^②"尧"命羲、和，钦若昊天，历象日月星辰"，其重在于"敬授人时"也^③。舜"在璇玑玉衡"，其重在于"以齐七政"^④也。是皆汲汲然以仁民之心而行其养民之政。治历明时之本，固在于此也。羲和历数之学，皋、契未必能之也，禹、稷未必能之也；"尧、舜之知而不遍物"，虽尧、舜亦未必能之也。然至于今，循羲和之法而世修之，虽曲知小慧之人，星术浅陋之士，亦能推步占候^⑤而无所忒。则是后世曲知小慧之人反贤于禹、稷、尧、舜者邪？

封禅之说，尤为不经，是乃后世佞人谀士所以求媚于其上，倡为夸侈以荡君心而靡国费。盖欺天罔人，无耻之大者，君子之所不道，司马相如之所以见讥于天下后世也。吾子乃以是为懦者所宜学，殆亦未之思邪？

夫圣人之所以为圣者，以其生而知之也。而释《论语》者曰："生而知之者，义理耳。若夫礼乐名物、古今事变，亦必待学而后有以验其行事之实。"夫礼乐名物之类，果有关于作圣之功也，而圣人亦必待学而后能知焉，则是圣人亦不可以谓之生知矣。谓圣人为生知者，专指义理而言，而不以礼乐名物之类。则是礼乐名物之类无关于作圣之功矣。圣人之所以谓之生知者，专指义理而不以礼乐名物之类，则是学而知之者亦惟当学知此义理而已，困而知之者亦惟当困知此义理而已。今学者之学圣人，于圣人之所能知者，未能学而知之，而顾汲汲焉求知圣人之所不能知者以为学，无乃失其所以希圣之方欤？凡此皆就吾子之听惑者而稍为之分释，未及乎拔本塞源^⑥之论也。

【注释】

①声为律而身为度：意为大禹是标准的完人，他的声音是音律的标准，身长是尺度的标准。语出《史记·夏本纪》。②"君子所贵"三句：语出《论语·泰伯》："曾子言曰：'君子所贵乎道者三：动容貌，斯远暴慢矣；正颜色，斯近信矣；出辞气，斯远鄙倍矣。笾豆之事，则有司存。'"笾为竹制器皿，豆为木制器皿，笾豆之事指祭祀礼仪中的具体小事。存，此指掌管、安排。③"命羲、和"四句：意为尧命令羲氏与和氏，恭敬谨慎地遵循上天的意旨行事，观察推算日月星辰的运行情况，目的是制定和颁行历法。语出《尚书·尧典》。④"在璇玑玉衡"二句：语出《尚书·舜典》"在璇玑玉衡，以齐七政"。意为舜观测北斗星的运行，以排列七件政事。天璇、天玑、玉衡，北斗七星中的三颗。七政，指日、月、金、木、水、火、土。《尚书·大传》则认为"七政者，谓春、夏、秋、冬、天文、地理、人道"。⑤推步占候：推算历法，占卜天象。推步，推算天文历法。占候，观察天象变化以测吉凶。⑥拔本塞源：意为拔除树根，堵塞水源，比喻从根本上破坏。语出《左传·昭公九年》。

【译文】

孔子说："人而不仁，如礼何？人而不仁，如乐何？"制定礼乐，必须具备中和的品德，他的声音能够作为音律、身高可以作为尺度，然后才有能力制定礼乐。至于器具等细节，那是乐工和祝史们的工作。所以曾子说："君子所贵乎道者三……笾豆之事则有司存也。"尧"命羲和，钦若昊天，历象日月星辰"，他的目的在于"敬授人时"；舜"在璇玑玉衡"，他的目的在于"以齐七政"。他们都念念不忘地用仁爱百姓之心推行养育百姓的仁政。制定历法、掌握时令，根本目的还是在于此。羲氏、和氏的历法和数学的学问，皋陶和契不一定能比得上，大禹和后稷也未必能比得上；正如孟子所说"尧、舜之知而不遍物"，即使尧舜也未必全知全能。然而发展到现在，后人世世代代遵循羲、和二人的方法，即使是一知半解有点小聪明的人，星术浅薄的相士，也能够推算历法、占卜天象，不出差错。难道是一知半解稍有智慧的人倒会比大禹、后稷、尧舜还要贤德吗？

封禅之说，更是荒诞不经，全是后世奸佞、阿谀奉承的小人用这种方法向皇帝献媚，夸大其词，鼓荡君心，浪费国家财物。都是欺天骗人，无耻之极的，君子是不屑谈论的，这也就是司马相如之所以为天下后人所耻笑的原因。而你却以为这是儒生们应该学习的，恐怕也是没有经过深思熟虑吧？

圣人之所以是圣人，全因他们"生而知之"。然而朱熹在解释《论语》时说："'生而知之'者，义理耳。若夫礼乐名物、古今事变，亦必待学而后有以验其行事之实。"礼乐名物等功夫，果真和圣人有关，圣人也须学习之后才能知晓，那么圣人也不能称得上是生而知之了。称圣人生而知之，是专门就义理而言的，并不是指礼乐名物这些东西，礼乐名物这些和成为圣人无关。之所以说圣人是生而知之的，专指义理而并非礼乐名物，学而知之的人，也应该只是学这个义理罢了；困而知之的人，也应该只是在困难中学这个义理罢了。现在的学者学习圣人，对于圣人所知道的不去好好学习，却反过来念念不忘地去学习圣人所不知道的作为学问，这难道不是将成为圣人的方向迷失了吗？我说的这些都是针对你感到困惑的地方稍加解释，还没有在拔去病根，堵塞病源上去澄清问题。

十四

【原文】

夫拔本塞源之论不明于天下，则天下之学圣人者，将日繁日难，斯人沦于禽兽夷狄而犹自以为圣人之学。吾之说虽或暂明于一时，终将冻解于西而冰坚于东，雾释于前而云于后，呶呶焉危困以死，而卒无救于天下之分毫也已。

夫圣人之心以天地万物为一体，其视天下之人，无外内远近，凡有血气，皆其昆弟赤子之亲，莫不欲安全而教养之，以遂其万物一体之念。天下之人心，其始亦非有异于圣人也，特其间于有我之私，隔于物欲之蔽，大者以小，通者以塞，人各有心，至有视其父、子、兄、弟如仇雠者。圣人有忧之，是以推其天地万物一体之仁以教天下，使之皆有以克其私、去其蔽，以复其心体之同然。其教之大端，则尧、舜、禹之相授受，所谓"道心惟微，惟精惟一，允执厥中"；而其节目，则舜之命契，所谓"父子有亲，君臣有义，夫妇有别，长幼有序，朋友有信"五者而已^①。唐、虞、三代之世，教者惟以此为教，而学者惟以此为学。当是之时，人无异见，家无异习，安此者谓之圣，勉此者谓之贤，而背此者虽其启明如朱^②，亦谓之不肖。下至闾井田野，农、工、商、贾之贱，莫不皆有是学，而惟以成其德行为务。何者？无有闻见之杂，记诵之烦，辞章之靡滥，功利之驰逐，而但使孝其亲，弟其长，信其朋友，以复其心体之同然。是盖性分之所固有，而非有假于外者，则人亦孰不能之乎？

学校之中惟以成德为事，而才能之异，或有长于礼乐、长于政教、长于水土播植者，则就其成德，而因使益精其能于学校之中。迨夫举德而任，则使之终身居其职而不易。用之者惟知同心一德，以共安天下之民，视才之称否，而不以崇卑为轻重，劳逸为美恶。效用者亦惟知同心一德，以共安天下之民，苟当其能，则终身处于烦剧而不以为劳，安于卑琐而不以为贱。当是之时，天下之人熙熙，皆相视如一家之亲。其才质之下者，则安其农、功、商、贾之分，各勤其业以相生相养，而无有乎希高慕外之心。其才能之异，若皋、夔、稷、契者，则出而各效其能。若一家之务，或营其衣食，或通其有无，或佣其器用，集谋并力，以求遂其仰事俯育^③之愿，惟恐当其事者之或怠而重己之累也。故稷勤其稼而不耻其不知教，视契之善教即己之善教也；夔司其乐而不耻于不明礼，视夷之通礼即己之通礼也。盖其心学纯明，而有以全其万物一体之仁，故其精神流贯，志气通达，而无有乎人己之分，物我之间。譬之一人之身，目视、耳听、手持、足行，以济一身之用，目不耻其无聪，而耳之所涉，目必营焉；足不耻其无执，而手之所探，足必前焉。盖其元气充周，血脉条畅，是以痒呼吸，感触神应，有不言而喻之妙。此圣人之学斫以至易至简，易知易从，学易能而才易成者，正以大端惟在复心体之同然，而知识技能非所与论也。

【注释】

①"舜之命契"六句：语出《孟子·滕文公上》"圣人有忧之，使契可为司徒，教以人伦：父子有亲，君臣有义，夫妇有别，长幼有序，朋友有信"。②启明如朱：语出《尚书·尧典》："放齐曰：'胤子朱，启明。'帝曰：'吁，嚣讼，可乎？'"③仰事俯育：语出《孟子·梁惠王上》"是故明君制民之产，必使仰足以事父母，俯足以畜妻子"。

【译文】

拔去病根，堵塞病源的学说没有在天下大白，那么天下人学习圣人，将会一天比一天感到烦琐艰难，最后沦落为禽兽夷狄还自以为学的是圣人的学说。我的学说虽然可能暂时让圣道明于一时，但终将是松了西边的冻，冰又在东边冻上了，前面的雾散开了后面的云又涌了出来，我就是喋喋不休地在危困中将我的学说宣扬至死，但对拯救天下也丝毫起不到作用。

圣人的心和天地万物是一体的，他看待天下所有人，没有内外远近的区分，凡是有血有呼吸的都是兄弟儿女般至亲之人，无一不想给他们安全感，并且教养他们，以实现他与天地万物为一体的心愿。天下人的心，起初也不会不同于圣人，只是后来在其间夹杂了为自己的私心，被物欲所蒙蔽，为天下的大心变成了为自己的小心，通达的心被堵塞，人人都各有私心，甚至还有把自己的父亲、儿子、兄弟像仇人一样看待的人。圣人对此深感忧虑，因此推广他的天地万物为一体的仁爱学说来教化世人，使他们都克制私欲、去除物欲的蒙蔽，以恢复他们原本相同的本心。这就是圣人教化的主旨，就是尧、舜、禹三代所沿袭的"道心惟微，惟精惟一，允执厥中"；它的具体内容，就是舜命令契的所谓"父子有亲，君臣有义，夫妇有别，长幼有序，朋友有信"。唐尧、虞舜与夏、商、周三代，所教所学唯有这些。在那个时候，人人都没有不同的意见，家家都没有不同的习惯，安于这些的就是圣人，通过勉励自己能做到的就是贤人，而违背这些做法的人，即使像丹朱一样聪明，也会被当作不肖之徒。下至田野市井里从事农、工、商、贾的人，都会纷纷学习这些，而且仅仅把修养德行当作首务。为什么？因为那个时候大家没有旁杂的见闻，没有繁复的记诵，没有泛滥芜杂的诗词章句，不用追逐功名利禄，只是孝敬父母，尊敬兄长，信任朋友，以恢复心体所固有的。这些是人性中本来就存在的，而不是需要从外边假借的，哪个人会做不到呢？

学校以培养人的品德为任务。而人的才能有差异，有的人擅长礼乐，有的人擅长政治教化，有的人擅长水利农事，这就需要依据他们所成就的德行，在学校中进一步培养各自的才能。依据德行让他任职，才能让他在自己的职位上终生不会更改。用人者只知同心同德，使天下百姓共同安定，只注重他的才能是否与职位相称，而不因为身份的高低分轻重，不以职业的种类分贵贱。被任用的人也只知道同心同德，让天下百姓安居乐业，如果自己的职位符合自己的才能，那么即使是一生从事繁重的工作也不觉得辛苦，安于卑微琐碎的工作而不会感到低贱。在那个时候，天下人都高高兴兴，互相当作一家人看待。那些才智低下的人，就安于农、工、商、贾的本分，兢兢业业，互相为对方提供生活必需品，也不会有攀比、虚荣的心思。那些有超群才能的人，比如皋陶、夔、后稷、契，便出仕为官，各自发挥自己的才能。整个天下就像一个大家庭，有的人经营衣服、食物，有的人经商互通有无，有的人制造器具，大家团结合作，齐心协力，来完成供养父母、教养子女的意愿，深恐自己在做某一件事时有所懈怠，因而特别重视自己的职责。所以后稷勤于稼穑而不因为自己不知道教化别人感到羞耻，而是把契的善于教化当作是自己的善于教化；夔专于音乐而不因为自己不知道礼仪而感到羞耻，而是把伯夷的通晓礼仪当作自己的通晓礼仪。大概他们的心纯净明亮，具有与天下万物为一体的仁爱之心，所以他们的精神、志气通畅顺达，没有你我的区分，人和物的区别。就像一个人的身体，眼睛看、耳朵听、用手拿、用脚走，都是为了满足自身的需要。眼睛不因自己听不见觉得羞耻，当耳朵听到声音的时候，眼睛一定会辅佐耳朵；脚不会因为不能拿而感到羞耻，当手去拿东西的时候，脚也一定会向前迈。由于人身元气周流，血液畅通，即使是小病和呼吸，感官也能感觉到，并有神奇的反应，其间有不可言喻的神妙。圣人的学问极容易极简单，容易通晓和实践，容易学习容易成才，正是因为它的主旨在于恢复心体所共有的东西，而没有涉及知识技能。

十五

【原文】

三代之衰，王道熄而霸术昌；孔孟既没，圣学晦而邪说横。教者不复以此为教，而学者不复以此为学。霸者之徒，窃取先王之近似者，假之于外以内济其私己之欲，天下靡然而宗之，圣人之道遂以芜塞。相仿相效，日求所以富强之说、倾诈之谋、攻伐之计，一切欺天罔人，苟一时之得以猎取声利之术，若管、商、苏、张①之属者，至不可名数。既其久也，斗争劫夺，不胜其祸，斯人沦于禽兽夷狄，而霸术亦有所不能行矣。

世之儒者慨然悲伤，搜猎先圣王之典章法制，而掇拾修补于煨烬之余，盖其为心，良亦欲以挽回先王之道。圣学既远，霸术之传积渍已深，虽在贤知皆不免于习染，其所以讲明修饰，以求宣畅光复于世者，仅足以增霸者之藩篱，而圣学之门墙遂不复可睹。于是乎有训诂之学，而传之以为名；有记诵之学，而言之以为博；有辞章之学，而侈之以为丽。若是者纷纷籍籍，群起角立于天下，又不知其几家，万径千蹊，莫知所适，世之学者如入百戏之场，欢谑跳踉、骋奇斗巧、献笑争妍者，四面而竞出，前瞻后盼，应接不遑，而耳目眩瞀，精神恍惑，日夜遨游淹息其间，如病狂丧心之人，莫自知其家业之所归。时君世主亦皆昏迷颠倒于其说，而终身从事于无用之虚文，莫自知其所谓。间有觉其空疏谬妄、支离牵滞，而卓然自奋，欲以见诸行事之实者，极其所抵，亦不过为富强功利五霸②之事业而止。

圣人之学日远日晦，而功利之习愈趋愈下。其间虽尝瞽惑于佛老，而佛老之说卒亦未能有以胜其功利之心；虽又尝折衷于群儒，而群儒之论终亦未能有以破其功利之见。盖至于今，功利之毒沦浃于人之心髓而习以成性也，几千年矣。相矜以知，相轧以势，相争以利，相高以技能，相取以声誉。其出而仕也，理钱谷者则欲兼夫兵刑，典礼乐者又欲与于铨轴③，处郡县则思藩臬④之高，居台谏⑤则望宰执⑥之要。故不能其事则不得以兼其官，不通其说则不可以要其誉。记诵之广，适以长其敖也；知识之多，适以行其恶也；闻见之博，适以肆其辨也；辞章之富，适以饰其伪也。是以皋、夔、稷、契所不能兼之事，而今之初学小生皆欲通其说，究其术。其称名僭号未尝不曰"吾欲以共成天下之务"，而其诚心实意之所在，以为不知是则无以济其私而满其欲也。

呜呼！以若是之积染，以若是之心志，而又讲之以若是之学术，宜其闻吾圣人之教，而视之以为赘疣枘凿；则其以良知为未是，而谓圣人之学为无所用，亦其势有所必至矣！

呜呼！士生斯世而尚同以求圣人之学乎？尚同以论圣人之学乎？士生斯世而欲以为学者，不亦劳苦而繁难乎？不亦拘滞而险艰乎？呜呼，可悲也已！所幸天理之在人心，终有所不可泯，而良知之明，万古一日，则其闻吾拔本塞源之论，必有恻然而悲，戚然而痛，忿然而起，沛然若决江河而有所不可御者矣。非夫豪杰之士，无所待而兴起者，吾谁与望乎！

【注释】

①管、商、苏、张：管，即管仲，名夷吾，春秋时人，帮助齐桓公成为第一个霸主。商，即商鞅，公孙氏，名鞅，卫国人，亦称卫鞅。在秦国实行变法，使秦国国力大增。苏，即苏秦，战国时洛阳人，游说六国合纵拒秦，一度身佩六国相印。张，即张仪，战国时魏人，任秦惠王相，以连横之说策动六国与秦交好，分化瓦解六国的团结，以便各个击破。这四人均有杰出的治国才能。②五霸：春秋时五个称霸的诸侯，指齐桓公、晋文公、宋襄公、秦穆公、楚庄王。一说指齐桓公、晋文公、楚庄王、吴王

阖闾、越王勾践。③铨轴：吏部要职。④藩臬：指藩司和臬司。藩司，明清时置提刑按察司，主管一省的司法。⑤台谏：御史台与谏议大夫。⑥宰执：唐朝时以中书省长官中书令及门下省长官侍中任宰相，为真宰相。其他官任宰相的，则加同中书门下三品、中书门下平章事、参知政事等名，统称为宰执。宋代则以同平章事为宰相，其他如参知政事、左右丞及枢密使、副使则称执政官，合称宰执。

【译文】

自夏、商、周三代之后，王道衰微而霸术昌盛；孔子、孟子死了之后，圣学晦暗而邪说横行。教者、学者不再以圣学为重。施行霸道的人，偷取与先王相似的东西，借助外在的知识来掩盖自己的私欲，天下的人都糊里糊涂地尊崇他们，圣道便被荒废阻塞了。世人相互效仿，整日妄求富国强兵的学说、倾轧诈骗的谋术、攻打讨伐的计策，以及一切欺天罔人，能够在一时之间借以获得功名利禄的手段。像管仲、商鞅、苏秦、张仪等这类的人，多得不可胜数。长此以往的斗争掠夺，祸害无穷，这些人沦落为夷狄禽兽，就连霸道权术也无法再推行了。

世间的儒士们感慨悲伤，搜寻圣王留下的典章制度，在焚书的灰烬中拾掇修补，他们的用心，是想挽回先王的圣道。然而圣学已经很久远了，霸术的流传已经积淀很深，即使是贤明睿智的人，都不免被霸术所沾染，他们为求得圣学的发扬光大，对圣学做出的讲解修饰，也仅仅能够增强霸道的力量，而圣学则再也寻不到痕迹了。于是解释古书的训诂学，给霸术的虚名传播名誉；记诵圣学的学问，所记言论显示霸术的博学；辞章的学问，语言奢靡华丽为它求得文采。像这样的人纷纷扰扰，竞相争斗，不知有多少。众多的旁门左道，不知何所适从。天下的学者好像进入了百戏同演的剧场，嬉戏跳跃、竞奇斗巧、争妍献笑之人，都从四面八方涌出，令人前瞻后盼，应接不暇，以至耳聋目眩，精神恍惚，日夜遨游其中，就像是丧心病狂的人，不知道从哪里回到自己的家了。那时君王们也都在这些学问里神魂颠倒，终生致力于无用的虚文，其实根本不知道说了些什么。间或有意识到这类学问的空洞浅薄荒谬虚妄、支离破碎，便想发愤图强，想要用实际行动做些事情的人，全身心地投入，尽他所能，也只不过是为争取富强功利的霸业罢了。

圣人的学说日渐遥远晦暗，追逐功利的习气，却越来越严重。其间虽然曾经有被佛道两家的学说所迷惑的人，但佛、道的学说最终也没能战胜世人追逐名利的心；虽然有人曾拿群儒的观点来折中，但是群儒的论说最后也无法攻破人们追逐功利的想法。大概到了今天，追逐功利的流毒已经侵入骨髓，积习成性，有数千年之久了。人们在知识上互相夸耀，在权势上互相倾轧，在利益上互相争夺，在技术上互相攀比，在名声上互相竞争。那些出仕为官的，管理了钱粮便还想兼管军事和司法；管礼乐的人又想占据吏部要职；郡县里做官的人想到省里任主管大官；位居御史台和谏议大夫的官员又眼巴巴地盯着宰相的要职。原本没有某方面的才能便不能任某职；不通晓某方面的学说便不能取得相应的声誉。但是广泛的记忆恰好助长了他们的傲慢无知；知识丰富正好使他们能够行恶；见闻的广博正好使他们肆意诡辩；文采的华丽正好掩饰他们的虚伪。因此，原本皋陶、夔、后稷、契都不能做到的事情，现在却是初学的小孩子都想要通晓它的理论、研究它的方法。他们树立的名义招牌何尝不是"我想成就天下人共同的事业"，然而究其本意，就是用这个做幌子来满足他们的私欲，实现他们的私心。

呜呼！凭着这样的积习熏染，凭着像这样的心态，又讲求着这样的学问，所以当他们听到圣人的教化时，自然视之为累赘包袱；他们把良知看作是不完美的，而把圣人的学说当作是无用的东西，也是势所必然的！

唉！儒生们生在这种世道，怎么去追求圣学呢？怎么去谈论圣学呢？生活在这样的时代想要成为学者，不也是太过劳苦繁重了吗？不也太过困难艰险了吗？唉，可悲呀！所幸的是天理存在于人的内心，终究是不可泯灭的，良知重见光明，终有一日，听了我正本清源的学说的人，一定会慨叹悲伤，愤然而起，就像决堤的江河一样势不可当。如果没有英雄豪杰，不能期待他们愤然兴起，我还能指望谁呢！

答周道通书

一

【原文】

吴、曾两生至，备道道通①恳切为道之意，殊慰相念。若道通，真可谓笃信好学者矣。忧病中会，不能与两生细论，然两生亦自有志向肯用功者，每见辄觉有进。在区区诚不能无负于两生之远来，在两生则亦庶几无负其远来之意矣。临别以此册致道通意，请书数语。荒愦无可言者，辄以道通来书中所问数节，略下转语奉酬。草草殊不详细，两生当亦自能口悉也。

来书云："日用功夫只是立志，近来于先生诲言时时体验，愈益明白。然于朋友不能一时相离，若得朋友讲习，则此志才精健阔大，才有生意。若三五日不得朋友相讲，便觉微弱，遇事便会困，亦时会忘。乃今无朋友相讲之日，还只静坐，或看书，或游衍经行，凡寓目措身，悉取以培养此志，颇觉意思和适。然终不如朋友讲聚，精神流动，生意更多也。离群索居之人，当更有何法以处之？"

此段足验道通日用功夫所得。功夫大略亦只是如此用，只要无间断，到得纯熟后，意思又自不同矣。大抵吾人为学，紧要大头脑，只是立志。所谓困、忘之病，亦只是志欠真切。今好色之人，未尝病于困忘，只是一真切耳。自家痛痒自家须会知得，自家须会搔摩得，既自知得痛痒，自家须不能不搔摩得，佛家谓之"方便法门"。须是自家调停斟酌，他人总难与力，亦更无别法可设也。

【注释】

①道通：名冲，字道通，号静庵，江苏宜兴人。先师从王阳明，后师从湛若水，能够协调王、湛两家的学说。

【译文】

吴、曾两位年轻人到我这里，跟我详细备至地说了你恳切向道的心意，我深感欣慰和挂念。像你这样，真的可以称得上是笃信好学的人了。只可惜我正在为家父守丧期间，心情忧伤，未能和他们两个细谈，然而，他们两个极有志向，每次见面都会觉得他们有所进步。从我的角度而言，我实在不能辜负他们的远道而来的用意，对他们来说，也没有辜负远道而来的用意。临走时，我写了这封信表达对你的问候。在这个糊涂思绪不明的时候，只就你的来信里问到的几个问题，做个简单解释，算是交代。草草几句不太详细，他们两位应该自会向你口头转达的。

你来信中说："平日功夫仅仅是立志，近来时时体察检验先生的教导，更觉得明白了。但是我时时都离不开朋友，如果朋友们互相讲习，我的志向才会精健阔大，充满生机。但是如果有三五天我没有和朋友互相讲习，志向便变得微弱，遇事就会产生困惑，并且时时会忘掉。现在我没有朋友一起讲习的时候，便只是静坐着，或者看书，或者随便走走，举手投足之间，我都是为了培育这个志，觉得心舒意适。然而终究还是不如朋友聚在一起讲习的时候那样精神振奋，更有生机。离群索居的人，有什么更好的方法来帮助立志呢？"

这段话足以证明你平日里用功时所得到的收获。立志的功夫大概只是这样，只要每天坚持，没有不间断，等到功夫纯正熟练后，感觉自然会有所不同。一般来说我们做学问，最关键的只是立志。有困惑、遗忘的毛病，也只是因为志向不够真切。好色的人从来不会有困惑和遗忘的时候，只是因为他好色的欲望更真切罢了。自己的痛痒自己应当会知道，应当会自己搔痒按摩，既然知道了痛痒，自己也就不得不搔痒按摩了，佛教把这叫作"方便之门"。必须自己调整斟酌，别人总是很难帮忙的，也再没有别的方法可以借鉴的了。

二

【原文】

来书云："上蔡①常问'天下何思何虑'，伊川云：'有此理，只是发得太早。②'在学者功夫，固是'必有事焉而勿忘'，然亦须识得'何思何虑'的气象，一并看为是。若不识得这气象，便有正与助长之病；若认得'何思何虑'，而忘'必有事焉'功夫，恐又堕于无也。须是不滞于有，不堕于无。然乎否也？"

所论亦相去不远矣，只是契悟未尽。上蔡之问与伊川之答，亦只是上蔡、伊川之意，与孔子《系辞》原旨稍有不同。《系》言"何思何虑"，是言所思所虑只是一个天理，更无别思别虑耳，非谓无思无虑也。故曰："同归而殊途，一致而百虑，天下何思何虑？"云"殊途"，云"百虑"，则岂谓"无思无虑"邪？心之本体即是天理，天理只是一个，更有何可思虑得？天理原自寂然不动，原自感而遂通。学者用功，虽千思万虑，只是要复他本来体用而已，不是以私意去安排思索出来。故明道云："君子之学，莫若廓然而大公，物来而顺应。"若以私意去安排思索，便是用智自私矣。"何思何虑"正是功夫，在圣人分上便是自然的，在学者分上便是勉然的。尹川却是把作效验看了，所以有"发得太早"之说。既而云"却好用功"，则已自觉其前言之有未尽矣。濂溪主静之论亦是此意。今道通之言，虽已不为无见，然亦未免尚有两事也。

【注释】

①上蔡：谢良佐（1050~1103），字显道，河南上蔡人，世称上蔡先生，进士，为程门四大弟子之一。②"伊川云"句：《河南程氏外书·上蔡语录》记载谢氏与程颐的对话："二十年往见伊川。伊川曰：'近日事如何？'某对曰：'天下何思何虑？'伊川曰：'是则是有此理，却发得太早。'"

【译文】

来信中曾说："谢良佐先生曾经问'天下何思何虑'，程颐先生说：'有此理，只是发得太早。'从学者的功夫来说，固然是'必有事焉而勿忘'，但也应当明白'何思何虑'的气象，放在一块综合起来看才对。若没有看清楚这种气象，就会滋生期望过高与助长的弊病；如果明白了'何思何虑'，但忘'必有事焉'的功夫，恐怕又会掉入虚无的误区里。应该既不为有所牵滞，又不堕入虚无。是这样吗？"

你所说的也差不多正确，只是还没有领悟透彻。谢良佐先生与程颐先生的回答，实际上只是他们两个人的意思，与孔子《系辞》中的原意本就稍有出入。《系辞传》所讲的"何思何虑"，是指所思虑的只是一个天理，之外再没有别的思虑，而并不是说完全没有什么思虑。所以说"同归而殊途，一致而百虑，天下何思何虑？"说"殊途"，说"百虑"，难道也是"无思无虑"吗？心的本体就是天理，而天理只有一个，除此之外还有别的什么可以思虑的呢？天理原本是寂静不动的，原本就是自己感应了之后就能通达的。学者用功，即使有百思千虑，也只是恢复他心的本体和作用而已，而并非用自己的私愿能安排思索出来的。所以程颢先生说："君子之学，莫若廓然而大公，物来而顺应。"如果凭着私愿去安排思索，便是在私欲上用才智。"何思何虑"正是做学问的功夫，在圣人是自然而然的，但是在学者就必须勉强才能做到。程颐先生却把它当作作功夫的效果看待了，所以才会有"发得太早"的说法，接着又说"却好用功"，则是他自己觉察到前面所说的话还有欠缺。周敦颐先生主静的观点也是这个意思。现在你的看法，虽然不能说不是你自己的见地，但还是把功夫当两回事来看待了。

三

【原文】

来书云："凡学者才晓得做功夫，便要识认得圣人气象①。盖认得圣人气象，把做准的，乃就实地做功夫去，才不会差，才是作圣功夫。未知是否？"

先认圣人气象，昔人尝有是言矣，然亦欠有头脑，圣人气象自是圣人的，我从何处识认？若不就自己良知上真切体认，如以无星之秤而权轻重，未开之镜而照妍媸，真所谓以小人之腹而度君子之心矣。圣人气象何由认得？自己良知原与圣人一般，若体认得自己良知明白，即圣人气象不在圣人而在我矣。程子尝云："觑著尧，学他行事，无他许多聪明睿智，安能如彼之动容周旋中礼？②"又云："心通于道，然后能辨是非。③"今且说"通于道"在何处？"聪明睿智"从何处出来？

【注释】

①圣人气象：程颐语，出自《河南程氏遗书》卷二十二："凡看文字，非只是要理会语言，要识圣贤气象。"②"觑著尧"四句：语出《河南程氏遗书》卷十八。意为看着尧，学习他如何做事，但没有他的聪明睿智，怎么能像他那样一举一动都符合礼仪呢？③心通于道，然后能辨是非：意为只有心与天理相通，然后才能明辨是非。语出《河南程氏遗书》卷五。

【译文】

来信中写道："但凡学者刚刚开始懂得做功夫，就应当认识圣人的气象。大概认识了圣人的气象，把它当作准则，真切实际地去下功夫，才不会有差错出现，才是作圣人的功夫。不知道是不是这样？"

先认识圣人气象，过去的人有这样说过的，然而也是欠缺要领，圣人的气象自然是圣人的，我们从何处能够体认到呢？如果不在自己的良知上真切体认，就像是用没有准星的秤去称轻重，用没有打磨过的铜镜去照美丑。真是所谓的以小人之心度君子之腹了。圣人的气象从何去体认得到呢？自身的良知原本就同圣人是一样，如果把自己的良知体认清楚了，那么圣人的气象不在圣人身上而在我们自己身上了。程颐先生曾说："觑著尧，学他行事，无他许多聪明睿智，安能如彼之动容周旋中礼？"又说："心通于道，然后能辨是非。"现在你姑且说说哪里可以与天理相通？而"聪明睿智"又从哪里得来？

四

【原文】

来书云："'事上磨炼'，一日之内，不管有事无事，只一意培养本原。若遇事来感，或自己有感，心上既有觉，安可谓无事？但因事凝心一会，大段觉得事理当如此，只如无事处之，尽吾心而已。然仍有处得善与未善，何也？又或事来得多，须要次第与处，每因才力不足，辄为所困，虽极力扶起而精神已觉衰弱。遇此未免要十分退省①，宁不了事，不可不加培养。如何？"

所说功夫，就道通分上也只是如此用，然未免有出入在。凡人为学，终身只为这一事，自少至老，自朝至暮，不论有事无事，只是做得这一件，所谓"必有事焉"者也。若说"宁不了事，不可不加培养"，却是尚为两事也。"必有事焉而勿忘勿助"，事物之来，但尽吾心之良知以应之，所谓"忠恕违道不远"②矣。凡处得有善有未善，及有困顿失次之患者，皆是牵于毁誉得丧，不能实致其良知耳。若能实致其良知，然后见得平日所谓善者未必是善，所谓未善者，却恐正是牵于毁誉得丧，自贼其良知者也。

【注释】

①退省：意为退下来反省。语出《论语·为政》："吾与回言终日，不违如愚，退而省其私，亦足以发。回也不愚。"②忠恕违道不远：语出《中庸》："忠恕违道不远，施诸己而不愿，亦勿施于人。"

【译文】

信中写道："先生所说'事上磨炼'，一天之内，不管有事没事，只一心培养心体的本原。如果遇到事情有了感触，或自己有了感解，心中已经感觉到了，怎么能认为是无事呢？但是大致上觉得事理应当是因为此事聚精会神地思考一会儿。而就像什么事也没有发生一样处理，则是尽我们的本心罢了。但是仍然会有事情处理得好或不好的区别，为什么呢？又或者事情发生得很多，需要分出先后顺序来依次处理，但是因为我才智不足，总会为事情所困扰，即使是极力坚持，精神也会觉得疲惫不堪。遇到这种情况，未免需要退下来自己反省，宁肯不完成事情，也不能不存养本心。这样做对吗？"

所说的功夫，按照你的天分，也就只能是这样，但是仍旧还有些出入。一般人做学问，终身只为了这一件事，从少到老，从早到晚，不管有事没事，只要能够做到这一件事就行了，所谓"必有事焉"。如果说"宁肯不做事，也不能不培养本体"，就是还把做事与培养本体当作两件事看待了。"必有事焉而勿忘勿助"，事情发生的时候，只需尽我们本心的良知去应付，所谓"忠恕违道不远"。处理事情有好有不好的区别，以及有困扰和混乱的担心，都是由于在意毁誉得失，不能真正地做到致良知罢了。如果能真切地致良知，然后就会明白平日所说的好未必就是真的好的，所谓不好的，恐怕正是为毁誉得失所牵累，而自己损害了自己良知罢了！

五

【原文】

来书云："致知之说，春间再承诲益，已颇知用力，觉得比旧尤为简易。但鄙心则谓与初学言之，还须带格物意思，使之知下手处。本来致知格物一并下，但在初学未知下手用功，还说与格物，方晓得致知。"云云。

格物是致知功夫，知得致知便已知得格物。若是未知格物，则是致知功夫亦未尝知也。近有一书与友人，论此颇悉，今往一通，细观之当自见矣。

【译文】

来信中说："春天承蒙您再次教诲致知的学说，我已经深知如何用功，觉得比以前尤为简单了。但是我心中认为，对于初学者而言，还应当再带上格物的意思，使他们知道入门的地方。本来致知格物是一起用功的，但在初学者还不知道从何处下手的时候，先说格物，这样才能懂得致知。"等等。

格物是致知的功夫，懂得致知就是已经知道了格物。如果还不知道格物，那么就是致知的功夫还不曾弄明白。我先前有一封信给朋友，讨论了这个问题，很是详细，相信认真读后，就会明白。

六

【原文】

来书云："今之为朱、陆之辨者尚未已。每对朋友言，正学不明已久，且不须枉费心力为朱、陆争是非。只依先生'立志'二字点化人，若其人果能辨得此志来，决意要知此学，已是大段明白了。朱、陆虽不辨，彼自能觉得。又尝见朋友中见有人议先生之言者，辄为动气。昔在朱、陆二先生所以遗后世纷纷之议者，亦见二先生功夫有未纯熟，分明亦有动气之病。若明道则无此矣。观其与吴涉礼论介甫①之学云：'为我尽达诸介甫，不有益于他，必有益于我也。②'气象何等从容！尝见先生与人书③中亦引此言，愿朋友皆如此，如何？"

此节议论得极是极是。愿道通遍以告于同志，各自且论自己是非，莫论朱、陆是非也。以言语谤人，其谤浅；若自己不能身体实践，而徒入耳出口，咏咏度日，是以身谤也，其谤深矣。凡今天下之论议我者，苟能取以为善，皆是砥砺切磋我也，则在我无非警惕修省进德之地矣。昔人谓"攻吾之短者是吾师"④，师又可恶乎？

【注释】

①介甫：王安石（1021~1086），字介甫，号半山，江西临川人，进士，北宋文学家，政治家，神宗时为相，曾推行变法。②"为我"三句：意为请

替我向介甫先生转达我的全部观点，如果对他没有益处，则一定对我有益。语出《河南程氏遗书》卷一。③与人书：指《答汪石潭内翰书》，见《王阳明全集》卷四。④攻吾之短者是吾师：语出《荀子·修身篇》"故非我而学者，吾师也；是我而当者，吾友也；谄谀我者，吾贼也"。

【译文】

你信中说："现在为朱熹、陆九渊争辩的还大有人在，未曾停止。我每每对朋友说，圣学已经很久不得昌明了，姑且不必再枉费心机去为朱熹、陆九渊争辩谁是谁非了。只依据先生的'立志'来点化人，假若此人真能辨别出这个志向，决意要把圣学弄明白，那么他已经基本上明白了。朱、陆二人谁是谁非，即使不去辨别，他自己也会自然感觉到了。曾经看到朋友中有非议先生学说的，就觉得很生气。以前朱、陆两位先生给后世留下了这众多的争议，也可以看出二位先生的功夫有不纯熟的地方，明显有意气用事的弊病。程颢先生就没有这种毛病。他同吴涉礼讨论王安石的学说的时候说：'为我尽达诸介甫，不有益于他，必有益于我也。'是何等从容的气度啊！我曾经看到先生给别人的信中也引述了这句话，希望朋友们都能做到这样，是吗？"

这段议论说得很对很对。希望你告诉所有志同道合的人，各人暂且各自反省自己的是非，而不要去谈论朱、陆二人的是与非。用言语诽谤别人，这种诽谤是很肤浅的；如果自己不能身体力行去实践，而仅仅是从耳朵听进去又马上从嘴巴吐出来，成天夸夸其谈，实际上就是在自己诽谤自己，而这种诽谤是很厉害的。但凡现在天下议论我的人，如果能从中获益，那么，都是在与我砥砺切磋，对我来说，无非是更加警惕反省自己、修养品德。荀子说"攻吾之短者是吾师"，老师会有可恶的吗？

七

【原文】

来书云："有引程子'人生而静，以上不容说，才说性便已不是性'①。

何故不容说？何故不是性？晦庵答云：'不容说者，未有性之可言；不是性者，已不能无气质之杂矣。'二先生之言皆未能晓，每看书至此，辄为一惑，请问。"

"生之谓性"②，"生"字即是"气"字，犹言气即是性也。气即是性，人生而静以上不容说，才说"气即是性"，即已落在一边，不是性之本原矣。孟子"性善"是从本原上说。然性善之端，须在气上始见得，若无气亦无可见矣。恻隐、羞恶、辞让、是非即是气。程子谓"论性不论气，不备；论气不论性，不明"，亦是为学者各认一边，只得如此说。若见得自性明白时，气即是性，性即是气，原无性气之可分也。

【注释】

①"人生而静"三句：程颢语出自《河南程氏遗书》卷一。向朱熹问这话的是严时亨。人生而静，语出《礼记·乐记》："人生而静，天之性也；感于物而动，性之欲也。"②生之谓性：语出《孟子·告子上》："告子曰：'生之谓性。'孟子曰：'知之谓性也，犹白之谓白与？'曰：'然。'"

【译文】

来信中说："严时亨引用程颐先生的'人生而静，以上不容说，才说性便已不是性'，问朱熹为什么不能说，为什么不是性，朱熹回答说：'不容说者，未有性之可言；不是性者，已不能无气质之杂矣。'两位先生的话我都看不明白，每次看书看到了这里，就会有疑惑，因此向先生请教。"

"生之谓性""生"字就是"气"字，也就是说气质就是天性。"气"就是"性"，人生而静以上是不容说的，才说"气就是性"，性就已经偏向一边了，就已经不再是天性的本原了。孟子的"性善"是从本原上说的。然而人性善的发端必须在气上才能看见，如果没有气也就无处可见。恻隐、羞恶、辞让、是非就是气。程子说："论性不论气，不备；论气不论性，不明。"这也是因为学者们各执一词，只能这样说。如果能很明白地看见自己的天性，那么气就是性，性就是气，原本是没有性和气之区分的。

答陆原静书

一

【原文】

来书云："下手功夫，觉此心无时宁静，妄心固动也，照心亦动也。心既恒动，则无刻暂停也。"

是有意于求宁静，是以愈不宁静耳。夫妄心则动也，照心非动也。恒照则恒动恒静，天地之所以恒久而不已也。照心固照也，妄心亦照也。"其为物不二，则其生物不息。①"有刻暂停则息矣，非至诚无息②之学矣。

【注释】

①其为物不二，则其生物不息：语出《中庸》"天地之道，可一言而尽也：其为物不二，则其生物不测"。② 至诚无息：语出《中庸》"故至诚无息。不息则久，久则徵"。

【译文】

你信中说："着手用功的时候，感觉自己心中没有一刻是宁静的，虚妄的心固然是在活动，澄亮的照心也在活动。既然心是恒久运动的，那么就不会有片刻的停息了。"

因为你是在刻意追求宁静，就更加不宁静了。虚妄的心是活动的，而照心则是不动的。恒照就能恒动恒静，这就是天地万物永久地不停歇的原因。照心本来就是明亮的，妄心也是明亮的。《中庸》说："其为物不二，则其生物不息。"有片刻的暂停就会熄灭，就不是至诚而不停息的学问。

二

【原文】

来书云："良知亦有起处。"云云。

此或听之未审。良知者心之本体，即前所谓恒照者也。心之本体无起无不起。虽妄念之发，而良知未尝不在，但人不知存，则有时而或放耳。虽昏塞之极，而良知未尝不明，但人不知察，则有时而或蔽耳。虽有时而或放，其体实未尝不在也，存之而已耳。虽有时而或蔽，其体实未尝不明也，察之而已耳。若谓良知亦有起处，则是有时而不在也，非其本体之谓矣。

【译文】

来信中说道："良知也有其发端的地方。"等等。

说这句话也许是因为你听得不仔细。良知是心的本体，也就是前面所讲的"恒照"。心的本体无所谓有无开端。即使是妄念产生的时候，良知并非不存在，只是人们没有察觉到良知的存养，所以有时便会把良知放弃掉了。即使昏庸闭塞到了极点，他的良知仍旧是明亮的，只是没能体察它，便有时会遭到蒙蔽了。虽然有时放弃了良知，但它的本体依然是存在的，存养它就行了；虽然有时遭到了蒙蔽，它的本体未曾变得不明亮，体察它就行了。如果说良知也有发端的地方，那么就是认为它有时存在有时不存在，这样，良知就不是心的本体了。

三

【原文】

来书云："前日'精一'之论，即作圣之功否？"

"精一"之"精"以理言，"精神"之"精"以气言。理者，气之条理，气者理之运用。无条理则不能运用，无运用则亦无以见其所谓条理者矣。精则精，精则明，精则一，精则神，精则诚；一则精，一则明，一则神，一则诚，原非有二事也。但后世儒者之说与养生之说各滞于一偏，是以不相为用。前日"精一"之论，虽为原静爱养精神而发，然而作圣之功，实亦不外是矣。

【译文】

来信道："先前您关于'精一'的论说，是不是就是做圣人的功夫呢？"

"精一"的"精"，是从理上说的，"精神"的"精"，则是从"气"上说的。理是气的条理，气是理的运用。没有条理就不能运用，没有运用也无法看见所谓的条理。掌握了精，就能精，能明，能一，能奇，能诚；做到了一，也就能精，能明，能一，能神，能诚。精和一原本就不是两回事。但是后世儒生的学说和道家的养生的学说却各自偏执于其中一方面，不能彼此取长补短。先前关于"精一"的论说，虽然是为了你能爱护保养精神才说的，然而做圣人的功夫，其实也不外乎这些。

四

【原文】

来书云："元神、元气、元精①，必各有寄藏发生之处。又有真阴之精，真阳之气。"云云。

夫良知一也，以其妙用而言谓之神，以其流行而言谓之气，以其凝聚而言谓之精，安可以形象方所求哉？真阴之精，即真阳之气之母；真阳之气，即真阴之精之父。阴根阳，阳根阴②，亦非有二也。苟吾良知之说明，即凡若此类，皆可以不言而喻。不然，则如来书所云三关③、七返④、九还⑤之属，尚有无穷可疑者也。

【注释】

① 元神、元气、元精：道教名词，合称三元。② 阴根阳，阳根阴：语出周敦颐《太极图说》"无极而太极。太极动而生阳，动极而静。静而生阴，

静极复动。一动一静，互为其根"。③三关：道家以口为天关，足为地关，手为人关，合称三关。《淮南子·主术》谓耳、目、口为三关。另有说法认为三关为人身的三个穴位，是炼丹的道路。④七返：道教以七代火，心属火，降心火于丹田下，养得肾中真气，复返于心田，即为七返之功。一说为七返灵砂，道教所说的仙药，服之可以还魂，因在炼制过程中要经过七次转化，故称七返。⑤九还：道教以九代金，情属金，摄情归性，养得性光圆明，以还先天真性，即为九还之功。一说为九还丹，道教所说的仙药，服之可以长生不老。炼制过程中丹砂变成水银，经多次变化又成丹砂，故名九还。

【译文】

信中说："元神、元气、元精，必定各有寄托发生的地方。又有所谓的真阴之精，真阳之气。"等等。

良知仅有一个，就它的妙用而言叫作"神"，就它的运行而言叫作"气"，就它的凝聚而言叫作"精"，怎么能够从它的形象、方位上求得呢？真阴之精，是真阳之气的母体；真阳之气，是真阴之精的父体。阴生于阳，阳生于阴，阴阳并非分而为二的两件事。假如我的关于良知的学说昌明了，那么这一类的问题也就都能不言而喻了。否则的话，就会像你信中所说的三关、七返、九还等，还有无穷无尽的疑问。

答欧阳崇一

一

【原文】

崇一①来书云："师云：'德性之良知，非由于闻见，若曰多闻择其善者而从之，多见而识之，则是专求之见闻之末，而已落在第二义。'窃意良知虽不由见闻而有，然学者之知，未尝不由见闻而发。滞于见闻固非，而见闻亦良知之用也。今曰'落在第二义'，恐为专以见闻为学者而言，若致其良知而求之见闻，似亦知行合一之功矣。如何？"

良知不由见闻而有，而见闻莫非良知之用。故良知不滞于见闻，而亦不离于见闻。孔子云："吾有知乎哉？无知也。②"良知之外别无知矣。故致良知是学问大头脑，是圣人教人第一义。今云专求之见闻之末，则是失却头脑，而已落在第二义矣。近时同志中，盖已莫不知有致良知之说，然其功夫尚多鹘突者，正是欠此一问。

大抵学问功夫只要注意头脑是当。若主意头脑专以致良知为事，则凡多闻多见，莫非致良知之功。盖日用之间，见闻酬酢，虽千头万绪，莫非良知之发用流行；除却见闻酬酢，亦无良知可致矣，故只是一事。若曰致其良知而求之见闻，则语意之间未免为二。此与专求见闻之末者虽稍不同，其为未得精一之旨，则一而已。"多闻，择其善者而从之，多见而识之。"既云"择"，又云"识"，其真知亦未尝不行于其间，但其用意乃专在多闻多见上去择、识，则已失却头脑矣。崇一于此等处见得当已分晓，今日之问，正为发明此学，于同志中极有益。但语意未莹，则毫厘千里，亦不容不精察之也。

【注释】

① 崇一：欧阳德（1495~1554），字崇一，号南野，江西泰和人，王阳明的弟子，进士，官至礼部尚书。② 吾有知乎哉？无知也：语出《论语·子罕》"吾有知乎哉？无知也。有鄙夫问于我，空空如也，我叩其两端而竭焉"。

【译文】

欧阳崇一来信说："先生曾说：'德性之良知，非由于闻见，若曰多闻择其善者而从之，多见而识之，则是专求之见闻之术，而已落在第二义。'我自己私下以为，良知虽然不是由见闻生出来的，但是学者的知识，未尝不是由见闻中产生的。局限于见闻的层面上固然错误，但是见闻也是良知的作用。您说'落在第二义'，恐怕是对那些专门把见闻当作学问的学者说的，如果是为了致良知而在见闻上探求，似乎也是知行合一的功夫。这样理解怎么样？"

良知不是见闻产生的，但是见闻无一不是良知的运用。所以良知不会停滞在见闻上，也不会与见闻分离开来。孔子说："吾有知乎哉？无知也。"在良知之外再没有其他的知识了。所以致良知是学问的关键，是圣人教育人的第一要义。现在如果专门在见闻的细枝末节上探求，就是丢弃了关键，寻求的只是次要的东西了。最近大家大概没有不知道致良知的学说了，但是他们的功夫里还有许多糊涂的地方，正好是缺你这一问了。

大致说来，在学问上下功夫首先就需恰当地把握住关键。如果把致良知当作关键，那么多闻多见，也无一不是致良知的功夫。日常生活之中，见闻应酬，虽然千头万绪，也无非是良知的发挥和流传；去掉那些见闻应酬，也就没有良知可以致了，所以这些只是一件事罢了。如果说致良知是从见闻上求得的，那么它的意思就是把致良知和见闻分而为二，当作两回事了。这虽然和专门在见闻的细枝末节上探寻知识有所区别，但也同样没有领会精一的宗旨。"多闻，择其善者而从之，多见而识之"，既然说"择"和"识"，可见良知也在其间产生了很大的作用了，但是它的用意还是专门在多闻多见上去选择和认识，就已经失去了关键了。你对这个地方已经认识得十分清楚，今天的这个问题，正是为了阐明致良知的学说，对同学有很大的益处。只是语意表达不大清楚，难免会出现差之毫厘，谬以千里的问题，所以不得不精心体察。

二

【原文】

来书云："师云：'《系》言"何思何虑"，是言所思所虑只是天理，更无别思别虑耳，非谓无思无虑也。心之本体即是天理，有何可思虑得？学者用功，虽千思万虑，只是要复他本体，不是以私意去安排思索出来。若安排思索，便是自私用智矣。'学者之蔽，大率非沉空守寂，则安排思索。德辛壬之岁著前一病，近又著后一病。但思索亦是良知发用，其与私意安排者何所取别？恐认贼作子，惑而不知也。"

"思曰睿，睿作圣。①""心之官则思，思则得之。②"思其可少乎？沉空守寂与安排思索，正是自私用智，其为丧失良知，一也。良知是天理之昭明灵觉处，故良知即是天理，思是良知之发用。若是良知发用之思，则所思莫非天理矣。良知发用之思，自然明白简易，良知亦自能知得。若是私意安排之思，自是纷纭劳扰，良知亦自会分别得。盖思之是非邪正，良知无有不自知者。所以认贼作子，正为致知之学不明，不知在良知上体认之耳。

【注释】

①思曰睿，睿作圣：意为思维要深远通达，深远通达就达到了圣人的境界。语出《尚书·洪范》。②心之官则思，思则得之：语出《孟子·告子上》"心之官则思，思则得之，不思则不得也"。意为心的功能是思考，思考就能体认天道和人性，不思考则难以认识天理。

【译文】

来信说："先生曾说：'《系辞》中说"何思何虑"，是指所思所虑只有天理，而没有其他的思虑，并不是说没有什么思虑。心的本体就是天理，有什么能够思虑得到呢？学者下工夫，虽然千思万虑，也只是要恢复他的本体，并非用私意去安排、思索天理。如果安排、思索，就属于自私耍小聪明了。'学者的弊病，大概不是陷入空洞枯燥，就是去安排、思索天理。我在辛巳到壬午期间（明正德十六年到嘉靖元年，即 1521 ～ 1522 年），犯过前一个错误，近来又犯了后一个错误。只是，思索也是良知的运用，它和私意安排又有何区别呢？我担心自己认了贼做儿子，受了其间的迷惑还不明白它们的区分呢！"

"思曰睿，睿作圣。""心之官则思，思则得之。"岂能缺少了思考？

死守沉寂与安排思索，正是自私耍小聪明，也是丧失了自己心中的良知。良知是天理昭然灵觉之所在，所以良知即是天理，思索是良知的运用。如果是良知运用时的思索，那么思索的就只有天理。良知运用的思索，自然明白简单，良知自然也能够知道。如果是凭私意安排的思索，自然是纷纷扰扰，千头万绪，但良知也自然能够分辨。思索的是非正邪，良知没有不知道的。会出现认贼作子的情况，正是因为还没有弄明白致良知的学问，不知道在良知上体察认知罢了。

三

【原文】

来书又云："师云：'为学终身只是一事，不论有事无事，只是这一件。若说宁不了事，不可不加培养，却是分为两事也。'窃意觉精力衰弱，不足以终事者，良知也。宁不了事，且加休养，致知也。如何却为两事？若事变之来，有事势不容不了，而精力虽衰，稍鼓舞亦能支持，则持志以帅气可矣①。然言动终无气力，毕事则困惫已甚，不几于暴其气已乎？此其轻重缓急，良知固未尝不知，然或迫于事势，安能顾精力？或困于精力，安能顾事势？如之何则可？"

"宁不了事，不可不加培养"之意，且与初学如此说亦不为无益。但作两事看了，便有病痛在。孟子言"必有事焉"，则君子之学终身只是"集义"一事。义者宜也，心得其宜之谓义。能致良知则心得其宜矣，故"集义"亦只是致良知。君子之酬酢万变，当行则行，当止则止，当生则生，当死则死，斟酌调停，无非是致其良知，以求自慊而已。故"君子素其位而行""思不出其位"。凡谋其力之所不及而强其知之所不能者，皆不得为致良知。而凡"劳其筋骨，饿其体肤，空乏其身，行拂乱其所为，动心忍性以增益其所不能"者，皆所以致其良知也。若云"宁不了事，不可不加培养"者，亦是先有功利之心，计较成败利钝而爱憎取舍于其间，是以将了事自作一事，而培养又别作一事，此便有是内非外之意，便是"自私用智"，便是"义外"，便有"不得于心，勿求于气"之病，便不是致良知以求自慊之功矣。

所云"鼓舞支持，毕事则困惫已甚"，又云"迫于事势，困于精力"，皆是把作两事做了，所以有此。凡学问之功，一则诚，二则伪。凡此皆是致良知之意，欠诚一真切之故。《大学》言："诚其意者，如恶恶臭，如好好色，此之谓自慊。"曾见有恶恶臭、好好色而须鼓舞支持者乎？曾见毕事则困惫已甚者乎？曾有迫于事势困于精力者乎？此可以知其受病之所从来矣。

【注释】

①持志以帅气可矣：语出《孟子·公孙丑上》"夫志，气之帅也；气，体之充也。夫志，至焉；气，次焉。故曰：持其志，无暴其气"。

【译文】

来信又说："先生您曾经说：'为学，终生只是一件事，不管有事没事，也只是这一件事。如果说宁愿做不完事情，也不能不培养良知，就是把致良知和做学问当成两回事了。'我私下以为，当感到精力衰弱，不能完成事情，就是良知。而宁愿不做事，也要修养本心，就是致良知了。怎么就成了两回事了呢？如果遇到了事情发生，不能不处理，即使精力衰弱，只需稍加勉励，也是能坚持下来的。由此可知，意志还是统领着气力的。但是，这个时候，言行始终是没有气力的，等事情完成了就会十分疲惫，这和滥用气力不是几乎相当吗？良知固然不会不明白这其中的轻重缓急，但是有时为形势所迫，怎么能再顾及得到精力？有时则筋疲力尽，又怎么能顾及得到形势？这究竟怎么办呢？"

宁可不去处理事情，也不可不去培养本源，对初学的人这样说，也不无好处。但是把做事情与存养良知分而为二了，本身就有毛病。孟子说"必有事焉"，那么"集义"，就成了君子终身做学问要做的唯一的一件事了。义，就是宜，心做到它应该做的就是义。能致良知，心便能做到它应该做的事，所以"集义"也只是致良知。君子酬酢万变，当行便行，当止便止，当生便生，当死便死，这样斟酌协调，也无非都是致良知，为了求得自我满足罢了。所以"君子素其位而行""思不出其位"。凡是谋求自己力所不能及的东西，强迫自己懂得自己才智不能懂的事情，都不是致良知。但凡"劳其筋骨，饿其体肤，空乏其身，行拂乱其所为，动心忍性以增益其所不能"的人，都是为了致良知。如果说"宁不了事，不可不加培养"，也是因为先有了一份功利的心思，计较其中的得失成败，从而做出爱憎取舍。因此把做事情当成了一回事，把存养良知又当作另一回事，这样就有了是非内外的区分，就是自私耍小聪明了，就是把义当作是外在的东西。于是就有了"不得于心，勿求于气"的弊病，就不再是致良知以求得自己内心满足的功夫了。

你所说的"鼓舞支持，毕事则困惫已甚"，又说"迫于形势，困于精力"，都是把做事情和存养良知当作两回事看了，因此才会有这样的情况出现。凡是做学问的功夫，一心一意就是真诚，三心二意就是虚伪。你所说的情况，都是致良知的心欠缺真切的缘故。《大学》中说："诚其意者，如恶恶臭，如好好色，此之谓自慊。"你什么时候见过讨厌恶臭、喜欢美色还需要鼓舞支持的？你见过做完这些事情之后会觉得疲惫不堪吗？何曾会有被事势所逼而精力不够用的人？由此，你就可以知道病根从何而来了。

四

【原文】

来书又有云："人情机诈百出，御之以不疑，往往为所欺，觉则自入于逆、臆①。夫逆诈，即诈也；臆不信，即非信也；为人欺，又非觉也。不逆不臆而常先觉，其惟良知莹彻乎？然而出入毫忽之间，背觉合诈者多矣。"

不逆不臆而先觉，此孔子因当时人专以逆诈、臆不信为心，而自陷于诈与不信；又有不逆、不臆者，然不知致良知之功，而往往又为人所欺诈，故有是言。非教人以是存心，而专欲先觉人之诈与不信也。以是存心，即是后世猜忌险薄者之事。而只此一念，已不可与入尧、舜之道矣。不逆、不臆而为人所欺者，尚亦不失为善，但不如能致其良知，而自然先觉者之尤为贤耳。崇一谓"其惟良知莹彻"者，盖已得其旨矣，然亦颖悟所及，恐未实际也。

盖良知之在人心，亘万古、塞宇宙而无不同。"不虑而知""恒易以知险""不学而能""恒简以知阻""先天而天不违。天且不违，而况于人乎？况于鬼神乎？②"夫谓"背觉合诈"者，是虽不逆人，而或未能自欺也；虽不臆人，而或未能果自信也。是或常有先觉之心，而未能常自觉也。常有求先觉之心，即已流于逆、臆而足以自蔽其良知矣。此背觉合诈之所以未免也。

君子学以为己③，未尝虞人之欺己也，恒不自欺其良知而已；未尝虑人之不信己也，恒自信其良知而已；未尝求先觉人之诈与不信也，恒务自觉其良知而已。是故不欺则良知无所伪而诚，"诚则明"矣；自信则良知无所惑而明，"明则诚"矣。明、诚相生，是故良知常觉、常照。常觉、常照则如明镜之悬，而物之来者自不能遁其妍媸矣。何者？不欺而诚，则无所容其欺，苟有欺焉而觉矣；自信而明，则无所容其不信，苟不信焉而觉矣。是谓"易以知险，简以知阻"，子思所谓"至诚如神，可以前知"者也。然子思谓"如神"，谓"可以前知"，犹二而言之，是盖推言思诚者之功效，是犹为不能先觉者说也。若就至诚而言，则至诚之妙用即谓之"神"，不必言"如神"；至诚则无知而无不知，不必言"可以前知"矣。

【注释】

①逆、臆：语出《论语·宪问》："子曰：'不逆诈，不臆不信，抑亦先觉者，是贤乎！'"逆诈，预先怀疑别人欺诈。臆不信，猜想别人不诚信。②"先天而不违"四句：语出《周易·乾卦·文言》："夫大人者……先天而天弗违，后天而奉天时。天且弗违，而况于人乎？况于鬼神乎？"意为掌握了天道的人，在天象出现之前行事，天不会违背他；在天象出现之后行事，则能够遵奉天时。天尚且不违背他，何况人和鬼神呢？③君子学以为己：语出《论语·宪问》"古之学者为己，今之学者为人"。为己，意为是为了提高自己的修养；为人，意为想获得别人的好感。

【译文】

信中说："人情诡诈无穷，如果用诚信来对待它，往往会被它欺骗。要想觉察人情的诡诈，自己就会事先猜度别人会欺诈我，就会臆想别人不相信我。猜度别人会欺诈就是欺诈；臆想别人不相信自己就是不诚信；而被别人欺骗了，又是不觉悟。不怀疑别人的欺诈和不诚实，却能够事先察觉，恐怕只有那些良知晶莹透彻的人才能做到。但是这其间的差别看起来很小，背离知觉而暗合欺诈的人太多了。"

不事先猜度别人的欺诈和不诚信，而能够事先察觉，是孔子在当时的社会中，针砭时弊说出来的。当时人们专门把欺诈，不诚信当作自己的本心，而自己深陷进欺诈和不诚信的境地。还有不欺诈、诚信的人，他们因为不知道致良知的功夫，而常常被别人欺诈。孔子并非是教人们事先存这样的心去发现别人的欺诈和不诚信。专门留心别人，是后世刻薄、猜忌、险恶的人做的事。只要有了这样的念头，就已经和尧舜的圣道相背离了。不事先猜测别人的欺诈和不诚信而被别人欺骗的人，虽然还没有丧失他的善良，但还是不如那些能致其良知的人，先知先觉的人更加贤明。你说只有那些良知晶莹透彻的人才能做到，可知你已经领悟到孔子的宗旨了。但也可以知道你的聪颖所领悟到的，恐怕还没有落实到实践当中。

良知在人心里，横通万古、充塞宇宙，无不相同。正是古人所谓的"不虑而知""恒易以知险""不学而能""恒简以知阻""先天而不违。天且不违，而况于人乎？况于鬼神乎？"那些"背觉合诈"的人，虽然不猜度别人，但他恐怕不无自欺；虽然不臆不信，但却不能做到自信。他们虽然常常有寻求先觉的心，却不能常常做到自觉。常常希望能够先觉，这样就已陷入了逆诈和不臆信，已足能蒙蔽他的良知了。这正是他不免背离知觉而暗合欺诈的原因。这就是背离合诈不能避免的缘故。

君子学习是为了修养自己，未曾会担心别人欺骗自己，只是永远不欺骗自己的良知罢了；未曾担心别人不相信自己，只是永远相信自己的良知罢了；

未曾希望可以事先察觉到别人的欺诈和不诚信，只是永远地体察自己的良知罢了。所以，君子不欺骗，良知就没有虚伪而真诚，真诚则良知晶莹明亮了；君子自己相信自己，良知就没有迷惑而明彻，良心晶莹明亮这就真诚了。明彻和真诚相互促进，所以良知能经常觉悟、经常澄澈。经常觉悟、经常澄澈的良知就像高高悬挂的明镜，万事万物在它面前自然不能隐藏美丑的原形。为什么呢？因为良知不欺诈而诚信，也就不能容忍欺骗，遇到欺骗就能觉察。良知自信明澈，也就不能容忍不诚信，遇到不诚信，马上就能察觉。所谓"易以知险，简以知阻"，子思说"至诚如神，可以前知"。然而子思说的"如神""可以前知"，还是分成两件事来说了。因为他是从推究思诚的功效上来说的，也是对那些不能觉悟的人说的。就至诚而言，至诚的妙用就叫作"神"，不用说"如神"；至诚就能无知而又无所不知，所以不必说"可以前知"了。

答罗整庵少宰①书

一

【原文】

某顿首启：昨承教及《大学》，发舟匆匆，未能奉答。晓来江行稍暇，复取手教而读之。恐至赣后人事复纷沓，先具其略以请。

来教云："见道固难，而体道尤难。道诚未易明，而学诚不可不讲。恐未可安于所见而遂以为极则也。"

幸甚幸甚！何以得闻斯言乎？其敢自以为极则而安之乎？正思就天下之道以讲明之耳。而数年以来，闻其说而非笑之者有矣，诟訾之者有矣，置之不足较量辨议之者有矣，其肯遂以教我乎？其肯遂以教我而反复晓喻，恻然惟恐不及救正之乎？然则天下之爱我者，固莫有如执事之心深且至矣，感激当何如哉！夫"德之不修，学之不讲"②，孔子以为忧，而世之学者稍能传习训诂，即皆自以为知学，不复有所谓讲学之求，可悲矣！夫道必体而后见，非已见道而后加体道之功也；道必学而后明，非外讲学而复有所谓明道之事也。然世之讲学者有二，有讲之以身心者，有讲之以口耳者。讲之以口耳，揣摸测度，求之影响者也；讲之以身心，行著习察，实有诸己者也。知此，则知孔门之学矣。

【注释】

①罗整庵：罗钦顺（1465~1547），字允升，号整庵，江西泰和人。进士，官至吏部尚书，明代著名理学家，对陆王、程朱均有所批评。少宰，次长，明清时侍郎一职的别称。正德十五年（1520）夏，罗整庵请假住在老家，听说时任江西巡抚的王阳明将溯赣江至赣州，就写了《与王阳明书》，在阳明经过泰和时交给他。此信即是阳明对该信的答复。②德之不修，学之不讲：意为不修养品德，不讲求学问。语出《论语·述而》："子曰：'德之不修，学之不讲，闻义不能徙，不善不能改，是吾忧也。'"

【译文】

阳明顿首谨启：昨天幸蒙您关于《大学》的教诲，因匆忙上船，未能一一作答。今早我趁着在船上的空闲时间，又把您的信取出来拜读了一遍。我怕到江西之后，各种人事繁杂，纷至沓来，先简略地回复您，请您教正。

您在信中说道："认识圣道固然很难，而体悟圣道则更难了。圣道确实不容易弄明白，但是学问也不能不讲。恐怕不能安于自己已有的见识，把它当作学问的最高标准吧？"

不胜荣幸！在哪里我还能听到这种教诲呢？我岂敢自以为见识已经达到了顶点而安于自己的见识呢？我正想要借助天下的有学之士来阐明圣道呢。然而多年来，听到我的学说的，嘲笑的有，非议的有，谩骂的有，置之不理、认为不屑一顾的也有，他们岂肯教导我呢？又岂肯为了教导我而反复设喻、心存忧虑恐怕来不能纠正我呢？所以，天下关爱我的人中，原本就没有谁会像您这样执着而深切，我该多么感激您啊！"德之不修，学之不讲"，孔子为此深感忧虑，而后世学者稍微能够传习经文训诂经典，便都以为自己已经懂得了学问，不再讲求探究学问，真是可悲呀！圣道必须体悟后才能认识，而并非认识了圣道之后才下体悟圣道的功夫；圣道必须学习之后才能明白，并非在讲学之外还有明道之事。然而世间讲学的人有两类，一类用身心讲学，还有一类用口耳来讲学。用口耳来讲学的，揣测估摸，讲的是捕风捉影的东西；而用身心讲学的，言与行，学习与观察，都是确确实实求诸自己的良知。明白了这一点，就懂得了孔子的学说。

二

【原文】

来教谓某"《大学》古本之复，以人之为学但当求之于内，而程、朱格物之说不免求之于外，遂去朱子之分章，而削其所补之传"。

非敢然也。学岂有内外乎？《大学》古本乃孔门相传旧本耳，朱子疑其有所脱误而改正补缉之，在某则谓其本无脱误，悉从其旧而已矣。失在于过信孔子则有之，非故去朱子之分章而削其传也。夫学贵得之心，求之于心而非也，虽其言之出于孔子，不敢以为是也，而况其未及孔子者乎？求之于心而是也，虽其言之出于庸常，不敢以为非也，而况其出于孔子者乎？且旧本之传数千载矣，今读其文词，即明白而可通，论其功夫，又易简而可入。亦何所按据而断其此段之必在于彼，彼段之必在于此，与此之如何而缺，彼之如何而误，而遂改正补缉之？无乃重于背朱而轻于叛孔已乎？

【译文】

你的来信中说我，"《大学》的旧本的恢复，是因为我提倡做学问只需在心内探求，而程朱的格物学说却不免会向心外探求，于是我便废弃了朱熹分章的做法，并且删除了他增补的传注"。

我不敢这样。学习难道还会有内外的区分吗？《大学》古本是孔门流传下来的旧本，朱熹怀疑这其中有遗漏和错误的地方，便加以改正补充。而要我说，旧本里本来就没有遗漏和错误的地方，所以尽悉遵从旧本，仅此而已。我的过失在于过分相信孔子，而不是故意去废弃朱熹的分章且删掉他所作的传注。做学问，贵在用心体悟。即使是孔子所说的话，用心体会了，觉得不对，也不敢就把它当作是正确的，更何况对那些不如孔子的人所说的话呢？用心体会后认为正确，那么即使普通人说出来的话，也不敢认为是错误的，更何况是孔子说的话呢？而且《大学》旧本流传了几千年，我如今来阅读它的词语句子，仍觉得明白通顺，而其中的功夫，既简易又可行。又有什么依据能断定这段一定是在这里，那段一定是在那里，这里怎么有了缺漏，那里怎么有了错误，于是对它加以改正增补？这难道不是把背离朱熹看得过重，而把违逆孔子看得过轻了吗？

三

【原文】

来教谓："如必以学不资于外求，但当反观内省以为务，则'正心''诚意'四字亦何不尽之有？何必于入门之际，便困以'格物'一段功夫也？"

诚然诚然！若语其要，则"修身"二字亦足矣，何必又言"正心"？"正心"二字亦足矣，何必又言"诚意"？"诚意"二字亦足矣，何必又言"致知"，又言"格物"？惟其功夫之详密，而要之只是一事，此所以为"精一"之学，此正不可不思者也。夫理无内外，性无内外，故学无内外。讲习讨论，未尝非内也；反观内省，未尝遗外也。夫谓学必资于外求，是以己性为有外也，是"义外"也，"用智"者也；谓反观内省为求之于内，是以己性为有内也，是"有我"也，"自私"者也，是皆不知性之无内外也。故曰"精义入神以致用也，利用安身，以崇德也"[①]；"性之德也，合内外之道也"[②]。此可以知"格物"之学矣。

"格物"者，《大学》之实下手处，彻首彻尾，自始学至圣人，只此功夫而已，非但入门之际有此一段也。夫"正心""诚意""致知""格物"，皆所以"修身"，而"格物"者，其所用力日可见之地。故"格物"者，格其心之物也，格其意之物也，格其知之物也；"正心"者，正其物之心也；"诚意"者，诚其物之意也；"致知"者，致其物之知也。此岂有内外彼此之分哉？理一而已。以其理之凝聚而言则谓之性，以其凝聚之主宰而言则谓之心，以其主宰之发动而言则谓之意，以其发动之明觉而言则谓之知，以其明觉之感应而言则谓之物。故就物而言谓之格，就知而言谓之致，就意而言谓之诚，就心而言谓之正。正者，正此也；诚者，诚此也；致者，致此也；格者，格此也。皆所谓穷理以尽性也。天下无性外之理，无性外之物。学之不明，皆由世之儒者认理为外，认物为外，而不知"义外"之说，孟子盖尝辟之，力至袭陷其内而不觉，岂非亦有似是而难明者软？不可以不察也。

凡执事所以致疑于"格物"之说者，必谓其是内而非外也；必谓其专事于反观内省之为，而遗弃其讲习讨论之功也；必谓其一意于纲领本原之约，而脱略于支条节目之详也；必谓其沉溺于枯槁虚寂之偏，而不尽于物理人事之变也。审如是，岂但获罪于圣门，获罪于朱子？是邪说诬民，叛道乱正，人得而诛之也，而况于执事之正直哉？审如是，世之稍明训诂、闻先哲之绪论者，皆知其非也，而况执事之高明哉？凡某之所谓"格物"，其于朱子九条③之说，皆包罗统括于其中。但为之有要，作用不同，正所谓毫厘之差耳。然毫厘之差而千里之缪，实起于此，不可不辨。

【注释】

①"精义入神"三句：语出《周易·系辞下》"精义入神，以致用也。利用安身，以崇德也"。意为精研义理达到神妙的境界，便可以运用；运用所学而安身，可以提高品德修养。②性之德也，合内外之道也：意为这是天赋的德性，内则成己，外则成物，是综合内外的规律。语出《中庸》"诚者非自成己而已也，所以成物也。成己，仁也；成物，知也。性之德也，合内外之道也，故时措之宜也"。③朱子九条：朱熹在《大学或问》中提出的关于格物致知功夫的九条方法。

【译文】

您的来信中说："如果觉得学问不需要去心外求得，需要专心致力在自己身上反省体察，那么'正心''诚意'这四个字，还有什么没说尽的呢？何必在入门的时候，便用'格物'的功夫来使人困惑呢？"

很有道理！如果说到学问的关键，"修身"两个字便已经足够了，何必再说"正心"呢？"正心"两个字也已经足够了，何必又说个"诚意"呢？"诚意"两个字也已经足够了，何必又说了"致知"和"格物"？之所以会这样，只是因为做学问的功夫详细周密，然而，概括起来也只是一件事，这才是所谓的"精一"的学问，这里正是我们不能不认真思索的地方。天理、人性都没有内外之分，因此学问也不分内外。讲习讨论，未曾不是内；反观自省，未尝就把外遗弃了。如果以为学问一定要在心外求得，那就是认为人性也有外的部分，就是"义外""用智"；如果认为反观内省是在自己的心内寻求，那就是认为人性还有内的部分了，就是"有我""自私"，这些都是不明白人性是不会有内外之分的。所以说"精研义理到了神妙的境界，便可以运用来安身，来修养品德"；"性之德，合内外之道也"。从这里，就可以知道"格物"的学说了。

"格物"，是《大学》指出的切实的下手的地方，自头至尾，从初学到成为圣人，都只是这个功夫，而不是仅仅在刚入门的阶段有"格物"的功夫。"正心""诚意""致知""格物"，都是用来"修身"的，而"格物"，则是所用的功夫里能看得见的地方。所以"格物"，就是格心中的物，格意念中的物，格见识中的物；"正心"，则是让待物之心得到纠正；"诚意"，就是使待物之心精诚；"致知"，就是得到待物的知识。这难道有内外彼此的区分吗？天理唯有一个，从天理的凝聚而言，叫作性，从天理凝聚的主宰而言，就是心，从天理主宰的发动而言，叫作意，从天理发动时的明澈感悟而言，就是知，从天理的明澈感悟的感应对象而言，便是物。所以从物上来说天理需格，从知上来说天理需致，从意上来说天理需诚，从心上来说，天理需正。正，就是正天理；诚，就是诚天理；致，就是致天理；格，就是格天理，全是所谓的穷尽天理以尽性。天下没有本性之外的理，也没有本性之外的物。圣学不能昌明于天下，都是由于后世儒生把天理与事物当作本性之外的东西，而不知道孟子曾经批判过"义外"的学说，以至重蹈覆辙而没有觉悟，这里不是也有似是而非，难以弄明白的地方吗？所以不能不体察呀！

总之您之所以对我的格物学说有些怀疑，一定是因为觉得我肯定内心而否定向外寻求；一定是因为我放弃了讲习讨论的功夫，而专心在反观内省上用功；一定认为我执意在简洁的纲领本原上，而忽视了细枝末节的详细内容；一定是认为我沉溺在偏执的枯槁虚寂中，而不能够穷尽物理人事的变化。若果真如此，我怎会仅仅是对圣门、对朱熹先生犯了错误？这是用异端邪说来欺骗百姓，离经叛道，人人都能够得而诛之了，更何况是您这样正直的人呢？若果真如此，世上略懂训诂的人、知道一点先哲学说的人，都会知道我的错误，更何况像您这样高明的人呢？我所讲的"格物"学说，已经将朱熹的九条学说全都统括了。只是我的格物学说有一以贯之的中心，与朱熹先生的九条学说相比，作用不同，正是所谓的毫厘之差。然而差之毫厘，谬以千里，所以不能不辨明。

四

【原文】

孟子辟杨、墨，至于"无父无君"。二子亦当时之贤者，使与孟子并世而生，未必不以之为贤。墨子"兼爱"，行仁而过耳，杨子"为我"，行义而过耳。此其为说，亦岂灭理乱常之甚而足以眩天下哉？而其流之弊，孟子则比于禽兽、夷狄，所谓以学术杀天下后世也。

今世学术之弊，其谓之学仁而过者乎？谓之学义而过者乎？抑谓之学不仁、不义而过者乎？吾不知其于洪水、猛兽何如也！孟子云："予岂好辩哉？予不得已也。"杨、墨之道塞天下。孟子之时，天下之尊信杨、墨，当不下于今日之崇尚朱之说。而孟子独以一人呶呶于其间。噫，可哀矣！韩氏云："佛、老之害，甚于杨、墨。"韩愈之贤不及孟子，孟子不能救之于未坏之先，而韩愈乃欲全之于已坏之后，其亦不量其力，且见其身之危莫之救以死也。呜呼！若某者，其尤不量其力，果见其身之危莫之救以死也矣！夫众方嘻嘻之中，而独出涕嗟若；举世恬然以趋，而独疾首蹙额以为忧。此其非病狂丧心，殆必诚有大苦者隐于其中，而非天下之至仁，其孰能察之？

其为《朱子晚年定论》，盖亦不得已而然。中间年岁早晚，诚有所未考，虽不必尽出于晚年，固多出于晚年者矣。然大意在委曲调停，以明此学为重。平生于朱子之说，如神明蓍龟，一旦与之背驰，心诚有所未忍，故不得已而为此。"知我者，谓我心忧；不知我者，谓我何求？①"盖不忍牾朱子者，其本心也；不得已而与牾者，道固如是，"不直则道不见"②也。执事所谓"决与朱子异"者，仆敢自欺其心哉？夫道，天下之公道也；学，天下之公学也；非朱子可得而私也，非孔子可得而私也。天下之公也，公言之而已矣。故言之而是，虽异于己，乃益于己也；言之而非，虽同于己，适损于己也。益于己者，己必喜之；损于己者，己必恶之。然则某今日之论，虽或于朱子异，未必非其所喜也。"君子之过，如日月之食，其更也，人皆仰之"③，而"小人之过也必文"。某虽不肖，固不敢以小人之心事朱子也。

【注释】

①"知我者"四句：语出《诗经·王风·黍离》。意为了解我的人明白我是在担忧，不了解我的人还以为我有什么个人目的。②不直则道不见：语出《孟子·滕文公上》。意为不说直话，真理就不能显现。③"君子之过"句：语出《论语·子张》"君子之过，如日月之食焉。过也，人皆见之；更也，人皆仰之"。

【译文】

孟子指责杨朱、墨子为"无父无君"。这两个人也是当时的贤明之士，假使他们和孟子是同一个时代出生的话，孟子未必不会把他们当作圣贤。墨子主张"兼爱"，是施行仁政过了分；而杨朱的"为我"思想，则是行义过了分。这样的学说，难道是泯灭天理扰乱纲常，甚至能够让天下人都迷惑的吗？然而孟子却把他们学说的弊病，比作禽兽、夷狄，所谓用学术杀害天下后世。

现今学术的弊端，能说是学仁太过分了吗？能说是学义太过分了吗？还是学不仁、不义太过分了？我不知道它们和洪水猛兽相比会怎么样！孟子说："难道是我爱好与别人辩论吗？我也是不得已。"孟子所处的时代，杨朱、墨子的学说在天下盛行，杨、墨的学说被天下人推崇的程度，应当不亚于当下人们推崇朱熹的学说的程度。然而孟子仍旧凭着独自一人在他们中间辩论。哎，可悲呀！韩愈说："佛、道的学说，其危害远远胜过了杨朱、墨子的学说。"韩愈的贤明比不上孟子，孟子尚且不能够在世道被败坏之前挽救它，而韩愈却想在世道人性败坏之后恢复它，他也是自不量力，我们只看到了他身陷危境，而没有人救他以至于他死去了。唉！像我这样的人，便更加自不量力，真正看到自己的危险，却没有人救我以至于死去！大家正值欣喜嬉戏的时候，我却暗自泪流嗟叹；举世都心安理得，按部就班的时候，而我则独自痛心疾首、皱眉深虑。这并非我神经错乱、丧失理智，而是我真正的有极大的痛苦隐藏在心里，如果不是天下至仁，谁能体察得到呢？

我写《朱子晚年定论》，其实也是迫不得已，书上年代的早晚，的确有些没有经过考证，虽然不一定全都出自于他的晚年，但很多都是晚年所做。我的本意是调停世上关于朱熹和陆九渊的纷争，用以昌明圣学。我一生对待朱熹先生的学说，都把它奉若神明，一旦与它背道而驰，心中真是不忍，只是不得已才这样做。"知我者，谓我心忧；不知我者，谓我何求？"不抵触朱熹先生的学说，这是我的本心。而又不得已这样，是因为圣道本来就是如此，"不直则道不见！"你所说的"决与朱子异"，我岂敢欺骗自己呢？圣道，是天下的公道，圣学，是天下共有的学，并非朱熹或是孔子能够私自拥有的。对天下公有的东西，只能秉公而论。如果说对了，虽然与自己的见解不同，对自己也是有益的；说错了，即便是与自己的见解相同的，也是在害自己。

于自己有益的，自己定会喜爱；而于自己有害的，自己一定厌恶。所以我现在的论说，和朱熹的学说虽然不同，但未必不会是他喜欢的。"君子之过，如日月之食，其更也，人皆仰之"，而"小人之过也必文"。我虽然不够贤明，但也不敢以小人的心态对待朱熹先生。

五

【原文】

执事所以教，反复数百言，皆以未悉鄙人"格物"之说。若鄙说一明，则此数百言皆可以不待辨说而释然无滞。故今不敢缕缕，以滋琐屑之渎，然鄙说非面陈口析，断亦未能了了于纸笔间也。嗟乎！执事所以开导启迪于我者，可谓恳到详切矣，人之爱我，宁有如执事者乎！仆虽甚愚下，宁不知所感刻佩服？然而不敢遽舍其中心之诚然而姑以听受云者，正不敢有负于深爱，亦思有以报之耳。秋尽东还，必求一面，以卒所请，千万终教。

【译文】

您给我的教诲，反复数百字，都是因为您还没有完全理解我的格物学说。一旦您明白了我的学说，那么不需要辩论这数百字，问题也会迎刃而解的。所以现在我不再细说，以免琐碎累赘，而且我的学说如果不当面陈述分析，写信也绝对说不清楚，唉！你对我的开导启迪，可以说是详尽恳切，别人哪会像您这样关爱我！我虽然愚钝，也不会不知道对您感激佩服。只是我不敢就此放弃心中真切的想法而接受您的说法，正因为不敢辜负您的厚爱，也想以此来报答您。待秋天过后我回来时，定会登门拜访，当面向您请教，请您千万不吝赐教。

卷下

陈九川录

一

【原文】

正德乙亥，九川初见先生于龙江。先生与甘泉①先生论"格物"之说。甘泉持旧说。先生曰："是求之于外了。"甘泉曰："若以格物理为外，是自小其心也。"九川甚喜旧说之是。先生又论"尽心"一章，九川一闻却遂无疑。

后家居，复以"格物"遗质。先生答云："但能实地用功，久当自释。"山间乃自录《大学》旧本读之，觉朱子"格物"之说非是，然亦疑先生以意之所在为物，"物"字未明。

己卯，归自京师，再见先生于洪都②。先生兵务倥偬，乘隙讲授。首问："近年用功何如？"

九川曰："近年体验得'明明德'功夫只是'诚意'。自'明明德于天下'，步步推入根源，到'诚意'上再去不得，如何以前又有格致功夫？后又体验，觉得意之诚伪，必先知觉乃可，以颜子'有不善未尝知之，知之未尝复行'为证，豁然若无疑，却又多了格物功夫。又思来，吾心之灵何有不知意之善恶？只是物欲蔽了，须格去物欲，始能如颜子未尝不知耳。又自疑功夫颠倒，与'诚意'不成片段。后问希颜。希颜曰：'先生谓"格物""致知"是"诚意"功夫，极好。'九川曰：'如何是"诚意"功夫？'希颜令再思体看。九川终不悟，请问。"

先生曰："惜哉！此可一言而悟！惟浚所举颜子事便是了。只要知身、心、意、知、物是一件。"

九川疑曰："物在外,如何与身、心、意、知是一件?"

先生曰："耳、目、口、鼻、四肢,身也,非心安能视、听、言、动?心欲视、听、言、动,无耳、目、口、鼻、四肢亦不能。故无心则无身,无身则无心。但指其充塞处言之谓之身,指其主宰处言之谓之心,指心之发动处谓之意,指意之灵明处谓之知,指意之涉着处谓之物,只是一件。意未有悬空的,必着事物,故欲'诚意',则随意所在某事而格之,去其人欲而归于理,则良知之在此事者,无蔽而得致矣。此便是'诚意'的功夫。"

九川乃释然破数年之疑。

又问:"甘泉近亦信用《大学》古本,谓'格物'犹言'造道',又谓穷如穷其巢穴之穷,以身至之也,故'格物'亦只是随处体认天理。似与先生之说渐同。"

先生曰:"甘泉用功,所以转得来。当时与说'亲民'字不须改,他亦不信。今论'格物'亦近,但不须换'物'字作'理'字,只还他一'物'字便是。"

后有人问九川曰:"今何不疑'物'字?"曰:"《中庸》曰'不诚无物',程子曰'物来顺应',又如'物各付物''胸中无物'③之类,皆古人常用字也。"他日先生亦云然。

【注释】

①甘泉:湛若水(1466~1560),字元明,号甘泉,广东增城人,历任礼部、吏部、兵部尚书,著有《湛甘泉集》。②洪都:地名,今江西南昌。③胸中无物:语出《河南程氏外书》卷十一:"尧夫胸中无事如此"。邵雍,字尧夫,共城(今河南辉县)人,北宋哲学家,与周敦颐、张载、二程合称北宋五子,著有《皇极经世编》《伊川击壤集》等。

【译文】

正德十年（1515），九川在龙江第一次看到了先生。先生正与甘泉先生谈论"格物"的学说，而甘泉先生一再坚持朱熹先生的见解。先生说："这是在心外寻求了。"甘泉先生则说："如果以格物之理为外，那就把自心看小了。"九川心里十分赞同朱熹的说法。先生又谈到了《孟子》"尽心"一章，九川听了之后，马上对先生的"格物"学说不再有怀疑了。

后来九川闲居在家，又以"格物"的学说向先生求教。先生答说："只要能够切切实实地用功，时间长了，自然就会明白。"到了山间，又自己抄录了《大学》旧本来阅读，更感觉朱熹的"格物"学说不正确，但是也还怀疑先生把"意"的所在当作物，因为这个"物"字，我还觉得不太明朗。

正德十四年，九川从京师回来，在洪都（今江西南昌）又见到了先生。当时先生军务繁重，只能抓紧空闲时间，给我讲课。首先便问："近年来下的功夫怎么样？"

九川说："近年来体会到了'明明德'的功夫只是'诚意'。从'明明德于天下'，逐步追本溯源，但到'诚意'上就再追溯不下去了。怎么'诚意'的前面还有一个'格物致知'的功夫呢？后来又仔细体会，感觉到意的真诚虚伪，须先要有知觉，颜回曾说'有不善未尝知之，知之未尝复行'，这能当作证据，我由此豁然开朗，确信无疑，但是心里又多了一个'格物'的功夫。细细思考，凭着本心的灵明，又怎么会不明白意的善恶呢？只不过是被物欲所蒙蔽，需要格除物欲，才能做到像颜回那样，善恶尽知。我又想是不是自己把功夫用颠倒了，以致'格物'和'诚意'的功夫联系不到一起。后来我问希颜，希颜说：'先生所说"格物""致知"，都是"诚意"的功夫，我认为真的是这样的。'我又问：'为什么是"诚意"的功夫呢？'希颜让我再自个儿用心去体察。但我最终还是没能领悟到这其中的缘由，所以现在向先生您求教。"

先生说："真是可惜！原来这是可以一言而喻的！你所举的颜回的例子

就能够把问题讲明白了。总之你只要懂得，身、心、意、知、物，全都是一件事就行了。"

九川不解地问："物在心外，怎会和身、心、意、知是同一件事呢？"

先生说："耳、目、口、鼻以及四肢，皆是人体的部分，心如果不通过它们，怎么能够看、听、说、动呢？心想要看、要听、要说、要动，没有耳、目、口、鼻及四肢就不能够做到。所以说，没有心就没有身体，没有身体也就没有心，它们是统一的。只是从充塞空间上来说是身，而从主宰作用上来说它就叫作心，而从心的发动上来说就是意，从意的灵明上来说就是知，从意的涉及上来说就是物，这些都是统一的。意不会凭空存在，必须依附于事物而存在。所以，想要'诚意'，就必须在意所涉及的事物上去'格'，就必须去除私欲遵循天理，这样，良知于此就不会再受到蒙蔽，并且能够'致知'了。'诚意'的功夫就在这里。"

听了先生这番话，九川终于消除了积存在心中多年的疑虑。

九川又问："甘泉先生近来比较偏向于《大学》的旧本，以为'格物'就像是求道，认为穷理的穷，就是'穷其巢穴'的穷，需要自己到巢穴中去走一趟。所以'格物'，也就是随处体察、明白天理，这和先生的学说有些相近了。"

先生又说："他下了功夫了，所以他能够转过弯来。当初我跟他说，'亲民'不能改作'新民'，他还不相信呢。现在他对'格物'的看法跟我的观点也有些接近了，只是'物'字还是不改成'理'字，这也可以。"

后来有人问："为什么现在就不怀疑这个'物'字了？"我说："《中庸》里有说'不诚无物'，程颢则说'物来顺应'，'物各付物''胸中无物'等，这些都是古人常用的字。"后来先生也这样说。

二

【原文】

九川问："近年因厌泛滥之学，每要静坐，求屏息念虑，非惟不能，愈觉扰扰。如何？"

先生曰："念如何可息？只是要正。"

曰："当自有无念时否？"

先生曰："实无无念时。"

曰："如此却如何言静？"

曰："静未尝不动，动未尝不静。戒谨恐惧即是念，何分动静？"

曰："周子何以言'定之以中正仁义而主静'①？"

曰："无欲故静，是'静亦定，动亦定'的'定'字。'主'，其本体也。戒惧之念是活泼泼地，此是天机不息处，所谓'维天之命，于穆不已'②。一息便是死，非本体之念即是私念。"

【注释】

①定之以中正仁义而主静：语出周敦颐《太极图说》"五性感动而善恶分，万事出矣。圣人定之以中正仁义而主静，立人极焉"。②"维天之命"二句：语出《诗经·周颂·维天之命》。

【译文】

九川问："近年我因厌恶泛览博观，每每想要静坐安神，以求屏息各种思虑念头。但是，我非但不能静心，反而更加感觉到思绪纷扰，这是为何呢？"

先生说："思虑念头怎么可能停止呢？只能让它归于纯正。"

九川问："会有自然没有念头的时候？"

先生说："实在是不会有没有念头的时候。"

九川问："这样的话，该怎么解释'静'呢？"

先生说："静中未尝会没有动，动中也未尝会没有静。戒慎恐惧即是念头，怎么分动静呢？"

九川说："周敦颐为什么又说'定之以中正仁义而主静'呢？"

先生说："没有欲望所以宁静，这个'定'字也就是程颢所说'静亦定，动亦静'中的'定'。'主'，即本体。戒慎恐惧的念头是活泼的，正是天机运动不息的表现，所谓'维天之命，于穆不已'。一旦停止便是死亡，不是心的本体的意念都是私念。"

三

【原文】

又问："用功收心时，有声、色在前，如常闻见，恐不是专一。"

曰："如何欲不闻见？除是槁木死灰，耳聋目盲则可。只是虽闻见而不流去便是。"

曰："昔有人静坐，其子隔壁读书，不知其勤惰。程子称其甚敬①。何如？"

曰："伊川恐亦是讥他。"

【注释】

①程子称其甚敬：语出《河南程氏遗书》卷二："许渤与其子隔一窗而寝，乃不闻其子读书与不读书。先生谓：'此人持敬如此。'"

【译文】

九川问："专心用功的时候，声、色在眼前出现，如果还像往常那样去看去听，恐怕就不能专一了。"

先生说："怎么能不想去听不想去看呢？除非是槁木死灰的人或者耳聋眼瞎的人。只是虽然听见或看见了，心却不跟着它分散也就是了。"

九川说："从前有人静坐，他的儿子在隔壁读书，他都不知道儿子是勤劳或懒惰。程颐称赞他很能持静。这又是为何呢？"

先生说："程颐先生恐怕也是在讽刺他罢了。"

四

【原文】

又问："静坐用功，颇觉此心收敛。遇事又断了，旋起个念头，去事上省察。事过又寻旧功，还觉有内外，打不作一片。"

先生曰："此'格物'之说未透。心何尝有内外？即如惟浚今在此讲论，又岂有一心在内照管？这听讲说时专敬，即是那静坐时心。功夫一贯，何须更起念头？人须在事上磨练，做功夫乃有益。若只好静，遇事便乱，终无长进。那静时功夫亦差似收敛，而实放溺也。"

后在洪都，复与于中^①、国裳^②论内外之说^③，渠皆云："物自有内外，但要内外并着功夫，不可有间耳。"以质先生。

曰："功夫不离本体，本体原无内外。只为后来做功夫的分了内外，先其本体了，如今正要讲明功夫不要有内外，乃是本体功夫。"

是日俱有省。

【注释】

①于中：陈荣捷先生认为"于中"是"子中"之误。夏良胜，字子中，与陈九川交往密切。②国裳：舒芬（1487~1527），字国裳，号梓桐，江西进贤人，丁丑（1517）状元，授翰林修撰。与陈九川一同上疏谏武宗南巡，被贬，后复原职，又上疏大礼之议，并同谏者哭于武庙，遭廷杖。③内外之说：宋明理学，往往把静坐省察与躬行实践视为内外不同的功夫，而且以前者为重，轻视后者。王阳明则认为本体不分内外。省察可以指导实践，实践可以深化省察，所以它们是一体的。王阳明还认为本体和工夫是统一不可分的。

【译文】

九川又问："静坐用功，颇能感觉到本心是收敛着的。但遇到事情就会中断，马上就生起一个念头，到具体的事情上去省察。事情完成之后，再去寻找原来的功夫。所以我仍然觉得心有内外之分，不能融合成一处。"

先生说："这是你对'格物'的学说还不够明白。心怎么会有内外之分呢？就像你现在在这里讨论，岂会另有一个心在里边照管着？这个专心听讲和说话的心，就是静坐时的心。功夫是一以贯之的，何须再另起一个念头？人下功夫必须在具体的事情上磨炼，那才会有益处。如果仅仅是喜欢安静，那么遇到事情便会忙乱，最终也没有长进。而静坐时的功夫，也仅仅是表面看似乎收敛，而实际上却是放纵沉溺。"

后来在洪都时，九川又与于中、国裳讨论'内外'的学说。于中、国裳都说："事物本就有内外之分，要在内外并行用功，不能有所间断。"因此九川又问了先生这个问题。

先生说："功夫离不开本体，本体本来就是不分内外的。只是后来做功夫的人把功夫分出了内外，但已经丧失它的本体了。现在只要讲明，功夫不要有内外之分，那才是本体的功夫。"

这一天大家都有所心得。

五

【原文】

又问："陆子之学何如？"

先生曰："濂溪、明道之后，还是象山，只是粗些。"

九川曰："看他论学，篇篇说出骨髓，句句似针膏肓，却不见他粗。"

先生曰："然，他心上用过功夫，与揣摸依仿、求之文义自不同。但细看有粗处，用功久当见之。"

【译文】

九川又问："陆象山先生的学说怎么样？"

先生说："在周敦颐先生、程颢先生以后，就是陆象山先生了，只是稍显粗疏。"

九川说："我看他探讨学问，篇篇都能指出精髓所在，句句都能鞭辟入里，没有发现他有粗疏的地方。"

先生说："对的，他在心上用过功夫，自然和那些仅仅在字面上揣测模仿、寻求字面含义的人不相同。但是仔细察看就能发现，他的学说还是有粗糙的地方，用功时间长了自然就能发现了。"

六

【原文】

庚辰往虔州，再见先生，问："近来功夫虽若稍知头脑，然难寻个稳当快乐处。"

先生曰："尔却去心上寻个天理，此正所谓理障①。此闲有个诀窍。"

曰："请问如何？"

曰："只是'致知'。"

曰："如何致？"

曰："尔那一点良知，是尔自家底准则。尔意念着处，他是便知是，非便知非，更瞒他一些不得。尔只不要欺他，实实落落依着他做去，善便存，恶便去，他这里何等稳当快乐！此便是'格物'的真诀、'致知'的实功。若不靠着这些真机，如何去'格物'？我亦近年体贴出来如此分明，初犹疑只依他恐有不足，精细看，无些小欠缺。"

【注释】

①理障：佛教用语，即知障。意为把理看死了，理也会成为认识真理的障碍。《圆觉经》云："若诸众生永舍贪欲，先除事障，未断理障，但能悟入声闻缘觉，未能显住菩萨境界。"

【译文】

正德十五年（1520），九川再次看到了先生，问："最近我下的功夫虽然能够掌握一些关键地方，但仍旧很难找到一个稳当快乐的所在。"

先生说："你正是要到心上去寻找天理，这便是所谓的'理障'。这里边有一个诀窍。"

九川问："是什么诀窍？"

先生说："只是一个'致知'。"

九川问："怎么去致知呢？"

先生说："你心里的那一点良知，便是你自己的准则。你的意念所在之处，正确的就知道正确，错误的就知道错误，对它一丝一毫都隐瞒不得。你只需不去欺骗良知，切切实实地顺从良知去做，善便存养，恶便去除，这样何等稳当快乐！这就是'格物'的真正秘诀、'致知'的实在功夫。如果不凭借这些真机，如何去'格物'？我也是近几年才清楚明白地体会到这些，刚开始，我还怀疑，仅凭良知恐怕会有不足，但仔细地看，就会发现并没有什么缺陷。"

七

【原文】

在虔与于中、谦之同侍。先生曰："人胸中各有个圣人，只自信不及，都自埋倒了。"因顾于中曰："尔胸中原是圣人。"

于中起，不敢当。

先生曰："此是尔自家有的，如何要推？"

于中又曰："不敢。"

先生曰："众人皆有之，况在于中？却何故谦起来？谦亦不得。"

于中乃笑受。

又论："良知在人，随你如何不能泯灭，虽盗贼亦自知不当为盗，唤他作贼，他还忸怩。"

于中曰："只是物欲遮蔽，良心在内，自不会失。如云自蔽日，日何尝失了？"

先生曰："于中如此聪明，他人见不及此。"

【译文】

在虔州的时候，九川与于中、谦之一同陪伴在先生左右。先生说："人的心里自然各有一个圣人存在，只是因为不够自信，便自己把圣人埋没了。"回头看着于中便说："你的心里原本也是圣人。"

于中连忙站起来说道："不敢当，不敢当。"

先生说："这是你本来就有的，为什么要推却？"

于中又说："不敢当。"

先生说："每个人都有，更何况你于中呢？可你为什么居然要谦让？谦让也是不对的。"

于中便笑着接受了。

先生又说："良知在人的心里，无论如何，都无法泯灭。即便是盗贼，他们自己也明白偷窃是不应该的，喊他是贼，他也会惭愧的。"

于中说："只是良知为物欲所蒙蔽，良知在人的心里，自然不会消失。就好比乌云遮蔽了太阳，但太阳何曾消失过？"

先生说："于中如此聪明，别人的见识可比不上他。"

八

【原文】

先生曰："这些子看得透彻，随他千言万语，是非诚伪，到前便明。合得的便是，合不得的便非，如佛家说心印①相似。真是个试金石,指南针。"

【注释】

① 心印：佛教禅宗语。谓不用语言文字，直接以心相印证，以期顿悟。

【译文】

先生说："把这些道理都理解透彻了，随便他千言万语，是非真伪，到眼前一看便会明白了。这和佛教所说的'心印'相似，符合的就正确，不符合的就错误，真是个试金石、指南针。"

九

【原文】

先生曰："人若知这良心诀窍，随他多少邪思枉念，这里一觉，都自消融。真个是灵丹一粒，点铁成金①。"

【注释】

①"灵丹"二句：语出《景德传灯录》"灵丹一粒，点铁成金；至理一言，点凡成圣"。

【译文】

先生说："如果人熟知这良知的诀窍，无论多少歪思邪念，良知一旦察觉，自然会把它们消融掉。就像是一颗灵丹，能够点铁成金。"

十

【原文】

崇一曰："先生致知之旨发尽精蕴，看来这里再去不得。"

先生曰："何言之易也！再用功半年看如何？又用功一年看如何？功夫愈久，愈觉不同。此难口说。"

【译文】

欧阳崇一说："先生已经把致良知的宗旨解说得淋漓尽致，看来在这个问题上，无法再进一步阐发了。"

先生说："怎么说得这么随便？你再用半年的工夫，看看会怎么样？再用一年的工夫，看看又会如何？功夫用的时间越长，就越会感觉不相同。这种感觉难以言表！"

十一

【原文】

先生问："九川于'致知'之说，体验如何？"

九川曰："自觉不同。往时操持常不得个恰好处，此乃是恰好处。"

先生曰："可知是体来与听讲不同。我初与讲时，知尔只是忽易，未有滋味。只这个要妙，再体到深处，日见不同，是无穷尽的。"

又曰："此'致知'二字，真是个千古圣传之秘，见到这里，'百世以俟圣人而不惑'。"

【译文】

先生说："对于致知的学说，九川你体会得怎么样了？"

九川说："自己感觉与以往有所不同了。以往时常把握不到恰到好处的地方，而现在就能感觉到恰当的地方了。"

先生说："由此可见，体会得来的与听讲听来的就会有所不同。我最初给你讲解的时候，就知道你只是糊里糊涂的，没有真正体会到其中滋味。只要从这个恰到好处，再往深处体会，自然会有日新月异，那是没有止境的。"

先生又说："这'致知'两字，真是个圣贤们千古流传的诀窍，理解了这个'致知'，就能够'百世以俟圣人而不惑'。"

十二

【原文】

九川问曰："伊川说到'体用一原，显微无间'处，门人已说是泄天机①。先生'致知'之说，莫亦泄天机太甚否？"

先生曰："圣人已指以示人，只为后人掩匿，我发明耳，何故说泄？此是人人自有的，觉来甚不打紧一般。然与不用实功人说，亦甚轻忽，可惜彼此无益。与实用功而不得其要者，提撕之，甚沛然得力。"

又曰："知来本无知，觉来本无觉，然不知则遂沦埋。"

【注释】

①"伊川"三句：语出《河南程氏外书》卷十二："和靖尝以《易传序》请问，曰：'至微者，理也。至著者，象也。体用一源，显微无间。莫不泄露天机否？'伊川曰：'如此分明说破，犹自人不解语。'"

【译文】

九川问："当程颐先生说到'体用一源，显微无间'的时候，这个弟子就已经说他是泄露天机了。那先生'致知'的学说，岂不是泄露了太多的天机了吗？"

先生说："圣人早就已经把致良知的学说告诉世人了，只是被后人遮蔽了，我只不过是让它重新显现出来罢了，怎么能说是泄露天机呢？良知是人人生来就具有的，只是觉察到了也觉得无关紧要。但如果我和那些不切实用功的人说这个，他们也只会轻视这个，这样对彼此都没有什么好处。如果和那些切实用功但还把握不住要领的人谈'致知'，他们就会感到受益匪浅。"

先生又说："知道了原本不知道的，觉察到了原本没有觉察到的。但是如果不知道，良知就随时会被淹埋。"

十三

【原文】

先生曰："大凡朋友，须箴规指摘处少，诱掖奖劝意多，方是。"

后又戒九川云："与朋友论学，须委曲谦下，宽以居之^①。"

【注释】

①宽以居之：意为以宽厚的态度待人接物。语出《周易·乾卦·文言》："君子学以聚之，问以辩之，宽以居之，仁以行之。"

【译文】

先生又说："大凡朋友们相处，应该少一些规劝指摘，多一些奖励鼓舞，这样才对。"

后来先生又训诫九川说："与朋友讨论学问，应当委婉谦让，宽厚待人。"

十四

【原文】

九川卧病虔州。

先生云："病物亦难格，觉得如何？"

对曰："功夫甚难。"

先生曰："常快活，便是功夫。"

【译文】

九川在虔州病倒了。

先生说："疾病作为一个'物'，很难去'格'，你觉得呢？"

九川说："这个功夫实在很难。"

先生说："常常有快活的心态，那就是功夫。"

十五

【原文】

九川问："自省念虑，或涉邪妄，或预料理天下事，思到极处，井井有味，便缱绻难屏。觉得早则易，觉迟则难，用力克治，愈觉格。惟稍迁念他事，则随两忘。如此廓清亦似无害。"

先生曰："何须如此？只要在良知上著功夫。"

九川曰："正谓那一时不知。"

先生曰："我这里自有功夫，何缘得他来？只为尔功夫断了，便蔽其知。既断了，则继续旧功便是，何必如此？"

九川曰："直是难鏖。虽知，丢他不去。"

先生曰："须是勇。用功久，自有勇，故曰'是集义所生者'①。胜得容易，便是大贤。"

九川问："此功夫却于心上体验明白，只解书不通。"

先生曰："只要解心。心明白，书自然融会。若心上不通，只要书上文义通，却自生意见。"

【注释】

①是集义所生者：意为浩然正气是积累正义行为所产生的。语出《孟子·公孙丑上》："其为气也，至大至刚……配义与道……是集义所生者，非义袭而取之也。"

【译文】

九川问："我反省了自己的各种思虑，有时会涉及邪念妄想，有时又会想到治理天下的大事。思考到最高状态的时候，会津津有味，到了难以摒弃的地步。这种情况发现得早，克服还比较容易，发觉晚了就会难以克制了。如果一定要刻意去克制，就更会觉得格格不入了。只有稍微把心思转移到其他事情上，才会把它忘掉。这样来理清思虑，也好像没什么坏处。"

先生说："何苦这样？你只要在良知上下功夫就好了。"

九川说："我说的就是还不懂得致良知时的情况。"

先生说："自己本身就会有致良知的功夫，怎会有不知道良知的情况呢？只是因为你的功夫间断了，蒙蔽了你的良知。既然有了间断，那么继续原来的功夫就好了，何必这样？"

九川说："那几乎就像是一场恶战，虽然明白了，但还是避免不了。"

先生说："那必须有勇气。用功久了，自然有勇气了。因此孟子说'是集义所生者'。能够轻易胜利，那就是大圣大贤的人了。"

九川问："这功夫需要在心里才能体会明白，只在文句上解释是不够的。"

先生说："只用在心上体会。心里明白了，文句自然能贯通体会到了。否则，仅仅通晓了书上的文句，反倒会生出自己错误的见识。"

十六

【原文】

有一属官，因久听讲先生之学，曰："此学甚好，只是簿书讼狱繁难，不得为学。"

先生闻之曰："我何尝教尔离了簿书讼狱，悬空去讲学？尔既有官司之事，便从官司的事上为学，才是真'格物'。如问一词讼，不可因其应付无状，起个怒心；不可因他言语圆转，生个喜心；不可恶其嘱托，加意治之；不可因其请求，屈意从之；不可因自己事务烦冗，随意苟且断之；不可因旁人潜毁罗织，随人意思处之。这许多意思皆私，只尔自知，须精细省察克治，惟恐此心有一毫偏倚，枉人是非。这便是'格物''致知'。簿书讼狱之间，无非实学。若离了事物为学，却是着空。"

【译文】

有一位下属官员，因为听了先生讲学很长时间，便说："先生的学说非常精彩，只是我要处理的文件、案件特别繁杂，因此不能好好做学问。"

先生听了之后说："我何曾教你离开文件案件去空谈学问呢？你既然有公事需要去处理，就在公事上做学问，这才是真正做到了'格物'。比如，你问讼词的时候，不可以因为对方的回答很无礼而恼怒；不可以因为对方言语圆滑周密而高兴；不可以因为厌恶对方的说情而故意整治；不可以因为对方的哀求就有意宽容他；不能因为自己事务繁忙就随意结案；不可以因为旁人的诋毁诽谤就顺从别人的意愿去处理。这些念头都是私欲，只有你自己知道，需要你精细地反省克治，唯恐因为心中有一丝一毫偏颇，便冤枉了别人的是非，这就是'格物''致知'。处理文件与审理案件之中，无一不是切实的学问。如果离开了具体的事物去做学问，就会成了空中楼阁。"

十七

【原文】

虔州将归，有诗别先生云："良知何事系多闻？妙合当时已种根。好恶从之为圣学，将迎无处是乾元①。"

先生曰："若未来讲此学，不知说'好恶从之'从个甚么。"

敷英②在座曰："诚然。尝读先生《大学古本序》，不知所说何事。及来听讲许时，乃稍知大意。"

【注释】

①乾元：指万物产生的根源。语出《周易·乾卦·象传》："大哉乾元，万物资始。"②敷英：阳明弟子，其余不详。

【译文】

九川快回家了，便写了一首诗向先生告别："良知何事系多闻？妙合当时已种根。好恶从之为圣学，将迎无处是乾元。"

先生说："如果你没有来过这里探讨学问，就会不知道'好恶从之'到底从的是什么了。"

在旁坐着的敷英说："是呀。我曾经读了先生的《大学古本序》，全然不明白说的是什么。等来到这里，听了一段时间讲学后，才稍稍明白了大致含义。"

十八

【原文】

于中、国裳辈同侍食。

先生曰："凡饮食只是要养我身，食了要消化。若徒蓄积在肚里，便成痞了，如何长得肌肤？后世学者博闻多识，留滞胸中，皆伤食之病也。"

【译文】

于中、国裳等人一同陪先生吃饭。

先生说："但凡吃饭，只是为了滋养我的身体，吃了需要消化。如果仅仅是把食物都积蓄在肚子里，就成了痞病，这怎么能长身体呢？后世的学者博学多识，把学问都滞留在肚子里，都是患了痞病。"

十九

【原文】

先生曰："圣人亦是'学知'，众人亦是'生知'。"

问曰："何如？"

曰："这良知人人皆有。圣人只是保全无些障蔽，兢兢业业，叠叠翼翼，自然不息，便也是学。只是生的分数多，所谓之'生知安行'。众人自孩提之童，莫不完具此知，只是障蔽多，然本体之知，自难泯息，虽问学克冶，也只凭他。只是学的分数多，所以谓之'学知利行'。"

【译文】

先生说："圣人也是'学而知之'，普通人也是'生而知之'。"

九川问："怎么解释？"

先生答说："良知人人都有。圣人只是保全了良知，让它们不受蒙蔽，兢兢业业，勤勤恳恳，良知自然不会停止，所以这也是学习。只是'生而知之'的成分很多，所以便以为圣人是'生知安行'的了。一般人从孩提时候开始，就全都具备了这种良知，只是后来私欲的遮蔽太多了，然而本体的良知自然是很难泯灭的，即便是学习克制，也都只是在依靠良知罢了。只是他们'学而知之'的成分多，所以说他们是'学知利行'。"

黄直^①录

一

【原文】

黄以方问："先生格致之说，随时格物以致其知，则知是一节之知，非全体之知也。何以到得'溥博如天，渊泉如渊'^②地位？"

先生曰："人心是天、渊。心之本体，无所不该，原是一个天。只为私欲障碍，则天之本体失了。心之理无穷尽，原是一个渊，只为私欲窒塞，则渊之本体失了。如今念念致良知，将此障碍窒塞一齐去尽，则本体已复，便是天、渊了。"

乃指天以示之曰："比如面前见天，是昭昭之天；四外见天，也只是昭昭之天，只为许多房子墙壁遮蔽，便不见天之全体，若撤去房子墙壁，总是一个天矣。不可道眼前天是昭昭之天，外面又不是昭昭之天也。于此便见一节之知即全体之知，全体之知即一节之知，总是一个本体。"

【注释】

①黄直：字以方，江西金溪人，进士，王阳明弟子，曾以抗疏论救下狱，出狱后安贫乐道。②溥博如天，渊泉如渊：语出《中庸》："夫焉有所倚？肫肫其仁，渊渊其渊，浩浩其天！"

【译文】

黄以方问先生："关于先生'格物致知'的学说，是随时格物来致良知，那么这个良知就只是良知的一部分，而不是良知的全体，这怎么能够达到'溥博如天，渊泉如渊'的地步呢？"

先生说："人心是天，是深渊。心的本体，无所不包，原本就是一个天，只是因为被私欲蒙蔽，天的本来面目就迷失了。心中的理是无穷无尽的，原本就是一个深渊，只因为被私欲阻塞，深渊的本来面目也就迷失了。如今心心念念的都是致良知，将这些蒙蔽、阻塞都全部除去，那样本体才能恢复，就又是天和深渊了。"

先生指着天告诉他说："比如现在面前的天，是光明晴朗的天。而四方之外的天，也会是光明晴朗的天，只是被许多房子和墙壁遮挡住了，就不能看到天的全部，如果撤去了房子和墙壁，天还是那一个天。不能说在我们面前的天就是光明晴朗的天，而外面的天就不是光明晴朗的。由此可见，部分的良知便是全体的良知，而全体的良知也就是部分的良知，都是同一个本体罢了。"

二

【原文】

先生曰："圣贤非无功业气节，但其循着这天理，则便是道。不可以事功气节名矣。"

"'发愤忘食'^①是圣人之志如此，真无有已时；'乐以忘忧'是圣人之道如此，真无有戚时。恐不必云得不得也^②。"

【注释】

①发愤忘食：语出《论语·述而》。②恐不必云得不得也：语出朱熹《论语集注》。

【译文】

先生说："圣贤不是没有功业和气节，只是他们能够遵循这个天理，这就是道。圣贤不可凭着功业气节求名声。"

先生说："'发愤忘食'，因为圣人的志向本来就是这样，真的没有尽头；'乐以忘忧'，也因为圣人的道本是这样，真的不会有悲伤的时候。不必说什么'得'和'不得'的。"

三

【原文】

先生曰："我辈'致知'，只是各随分限所及。今日良知见在如此，只随今日所知扩充到底；明日良知又有开悟，便从明日所知扩充到底。如此方是'精一'功夫。与人论学，亦须随人分限所及。如树有这些萌芽，只把这些水去灌溉，萌芽再长，便又加水，自拱把以至合抱，灌溉之功皆是随其分限所及。若些小萌芽，有一桶水在，尽要倾上，便浸坏他了。"

【译文】

先生说："我们这些人做致良知的功夫，也只是各自随自己的能力尽力而为。今天认识良知到了这个地步，便根据今天的认识延伸到底；等明日良知又有新的领悟，那么就根据明日的认识延伸到底。这样才是'精一'的功夫。和别人探讨学问，也需要根据对方的能力所及。就像是树苗，萌芽的时候，只能用一点水去浇灌。等到再长一点，就再加大适当的水量，等树长到了两手合抱或者两臂合抱，浇的水量都需根据树的发育情况来定。如果只是些刚萌芽的小树苗，就把一桶水全都倒上去，就会把它们淹死了。"

四

【原文】

问知行合一。

先生曰："此须识我立言宗旨。今人学问，只因知行分作两件，故有一念发动，虽是不善，然却未曾行，便不去禁止。我今说个知行合一，正要人晓得一念发动处便即是行了。发动处有不善，就将这不善的念克倒了，须要彻根彻底，不使那一念不善潜伏在胸中。此是我立言宗旨。"

【译文】

有人问知行合一。

先生说："这必须知道我的立论的主旨。如今人们做学问，因为把知与行分而为二，所以虽然有不善的念头萌发，如果还没有不善的行动，便不去禁止。我如今提出'知行合一'的论说，就是要让人们晓得只需有念头的萌发了，那就相当于做了。不善的念头萌动了，就把这个不善的念头克制住，必须要彻底地连根拔起，不让它潜伏在心里。这就是我立论的主旨。"

五

【原文】

"圣人无所不知，只是知个天理；无所不能，只是能个天理。圣人本体明白，故事事知个天理所在，便去尽个天理。不是本体明后，却于天下事物都便知得，便做得来也。天下事物，如名物度数、草木鸟兽之类，不胜其烦，圣人须是本体明了，亦何缘能尽知得？但不必知的，圣人自不消求知；其所当知的，圣人自能问人，如'子入太庙每事问'①之类。先儒谓'虽知亦问，敬谨之至'②，此说不可通。圣人于礼乐名物不必尽知，然他知得一个天理，便自有许多节文度数出来。不知能问，亦即是天理节文所在。"

【注释】

①子入太庙每事问：语出《论语·八佾》。②"虽知"二句：语出朱熹《论语集注》引伊和靖之语"礼者，敬而已矣。虽知亦问，谨之至也"。

【译文】

先生又说："圣人无所不知，也只是知道一个天理；圣人无所不能，也只是能做到一个天理。圣人的本体清澈明白，所以事事都知道它的天理所在，只去尽一个天理就行了。而不是在本体变得清澈明白之后，才知道了天下的事物，才能做到。天下的事物，比如名物度数、草木鸟兽等，不计其数，圣人即使是本体明澈了，也不可能什么都知道。但凡是那些不需要知道的，圣人自然不必去弄明白；而那些应当知道的，圣人自然就能够去向别人询问，就像'子入太庙每事问'这种。先儒们说'孔子虽然知道了还问，真是非常恭敬谨慎了'，此种说法不全对。圣人对于礼乐名物，不必全都懂得，然而他知道一个天理，就自然会明白许多规矩礼节。不知道便问，也是规矩法度的其中一个。"

六

【原文】

问："先生尝谓'善恶只是一物'。善恶两端，如冰炭相反，如同谓只一物？"

先生曰："至善者，心之本体。本体上才过当些子，便是恶了。不是有一个善，却又有一个恶来相对也。故善恶只是一物。"

直因闻先生之说，则知程子所谓"善固性也，恶亦不可不谓之性"①。又曰：

"善恶皆天理，谓之恶者本非恶，但于本性上过与不及之间耳。"②其说皆无可疑。

【注释】

①"善固性也"二句：程颢语，语出《河南程氏遗书》卷一。②"善恶皆天理"三句：程颢语，语出《河南程氏遗书》卷二"天下善恶皆天理，谓之恶者本非恶，但或过或不及，便如此"。意为善与恶都是天理，所谓的恶，本身并不是恶，只是对于天理来说，表现得过分或不足罢了。

【译文】

黄直问："先生曾说'善恶只是一个事物'。善和恶，就像冰和炭一样互相对立，怎么能把它们一同说成是一个事物呢？"

先生说："最高境界的善，就是心的本体。本体上刚有一点过错，便成了恶了。而并非有了一个善，又还有一个恶来和它相对应，所以善恶是一个事物。"

因为听了先生的学说，黄直终于明白了程颢先生所说："善固性也，恶亦不可不谓之性。""善恶皆天理，谓之恶者本非恶，但于本性上过与不及之间耳。"之后黄直对这些话就不再有疑惑了。

七

【原文】

先生尝谓："人但得好善如好好色，恶恶如恶恶臭，便是圣人。"

直初时闻之，觉甚易，后体验得来，此个功夫着实是难。如一念虽知好善恶恶，然不知不觉，又夹杂去了。才有夹杂，便不是好善如好好色、恶恶如恶恶臭的心。善能实实的好，是无念不善矣；恶能实实的恶，是无念及恶矣。如何不是圣人？故圣人之学，只是一诚而已。

【译文】

先生曾说："人但凡能够做到喜欢善良像喜爱美色、厌恶恶行像讨厌恶臭，那便称得上是圣人了。"

黄直最初听到的时候，觉得应该很容易，可是之后亲身体验，才发现这个功夫实在很难的。虽然念头里知道应该好善恶恶，但是不知不觉地，就会有私欲掺杂进去。而一旦掺杂了私欲，就不再是那颗能够喜好善行像喜好美色那样、厌恶恶行像厌恶恶臭那样的心。对善行能够实实在在地喜好，那么不会有念头是不善的了；如果厌恶恶行能够实实在在地厌恶，也就没有什么念头会关系到恶了。这怎么不是圣人呢？所以圣人的学问，也只是一个诚罢了。

八

【原文】

问《修道说》言，"率性之谓道"属圣人分上事，"修道之谓教"属贤人分上事。

先生曰："众人亦'率性'也，但'率性'在圣人分上较多，故'率性之谓道'属圣人事。圣人亦'修道'也，但'修道'在贤人分上多，故'修道之谓教'属贤人事。"

又曰："《中庸》一书，大抵皆是说'修道'的事，故后面凡说君子，说颜渊，说子路，皆是能'修道'的；说小人，说贤、知、愚、不肖，说庶民，皆是不能'修道'的；其他言舜、文、周公、仲尼至诚至圣之类，则又圣人之自能'修道'者也。"

【译文】

有人问："您的《修道说》说，'率性之谓道'，是圣人分内的事，'修道之谓教'，则是贤人分内的事。"

先生说："一般人也是'率性'的，只是'率性'在圣人身上，表现得要多一些，所以说，'率性之谓道'属于圣人的事。圣人也'修道'，只是'修道'在贤人身上，表现得要较多些，所以说，'修道之谓教'是贤人的事。"

先生又说："《中庸》这部经典，大多说的是'修道'。所以之后凡是讲君子、颜回、子路等，都是能够'修道'的；而讲到小人、贤者、智者、愚者、不肖者、庶民，都是不能够'修道'的；而其他的比如舜、文王、周公、孔子等至诚至圣的人，则又是能够自然'修道'的了。"

九

【原文】

问："儒者到三更时分，扫荡胸中思虑，空空静静，与释氏之静只一般。两下皆不用，此时何所分别？"

先生曰："动静只是一个。那三更时分空空静静的，只是存天理，即是如今应事接物的心；如今应事接物的心，亦是循此天理，便是那三更时分空空静静的心。故动静只是一个，分别不得。知得动静合一，释氏毫厘差处亦自莫掩矣。"

【译文】

有人问先生："儒生到了三更时分的时候，清除了心中的思虑，空灵虚静，就跟佛教的静一样。静时，儒佛两家的学说都不再应事接物，发挥作用，那这个时候他们两家有什么区别呢？"

先生说："动与静是一回事。三更时分时的空灵虚静，只要心同样在存养天理，也就是像现在这样应事接物；而现在正在应事接物的心，也只是遵循天理，也同样是三更时分那空空寂寂的心。因此，动静是一回事，不能分开。知晓了动静合一的道理，佛教同儒家的细微区别自然也会显现了。"

十

【原文】

门人在座，有动止甚矜持者。先生曰："人若矜持太过，终是有弊。"

曰："矜持太过，如何有弊？"

曰："人只有许多精神，若专在容貌上用功，则于中心照管不及者多矣。"

有太直率者。先生曰："如今讲此学，却外面全不检束，又分心与事为二矣。"

【译文】

在座的众弟子们里，有一个举止行动都十分矜持的人。先生说："人如果太过矜持，始终也是一个弊端。"

黄直问："过于矜持，为什么会有弊端？"

先生说："人只有这么多的精力，如果专注在外在上用功，就往往照管不到内心了。"

门人中又有过于直率的人。先生说："现在在讲'致良知'的学说，而你在外形上全然不加检点，又是把心与事分而为二了。"

十一

【原文】

门人作文送友行，问先生曰："作文字不免费思，作了后又一二日常记在怀。"

曰："文字思索亦无害，但作了常记在怀，则为文所累，心中有一物矣。此则未可也。"

又作诗送人。先生看诗毕，谓曰："凡作文字要随我分限所及。若说得太过了，亦非'修辞立诚'①矣。"

【注释】

① 修辞立诚：意为修饰言辞以诚信为本。语出《周易·乾卦·文言》："修辞立其诚，所以居业也。"

【译文】

一个门生写了一篇文章给朋友送行，便问先生："写文章不免要花费心思，而且写完之后的一两天还时常把它记在心上。"

先生说："花费心思写文章并没有害处。但是你写完了之后还常记挂在心里，就会被这文章牵累，在心里存了一件事情，这样并不好。"

又有人写诗送人。先生看了诗之后评价说："凡是作诗写文章，要根据自己的才智尽力而为，如果说得太过，也就不是'修辞立诚'了。"

十二

【原文】

"文公'格物'之说，只是少头脑。如所谓'察之于念虑之微'，此一句不该与'求之文字之中''验之于事为之著''索之讲论之际'混作一例看①，是无轻重也。"

【注释】

①"所谓"四句：语出朱熹《大学或问》，这是朱熹格物学说包括的四个方面。

【译文】

先生说："朱熹先生'格物'的学说，只是缺乏一个主旨。正如他所说'察之于念虑之微'，这句不应该与'求之文字之中''验之于事为之著''索之讲论之际'混杂成一个例子来看待，这是不分轻重的表现！"

十三

【原文】

问"有所忿懥^①"一条。

先生曰："忿懥几件，人心怎能无得？只是不可'有所'耳。凡人忿，着了一分意思，便怒得过当，非廓然大公之体了。故有所忿懥，便不得其正也。如今于凡忿懥等件，只是个物来顺应，不要着一分意思，便心体廓然大公，得其本体之正了。且如出外见人相斗，其不是的，我心亦怒；然虽怒，却此心廓然，不曾动些子气。如今怒人亦得如此，方才是正。"

【注释】

① 有所忿懥（zhì）：语出《大学》"身有所忿懥，则不得其正；有所恐惧，则不得其正；有所好乐，则不得其正；有所忧患，则不得其正"。

【译文】

有人向先生请教《大学》里"有所忿懥"这一句话。

先生说："忿懥的几种情绪，例如仇怒、恐惧、好乐、忧患，人心里怎么可能会没有呢？只是不应该有罢了。一个人觉得忿懥的时候，加上一份着意，就会忿懥得过度，这样就没有了心胸廓然大公的本体了。因此，当有忿懥的情绪的时候，心就不能达到中正。所以对于忿懥等几种情绪，只要顺其自然，不要过分在意，心体就自然能够廓然大公，从而达到中正平和。现在如果我外出看到别人在互相打斗，对于不对的那方，我心中也会很忿懥；然而我虽然感觉到忿懥，但我的心却是坦然的，不生过多的气。现在对别人生气时，也该这样，那才能中正平和。"

十四

【原文】

先生尝言："佛氏不着相①，其实着了相。吾儒着相，其实不着相。"

请问。

曰："佛怕父子累，却逃了父子；怕君臣累，却逃了君臣；怕夫妇累，却逃了夫妇。都是为个君臣、父子、夫妇着了相，便须逃避。如吾儒，有个父子，还他以仁；有个君臣，还他以义；有个夫妇，还他以别。何曾着父子、君臣、夫妇的相？"

【注释】

①着相：执着于事物的外在形式。相，佛教名词，相对"性"而言。佛教把一切事物的外观、形象、状态称之为"相"。

【译文】

先生曾说："佛家提倡不执着于'相'，而实际上却是执着于'相'的。而儒家虽然提倡执着于'相'，但实际上却是不执着于'相'的。"

学生因此请教先生。

先生说："佛教恐怕为父子关系牵累，便逃脱了父子亲情；害怕为君臣关系牵累，便逃脱了君臣道义；害怕为夫妻关系牵累，便逃脱了夫妻情分。这都是因为执着于君臣、父子、夫妻的'相'，才需要逃脱它们。而我们儒家学说，有正常的父子关系的，便顺势产生了仁爱之说；有正常的君臣关系的，就产生了忠义之说；有正常的夫妻关系的，便产生了礼节之说。像这样，又何曾执着过父子、君臣、夫妻的'相'呢？"

黄修易①录

一

【原文】

黄修易问："心无恶念时，此心空空荡荡，不知亦须存个善念否②？"

先生曰："既去恶念，便是善念，便复心之本体矣。譬如日光被云来遮蔽，云去光已复矣。若恶念既去，又要存个善念，即是日光之中添燃一灯。"

【注释】

① 黄修易：字勉叔，王阳明弟子。其余不详。② 不知句：黄修易认为善念的存在与"无善无恶是心之体"相违背，所以才提出此问。

【译文】

黄修易问先生："心里没有恶念的时候，心里空荡荡的，不知道是否也需要存养一个善念呢？"

先生说："既然已经把恶念清除了，余下的便全是善念了，便恢复了心的本体了。就好比是太阳的光线被云遮蔽了，等云散去之后，太阳光便回来了。假若恶念已经去除了，又还要存一个善念在心里，那就是在太阳光下，又添了一盏灯。"

二

【原文】

问："近来用功，亦颇觉妄念不生，但腔子里黑窣窣的，不知如何打得光明？"

先生曰："初下手用功，如何腔子里便得光明？譬如奔流浊水，才贮在缸里，初然虽定，也只是昏浊的。须俟澄定既久，自然渣滓尽去，复得清来。汝只要在良知上用功。良知存久，黑窣窣自能光明矣。今便要责效，却是助长，不成功夫。"

【译文】

黄修易问先生："我近来用功，也还会感觉到不再有妄念产生，但内心深处还是一团漆黑，不知道要如何才能让它得到光明？"

先生回答说："最初用功的时候，心里怎么可能立即得到光明？譬如奔腾的浊水，才刚刚存进水缸里，虽然已经开始了沉淀，但仍旧是浑浊的。必须等到沉淀的时间长了，渣滓才能自然清除，再次变得清澈。你只需在良知上用功。良知存养的时间久了，漆黑的心自然会得以光明。现在就要去立马让它变清澈，就是揠苗助长，不能当作是功夫。"

三

【原文】

先生曰："吾教人致良知在'格物'上用功，却是有根本的学问。日长进一日，愈久愈觉精明。世儒教人事事物物上去寻讨，却是无根本的学问。方其壮时，虽暂能外面饰，不见有过，老则精神衰迈，终须放倒。譬如无根之树，移栽水边，虽暂时鲜好，终久要憔悴。"

【译文】

先生说："我教学生致良知，是要在格物上用功，那才是有根基的学问。天天有所进步，时间越长就越会觉得精细聪明。后世儒生们则教别人在万事万物上去寻找，那就是没有根基的学问了。当他还少壮时，虽然能够暂时在外在上修饰一下，不让过失显现。到了老年，精力就会衰竭，最终支撑不住。就像是没有根的大树，把它移栽到水边，虽然暂时看起来生机勃勃，但最终会变得憔悴的。"

四

【原文】

问"志于道"①一章。

先生曰："只'志于道'一句，便含下面数句功夫，自住不得。譬如做此屋，'志于道'是念念要去择地鸠②材，经营成个区宅。'据德'却是经画已成，有可据矣。'依仁'却是常常住在区宅内，更不离去。'游艺'却是加些画采，美此区宅。艺者，理之所宜者也。如诵诗、读书、弹琴、习射之类，皆所以调习此心，使之熟于道也。苟不'志道'而'游艺'，却如无状小子，不先去置造区宅，只管要去买画挂，做门面，不知将挂在何处？"

【注释】

①志于道：见《论语·述而》"子曰：'志于道，据于德，依于仁，游于艺'"。志于道就是说志在追求和践行大道。②鸠：鸠集，聚集。

【译文】

有人就《论语》里"志于道"一章向先生请教。

先生说："仅仅'志于道'这一句话，就已经包括了以下很多句的功夫，不能仅仅停留在志道上。譬如要建房屋，'志于道'仅仅是心心念念地去选择地基和材料，将房子建成；'据于德'便是规划已成的房屋，让它可以居住；'依于仁'就是常常住在房屋里，不再离开；'游于艺'就是在房屋里添加一些彩饰，让它变美。'艺'就是理最恰当的地方。比如诵诗、读书、弹琴、习射，等等，都是为了调习自己的心，让它精熟'道'。如果不先'志于道'，就去'游于艺'，就会像一个糊里糊涂的小伙子，不先建造起房屋，便只管去买画装饰、做门面。不知他究竟要把画挂在什么地方！"

五

【原文】

问："读书所以调摄此心，不可缺的。但读之之时，一种科目意思牵引而来。不知何以免此？"

先生曰："只要良知真切，虽做举业，不为心累。纵有累，亦易觉克之而已。且如读书时，良知知得强记之心不是，即克去之；有欲速之心不是，即克去之；有夸多斗靡之心不是，即克去之。如此亦只是终日与圣贤印对，是个纯乎天理之心。任他读书，亦只是调摄此心而已，何累之有？"

曰："虽蒙开示，奈资质庸下，实难免累。窃闻穷通有命，上智之人，恐不屑此。不屑为声利牵缠，甘心为此，徒自苦耳。欲屏弃之，又制于亲，不能舍去，奈何？"

先生曰："此事归辞于亲者多矣。其实只是无志。志立得时，良知千事万事只是一事。读书作文，安能累人？人自累于得失耳！"因叹曰："此学不明，不知此处担搁了几多英雄汉！"

【译文】

有人问先生："读书是为了调习自己的心，它必不可缺。但是，读书的时候有一种科举的思虑会随之而来。不知道怎么才能避免它？"

先生说："只要良知是真切的，即便是为了科举考试，也不会成为心的拖累。就是成了拖累，也容易发觉并且克服它。比如在读书的时候，良知知道有了强记之心是不对的，便会立刻把它克服；求速的心情也知道是不对的，也马上把它克服；有自夸争强好胜的心，也知道是不对的，也要克服掉。这样的话，成天与圣贤们的心相互印证，就是一颗纯然合乎天理的心。任凭他读书，也都只不过在调习自己的心罢了，怎会有拖累呢？"

问："承蒙您开导，但是无奈我天资平庸，实在很难避免这种拖累。我听说'穷通有命'，聪明的人大概会对此表示不屑，但是我为名利所牵累，心甘情愿这样，也只能是独自苦恼罢了。如果想要抛弃科举，却又受制于父母，无能割舍。这到底该怎么办呢？"

先生说："把这种事归咎到父母身上的人很多啊。而实际上只是因为自己没有志向。志向确立了的时候，千事万事，只是良知一件事。读书写文章，怎么会拖累人呢？只是人们为自己的得失所拖累罢了。"先生因此感叹道："良知之学不昌明于天下，不知道还要耽误多少英雄在这里！"

六

【原文】

问："'生之谓性'①，告子亦说得是，孟子如何非之？"

先生曰："固是性，但告子认得一边去了，不晓得头脑。若晓得头脑，如此说亦是。孟子亦曰：'形色，天性也。②'这也是指气说。

又曰："凡人信口说，任意行，皆说'此是依我心性出来'，此是所谓生之谓性。然却要有过差。若晓得头脑，依吾良知上说出来，行将去，便自是停当。然良知亦只是这口说，这身行。岂能外得气，别有个去行去说？故曰：'论性不论气不备，论气不论性不明。③'气亦性也，性亦气也，但须认得头脑是当。"

【注释】

①"生之谓性"一句：事见《孟子·告子上》："告子曰：'生之谓性。'孟子曰：'生之谓性也，犹白之谓白与？'曰：'然。''白羽之白也，犹白雪之白，白雪之白犹白玉之白与？'曰：'然。''然则犬之性犹牛之性，牛之性犹人之性与？'"这是孟子与告子关于"性"的著名论辩之一。②形色，天性也：语出《孟子·尽心上》。③"论性"二句：语出《河南程氏遗书》卷六。意为只讲性不讲气，不完整；只讲气不讲性，不明晰。

【译文】

有人问：“'生之谓性'，告子说的这句话也算不得错了，为什么孟子却要否定呢？”

先生说：“天性固然是与生俱来的，只是告子的认识有些偏颇，他只知道它看成是性，却不明白这其中的主旨所在。如果明白了主旨，这样说也能算错。孟子也曾说'形色，天性也'。这也是针对气说的。”

先生又说：“一般人信口雌黄，恣意行动，都说这是依据自己的心性来的，这就是所谓的'生之谓性'。但这样是会出差错的。如果懂得了主旨，凭借着良知去说去做，自然就会正确。但良知也只体现在自己用嘴说，自己身体力行。怎能离开气，另外再有一个东西去说去做呢？所以伊川先生说：'论性不论气不备，论气不论性不明。'气就是性，性也就是气。只是首先必须妥当地认清主旨。”

七

【原文】

又曰：“诸君功夫，最不可助长。上智绝少，学者无超入圣人之理。一起一伏，一进一退，自是功夫节次。不可以我前日用得功夫了，今却不济，便要矫强做出一个没破绽的模样。这便是助长，连前些子功夫都坏了。此非小过。譬如行路的人遭一蹶跌，起来便走，不要欺人做那不曾跌倒的样子出来。诸君只要常常怀个'遁世无闷，不见是而无闷'之心，依此良知忍耐做去，不管人非笑，不管人毁谤，不管人荣辱，任他功夫有进有退，我只是这致良知的主宰不息，久久自然有得力处。一切外事亦自能不动。”

又曰：“人若着实用功，随人毁谤，随人欺慢，处处得益，处处是进德之资。若不用功，只是魔也，终被累倒。”

【译文】

先生又说："诸君下功夫，千万不可揠苗助长。有着上等智慧的人是很少的，一般的学者们没有道理能够直接进入圣人的境界。一起一伏，一进一退，都是下功夫的秩序。不能够因为我前些天用了功夫，而今天没有起到作用，便硬要逞强，装出一副没有破绽的模样。这就是'助长'，连前面下的功夫也都会被搞坏的。这并非小的过失。就好比人在走路，摔了一跤起来再走，也用不着骗人，做出一副没有跌倒过的样子来。各位只要常常怀着'遁世无闷，不见是而无闷'的心，遵从良知，坚持做下去，无论别人是非难还是讥笑，诽谤还是诋毁，不管别人荣耀或是受辱，任凭别人功夫的进退，我只需坚持不断地致良知，久而久之，自然会感觉到有力量。任何外在的事物，也自然能够做到不为所动。"

又说："人如果切切实实地用功，任凭别人诋毁诽谤、欺负轻慢，处处都能得益，处处都是推进品德修养的动力。若不用功，别人的诽谤和侮辱就会有如魔鬼，最终会被它累垮。"

八

【原文】

先生一日出游禹穴①，顾田间禾曰："能几何时，又如此长了！"

范兆期②在旁曰："此只是有根。学问能自植根，亦不患无长。"

先生曰："人孰无根，良知即是天植灵根，自生生不息。但着了私累，把此根戕贼蔽塞，不得发生耳。"

【注释】

①禹穴：即禹陵。在浙江绍兴稽山门外，传为夏禹的陵墓，为浙东著名胜迹。②范兆期：即范引年，字兆期，号半野，王阳明的学生。

【译文】

有一天，先生到禹穴游览，望着田间的禾苗，说："才多长时间，又长了许多。"

范兆期在旁边说："这是因为禾苗有根。做学问如果能自己种下根，也不会担心他们不成长。"

先生说："谁没有根呢？良知便是上天种下的灵根，自然能够生生不息。只是为私欲所牵累，将这个灵根破坏堵塞了，不能够生长出来罢了。"

九

【原文】

一友常易动气责人，先生警之曰："学须反己。若徒责人，只见得人不是，不见自己非。若能反己，方见自己有许多未尽处，奚暇责人？舜能化得象的傲，其机括只是不见象的不是。若舜只要正他的奸恶，就见得象的不是矣。象是傲人，必不肯相下，如何感化得他？"

是友感悔。

曰："你今后只不要去论人之是非。凡当责辩人时，就把做一件大己私，克去方可。"

【译文】

一个朋友常常容易生气、责备别人。先生警告他说："学习必须能够反省自己。如果光是责备别人，只能看见别人的不对，而看不到自己的错误。如果能反身自省，就能看到自己很多不完善的地方，哪还有空闲的功夫来责怪其他人？舜能够化解象的傲慢，主要在于他没有去发现象不对的地方。如果舜仅仅去纠正象的奸恶，就发现他的不对之处了。象又是一个傲慢的人，肯定不愿听信他的。这样怎么可能感化他呢？"

这个朋友听了便感到了后悔。

先生说："你今后只别再去谈论别人的是非。但凡你正在责备别人的时候，就把它当作自己的一大私欲加以克治。"

十

【原文】

先生曰："凡朋友问难，纵有浅近粗疏，或露才扬己，皆是病发。当因其病而药之可也。不可便怀鄙薄之心。非君子与人为善之心矣。"

【译文】

先生说："朋友们在一起辩论时，难免有深有浅、有粗有细，或者有人急于露才、自我颂扬等，这些都是毛病发作。当时便顺势对症下药是可以的，只是不可怀有鄙薄的心。这样就不是君子'与人为善'的心了。"

十一

【原文】

问："《易》，朱子主卜筮，程《传》主理，何如？"

先生曰："卜筮是理，理亦是卜筮。天下之理孰有大于卜筮者乎？只为后世将卜筮专主在占卦上看了，所以看得卜筮似小艺。不知今之师友问答，博学、审问、慎思、明辨、笃行之类，皆是卜筮。卜筮者，不过求决狐疑，神明吾心而已。《易》是问诸天；人有疑，自信不及，故以《易》问天；谓人心尚有所涉，惟天不容伪耳。"

【译文】

有人问先生："《易经》一书，朱熹先生认为它重在卜筮，而伊川先生则认为它重在阐明天理。究竟该如何看待呢？"

先生回答说："卜筮就是理，理也就是卜筮。天下的理，哪会有比卜筮更大的呢？只是因为后代学者把卜筮算作了占卦，因此把卜筮当成了雕虫小技。他们却不知道，现在师生、朋友的问答，博学、审问、慎思、明辨、笃行，等等，都是卜筮。卜筮，不过是解决疑问，使自己的心变得神明而已。《易经》是向上天请示，人们有了疑问，不够自信，便用《易经》来问上天。人心依然还有偏私，只有上天容不得虚假。"

黄省曾^① 录

一

【原文】

黄勉之问："'无适也，无莫也，义之与比^②。'事事要如此否？"

先生曰："固是事事要如此，须是识得个头脑乃可。义即是良知，晓得良知是个头脑，方无执著。且如受人馈送，也有今日当受的，他日不当受的。也有今日不当受的，他日当受的。你若执著了今日当受的，便一切受去。执著了今日不当受的，便一切不受去。便是适莫。便不是良知的本体。如何唤得做义？"

【注释】

①黄省曾：字勉之，号五岳，江苏苏州人，王阳明的学生，著有《会稽问道录》。②"无适也"三句：语出《论语·里仁》。无适，无可；无莫，无不可。

【译文】

黄省曾问先生："《论语》里说'无适也，无莫也，义之与比'，是不是事事都要这样呢？"

先生说："当然，只是需要懂得它的主旨才行。义，就是良知。明白良知是个主旨，才能不会有所执着。就像接受别人的馈赠，有当天应该接受而换个时间却不应接受的；也有今天不应该接受而换个时间却又可以接受的。如果你执着于今天可以接受的便一切都接受了，或者执着于今天不该接受的便一切都不接受，就成了'适'，成了'莫'，就不再是良知的本体了。这怎么能叫作'义'呢？"

二

【原文】

问："'思无邪'① 一言，如何便盖得三百篇之义？"

先生曰："岂特三百篇？六经只此一言，便可该贯，以至穷古今天下圣贤的话。'思无邪'一言，也可该贯。此外便有何说？此是一了百当的功夫。"

【注释】

① 思无邪：语出《论语·为政》："子曰：'《诗》三百，一言以蔽之，曰：思无邪。'"意为思想纯正无邪念。

【译文】

问："'思无邪'三个字，怎么就能够概括《诗经》三百篇的含义呢？"

先生说："岂止是这《诗经》三百篇？六经也只需这一句话，就能够概括贯穿了，甚至古今天下所有圣贤的话，这句话也能够穷尽。此外，还有什么可说的呢？这是个一了百当的功夫。"

三

【原文】

问"道心""人心"。

先生曰："'率性之为道'，便是'道心'。但着些人的意思在，便是'人心'。'道心'本是无声无臭，故曰'微'。依着'人心'行去，便有许多不安稳处，故曰'惟危'。"

【译文】

有人向先生请教“道心”和“人心”。

先生说：“‘率性之谓道’，就是‘道心’。但只要有些许私欲在其中，就是‘人心’了。‘道心’本来是无声无味的，所以说‘惟微’；按照‘人心’去行动，就有了许多不安稳的地方，因此说‘惟危’。”

四

【原文】

问：“‘中人以下，不可以语上’①，愚人与之语上尚且不进，况不与之语可乎？”

先生曰：“不是圣人终不与语，圣人的心忧不得人人都做圣人；只是人的资质不同，施教不可躐等，中人以下的人，便与他说性、说命，他也不省得，也须慢慢琢磨他起来。”

【注释】

①“中人”二句：语出《论语·雍也》：“子曰：‘中人以上，可以语上也；中人以下，不可以语上也。’”

【译文】

有人问先生：“孔子说‘中人以下，不可以语上’。愚笨的人，给他讲解高深的道理，尚且不会有所进步，更何况不给他说这些道理呢？”

先生说：“并非圣人们不愿给他们讲解。圣人只担心不能让人人都成为圣人。只是各人的资质会有所不同，不得不因材施教。天资在中等以下的人，即便是给他讲解‘性’‘命’的学说，他也未必能够明白。所以需要慢慢地开导启发他。”

五

【原文】

一友问："读书不记得如何？"

先生曰："只要晓得，如何要记得？要晓得已是落第二义了，只要明得自家本体。若徒要记得，便不晓得；若徒要晓得，便明不得自家的本体。"

【译文】

一个朋友问先生："书读完了之后都记不住，怎么办？"

先生说："只需理解明白就可以了，为什么一定要记得呢？而理解明白都已经是落到第二要义上了，只要使自己的本体光明就可以了。如果光是记得，未必就能明白；如果只要求明白，未必就能使自己的本体光明。"

六

【原文】

问："'逝者如斯'①是说自家心性活泼泼地否？"

先生曰："然。须要时时用致良知的功夫，方才活泼泼地，方才与他川水一般；若须臾间断，便与天地不相似。此是学问极至处，圣人也只如此。"

【注释】

①逝者如斯：语出《论语·子罕》："子在川上，曰：'逝者如斯夫！不舍昼夜。'"

【译文】

有人问："孔子说'逝者如斯'，是不是在指自己的心性，活泼泼的？"

先生说："是这样的。必须时时刻刻都在用致良知的功夫，才能让心性活泼泼的，才能让它和流水一般。如果有片刻的间断，就和天地不相符了。

这是做学问的最高境界，圣人也只能做到这样。"

七

【原文】

问"志士仁人"①章。

先生曰："只为世上人都把生身命子看得来太重，不问当死不当死，定要宛转委曲保全，以此把天理却丢去了，忍心害理，何者不为？若违了天理，便与禽兽无异，便偷生茌世上百千年，也不过做了千百年的禽兽。学者要于此等处看得明白；比干、龙逢②，只为也看得分明，所以能成就得他的仁。"

【注释】

①志士仁人：语出《论语·卫灵公》："子曰：'志士仁人，无求生以害仁，有杀身以成仁。'"②比干：殷纣王叔父。因向纣王进谏，被剖心而死。龙逢，夏末大臣，因多次直谏，被桀囚禁杀死。

【译文】

有人向先生请教《论语》里"志士仁人"那一章。

先生说："就是因为世人都把自己的命看得太重了，不问当时是不是应当献出生命，只管委曲求全，为此，能把天理都丢弃了。忍心伤害天理，还有什么做不出来的？如果违背了天理，那他就如同禽兽了，苟且偷生在世上千百年，也只不过是做了千百年的禽兽。学者们在这个地方要看得明白。比干、龙逢等，都只是因为他们看得分明了，才能够成就他们的仁。"

八

【原文】

问："叔孙武叔毁仲尼①，大圣人如何犹不免于毁谤？"

先生曰："毁谤自外来的虽圣人如何免得？人只贵于自修，若自己实实落落是个圣贤，纵然人都毁他，也说他不着；却若浮云掩日，如何损得日的光明？若自己是个象恭色庄、不坚不介的，纵然没一个人说他，他的恶慝②终须一日发露。所以孟子说'有求全之毁，有不虞之誉'③。毁誉在外的，安能避得，只要自修何如尔。"

【注释】

①叔孙武叔毁仲尼：事见《论语·子张》："叔孙武叔语大夫于朝曰：'子贡贤于仲尼。'"叔孙武叔，名州仇，鲁大夫。②慝：邪恶。③有求全之毁，有不虞之誉：语出《孟子·离娄上》"有不虞之誉，有求全之毁"。虞，预料。

【译文】

有人问先生："《论语》里有'叔孙武叔毁仲尼'的记载，为什么大圣人也避免不了被诽谤？"

先生说："诋毁、诽谤是外来的东西，虽然是圣人，也不能够避免。人贵在自我修养，假若自己确确实实是个圣贤之人，纵然别人都来诋毁他，也不会对他有影响。正如浮云遮蔽太阳，它们怎么可能对太阳的光明有所损害呢？假如他自己只是一个表面端庄，而内心却软弱的人，即使一个说他的人都没有，他的丑恶，总有一天也会表露出来的。所以孟子说'有求全之毁，有不虞之誉'。毁誉是外来的，怎么能避免？只要有自我修养，毁誉又能怎么样呢？"

九

【原文】

刘君亮①要在山中静坐。

先生曰："汝若以厌外物之心去求之静，是反养成一个骄惰之气了；汝若不厌外物，复于静处涵养，却好。"

【注释】

① 刘君亮：字元道，王阳明的学生。

【译文】

刘君亮想要到山里去静坐。

先生说他道："如果你是用厌烦外物的心，去山里求得宁静，反倒会养成一个骄纵懒惰的脾气；如果你不是因为厌烦外物，再到静处去修养自己，却是很好的。"

十

【原文】

王汝中^①、省曾侍坐。

先生握扇命曰："你们用扇。"

省曾起对曰："不敢。"

先生曰："圣人之学不是这等捆缚苦楚的。不是装做道学的模样。"

汝中曰："观'仲尼与曾点言志'一章略见。"

先生曰："然。以此章观之，圣人何等宽洪，包含气象。且为师者问志于群弟子，三子皆整顿以对，至于曾点，瓢瓢然不看那三子在眼，自去鼓起瑟来，何等狂态！及至言志，又不对师之问目，都是狂言。设在伊川，或斥骂起来了。圣人乃复称许他，何等气象！圣人教人，不是个束缚他通做一般，只如狂者便从狂处成就他，狷者便从狷处成就他，人之才气如何同得。"

【注释】

① 王汝中：王畿（1498 ~ 1583），字汝中，别号龙溪，山阴（今浙江绍兴）人，王阳明的学生。官至南京兵部郎中，讲学四十余年，传播王学，著作有《龙溪集》。

【译文】

王汝中与省曾在先生旁边侍坐。

先生手拿扇子递过来，说："你们用扇子吧。"

省曾连忙起身回答："不敢当。"

先生说道："圣人的学问，并不是像你这样拘束痛苦的，也不是装出一副道学的模样。"

王汝中说："我看《论语》'仲尼与曾点言志'一节，能够大致看得出这种礼节。"

先生说："是呢，从这一章可以看出来，圣人是何等宽宏大量！当老师的人向学生提问他们的志向，前三个人都恭敬地做出了回答，可是曾点，他却悠悠然不把那三位同学放在眼里，独自弹瑟，何等狂放！等到他们谈到自己的志向时，又不直接回答先生的问题，都口出狂言。如果换作是在伊川先生的身边，恐怕早就责骂起来了。孔子却居然还赞许了他，这又是怎样的风度啊！孔子教育学生，不是死守一个模式，而是对狂放的人，便从狂放这一点上来打造他；洒脱的人，便从洒脱这一点来造就他。人的才能气质，怎么会相同呢？"

十一

【原文】

先生语陆元静曰："元静少年亦要解《五经》，志亦好博。但圣人教人，只怕人不简易，他说的皆是简易之规，以今人好博之心观之，却似圣人教人差了。"

【译文】

先生对陆元静评价说："元静年轻时，也想注解《五经》，志向也在博学。但是，圣人教人，只怕人不简易。他说的也都是简易的办法。但是用现在的人喜好博学的心来看，好像圣人教育的方法错了。"

十二

【原文】

先生曰："孔子无不知而作；颜子有不善未尝不知：此是圣学真血脉路。"

【译文】

先生说："孔子不会写他不知道的事，颜回则对于过错没有不知道的，这就是圣学的真正脉络。"

钱德洪录

一

【原文】

何廷仁、黄正之、李侯璧、汝中、德洪侍坐。先生顾而言曰："汝辈学问不得长进，只是未立志。

侯璧起而对曰："琪亦愿立志。"

先生曰："难说不立，未是'必为圣人之志'耳。"

对曰："愿立'必为圣人之志'。"

先生曰："你真有圣人之志，良知上更无不尽。良知上留得些子别念挂带，便非'必为圣人之志'矣。"

洪初闻时心若未服，听说到不觉悚汗。

【译文】

何廷仁、黄正之、李侯璧、王汝中和钱德洪在先生旁边侍坐。先生环顾他们说道："你们这些人，学问没能有所长进，原因只在于还没有立志。"

李侯璧站起来回答说："我也愿意立下志向。"

先生说："不敢说你没有立志，只是立的恐怕不是'必为圣人之志'。"

李侯璧答："那我愿意立下'必为圣人之志'。"

先生说："如果你真的有了成为圣人的志向，在良知上就会用尽全力。如果良知上还存留有别的私心欲念，就不再是'必为圣人之志'了。"

钱德洪刚开始听这段话时，心里还有所不服，现在又听到这话，就已经不觉警醒流汗了。

二

【原文】

先生曰："良知是造化的精灵，这些精灵，生天生地，成鬼成帝，皆从此出，真是与物无对。人若复得他完完全全，无少亏欠，自不觉手舞足蹈，不知天地间更有何乐可代！"

【译文】

先生说："良知是造化的精灵。这些精灵，缔造了天地，生出了鬼神，真是无与伦比！如果人能够完完全全地恢复它，没有一点亏欠，自然就会手舞足蹈，天地间找不到什么快乐能够代替它。"

三

【原文】

一友静坐有见，驰问先生。

答曰："吾昔居滁[①]时，见诸生多务知解，口耳异同，无益于得，姑教之静坐；一时窥见光景，颇收近效。久之渐有喜静厌动，流入枯槁之病，或务为玄解妙觉，动人听闻。故迩来只说'致良知'。良知明白，随你去静处体悟也好。随你去事上磨炼也好，良知本体原是无动无静的。此便是学问头脑。我这个话头，自滁州到今，亦较过几番，只是'致良知'三字无病。医经折肱[②]，方能察人病理。"

【注释】

①滁：指滁州。②医经折肱：语出《左传》"三折肱，知为良医"。意为久病可以成为良医。

【译文】

一个朋友，他在静坐的时候有了一些领悟，便马上跑过来向先生请教。

先生说："我从前住在滁州的时候，看到学生们注重在知识见闻上的辩论，对学问却没有帮助。因此，我便教他们静坐。刚开始的时候，他们在静坐中触及了良知的境界，短时间内很有效果。但是时间长了，有的人渐渐有了喜静厌动，陷入枯槁死灰的弊病；或者就致力于玄妙的见解，耸人听闻。因为这个原因，近来我都只说'致良知'。良知明白了，无论你是到静处去体悟也好，或者在事情上磨炼也好，良知的本体本来就是没有动静的，这才是做学问的核心。我的这些话，从滁州到现在，我仔细琢磨过几番，只有'致良知'三个字是没有弊病的。这就好比医生，要经历过多次折肱，才能了解人的病理。"

四

【原文】

一友问："功夫欲得此知时时接续，一切应感处反觉照管不及，若去事上周旋，又觉不见了。如何则可？"

先生曰："此只认良知未真，尚有内外之闲。我这里功夫不由人急心，认得良知头恼是当，去朴实用功，自会透彻。到此便是内外两忘，又何心事不合一？"

【译文】

一个朋友问先生："我想让'致良知'的功夫持续不会间断，但一旦应对具体的事情，又觉得照管不过来。等到去事物上周旋的时候，又觉得看不见良知了。该怎么办才好呢？"

先生说："这只是你体认良知还不够真切，尚有个内外之分。我这致良知的功夫，不能心急。体认到了良知的这个核心，然后在上面踏踏实实地用功，自然就能理解透彻。这样就会忘掉内外，又怎么会有心、事不统一的现象呢？"

五

【原文】

又曰："功夫不是透得这个真机，如何得他充实光辉？若能透得时，不由你聪明知解接得来。须胸中渣滓浑化，不使有毫发沾带始得。"

【译文】

先生又说："做功夫，如果没有透彻地理解良知的关键，怎么能使它充实光辉呢？如果想要透彻地了解，不能仅凭你自己的聪明，还须净化心中的渣滓，不让它有丝毫的污染才行。"

六

【原文】

先生曰："'天命之谓性'，命即是性。'率性之谓道'，性即是道。'修道之谓教'，道即是教。"

问："如何道即是教？"

曰："道即是良知。良知原是完完全全，是的还他是，非的还他非，是非只依着他，更无有不是处，这良知还是你的明师。"

【译文】

先生说："'天命之谓性'，命即是性。'率性之谓道'，性即是道。'修道之谓教'，道即是教。"

有人问："为什么'道即是教'？"

先生回答说："道就是良知，良知本来就是完完全全的。就像镜子一样，对的就还他个对，错的就还他个错。是非只需依照良心，就不会有不恰当的地方。这良知还是你的明师。"

七

【原文】

问："'不睹不闻'是说本体，'戒慎恐惧'①是说功夫否？"

先生曰："此处须信得本体原是'不睹不闻'的，亦原是'戒慎恐惧'的，'戒慎恐惧'不曾在'不睹不闻'上加得些子。见得真时，便谓'戒慎恐惧'是本体，'不睹不闻'是功夫亦得。"

【注释】

①"不睹"二句：语出《中庸》"道也者，不可须臾离也，可离非道也。是故君子戒慎乎其所不睹，恐惧乎其所不闻"。

【译文】

有人问先生："《中庸》里的'不睹不闻'，是指本体而言的吗？而'戒慎恐惧'，是指功夫而言的吗？"

先生说："这里首先应当明白本体原来就是'不睹不闻'的，同样原来就是'戒慎恐惧'的。'戒慎恐惧'，它并没有在'不睹不闻'上还添加了一些什么。看得真切的时候，那也可以说'戒慎戒惧'是本体，'不睹不闻'是功夫。"

八

【原文】

问："通乎昼夜之道而知。"

先生曰："良知原是知昼知夜的。"

又问："人睡熟时，良知亦不知了。"

曰："不知，何以一叫便应？"

曰："良知常知，如何有睡熟时？"

曰："向晦宴息，此亦造化常理。夜来天地混沌，形色俱泯，人亦耳目无所睹闻，众窍俱翕，此即良知收敛凝一时。天地既开，庶物露生，人亦耳目有所睹闻，众窍俱辟，此即良知妙用发生时。可见人心与天地一体。故'上下与天地同流'①。今人不会宴息，夜来不是昏睡，即是妄思魇寐。"

曰："睡时功夫如何用？"

先生曰："知昼即知夜矣。日间良知是顺应无滞的，夜间良知即是收敛凝一的，有梦即先兆。"

又曰："良知在夜气发的方是本体，以其无物欲之杂也。学者要使事物纷扰之时，常如夜气一般，就是'通乎昼夜之道而知'。"

【注释】

①上下与天地同流：语出《孟子·尽心上》。意为君子之心与天地同为一体。

【译文】

有人问先生《易经》里的"通乎昼夜之道而知"该如何理解。

先生说："良知本来就是知道白天和黑夜的。"

那人又问："但是人睡熟了的时候，良知不也就不知道了吗？"

先生说："如果不知道了，那怎么一叫就会有反应呢？"

问："如果良知是一直知道的，又怎么会有睡熟的时候呢？"

先生说："到了夜晚便休息，这也是造化的规律。到了晚上，天地成为一片混沌，形体、颜色都消失了，人的眼睛和耳朵也没什么可以去看、去听，七窍都关闭了，这就是良知收敛凝聚的时候。天地一旦开启，万物显露，人的眼睛耳朵能够有所见闻了，感官再恢复正常，这就是良知发生作用的时候了。由此可见，人心与天地是一体的。所以，孟子才会说'上下与天地同流'。今天的人到了夜晚不懂得休息，不是昏睡，就是噩梦连连。"

问："睡觉的时候应该怎么用功呢？"

先生说："白天知道如何用功，晚上也就知道如何用功了。白天，良知是顺应通畅的，夜间，良知则是收敛凝聚的。有梦就是先兆。"

先生又说："良知在夜晚生发出来的时候，才是它真正的本体，因为它没有物欲混杂其中。学者如果在事物纷扰的时候，像'夜气'生发时一样，就是'通乎昼夜之道而知'了。"

九

【原文】

先生曰："仙家说到虚，圣人岂能虚上加得一毫实？佛氏说到无，圣人岂能无上加得一毫有？但仙家说虚从养生上来，佛氏说无从出离生死苦海上来，却于本体上加却这些子意思在，便不是他虚无的本色了，便于本体有障碍。圣人只是还他良知的本色，更不着些子意在。良知之虚，便是天之太虚。良知之无，便是太虚之无形。日、月、风、雷、山、川、民、物，凡有貌象形色，皆在太虚无形中发用流行。未尝作得天的障碍。圣人只是顺其良知之发用，天地万物俱在我良知的发用流行中，何尝又有一物超于良知之外能作得障碍？"

【译文】

先生说："道家讲'虚'，圣人岂能在'虚'上再添加丝毫的'实'？佛家讲'无'，圣人又岂能在'无'上再增添丝毫的'有'？但是，道教说虚，是从养生的方面来说的；佛教说无，又是从脱离生死轮回的苦海上来说的。他们在本体上又着了一些养生或脱离苦海的私意，便不再是'虚'和'无'的本来面目了，在本体上有了阻碍。圣人则仅仅是还原良知的本色，不会夹带一丝一毫的私意。良知的'虚'，就是上天的太虚；良知的'无'，就是太虚的无。日、月、风、雷、山、川、百姓、物件等，凡是有形貌颜色的事物，都是在太虚无形中发生运动的。从未成为过天的障碍。圣人仅仅是顺应良知的作用，这样，天地万物都在自己良知的范围之内，何曾有一物是超乎良知之外，而成为障碍的呢？"

十

【原文】

或问："释氏亦务养心，然要之不可以治天下，何也？"

先生曰："吾儒养心未尝离却事物，只顺其天则自然就是功夫。释氏却要尽绝事物，把心看作幻相，渐入虚寂去了，与世间若无些子交涉，所以不可治天下。"

【译文】

有人问："佛家也务求养心，但它不能用来治理天下，为什么呢？"

先生说："我们儒家提倡养心，但从来都没有脱离过具体的事物，只是顺应天理自然，那就是功夫。而佛教却要全部断绝人间事物，把心看作是幻象，慢慢地便进入到虚无空寂中去了，他们与世间再没有什么联系，因此不能治理天下。"

十一

【原文】

或问异端。

先生曰："与愚夫愚妇同的，是谓同德；与愚夫愚妇异的，是谓异端。"

【译文】

有人问异端。

先生说："与愚夫愚妇相同的，便叫同德；与愚夫愚妇不同的，就称之为异端。"

十二

【原文】

先生曰："孟子不动心与告子不动心，所异只在毫厘间。告子只在不动心上着功，孟子便直从此心原不动处分晓。心之本体，原是不动的。只为所行有不合义，便动了。孟子不论心之动与不动，只是'集义'。所行无不是义，此心自然无可动处。若告子只要此心不动，便是把捉此心，将他生生不息之根反阻挠了，此非徒无益，而又害之。孟子'集义'工夫，自是养得充满，并无馁歉，自是纵横自在，活泼泼地。此便是浩然之气。"

又曰："告子病源，从性无善无不善上见来。性无善无不善，虽如此说，亦无大差。但告子执定看了，便有个无善无不善的性在内。有善有恶，又在物感上看，便有个物在外。却做两边看了，便会差。无善无不善，性原是如此。悟得及时，只此一句便尽了，更无有内外之间。告子见一个性在内，见一个物在外，便见他于性有未透彻处。"

【译文】

先生说："孟子的不动心与告子的不动心，差别只在毫厘之间。告子是在不动心上用功夫，而孟子却直接从自己的心原本不动的地方去用功。心的本体，原来就是不动的，只是因为行为有不合义理的地方，便动了。孟子不去管心动或者不动，只是'集义'。如果自己的行为无一不合乎道义，自己的心自然没有可动之处。如果像告子那样，只要求自己的心不动，就是紧扣住了自己的心，也反倒会把它生生不息的根源阻挠了，这不仅仅是徒然无用了，而且又对它有所损害。孟子'集义'的功夫，自然可以将心修养得充沛，没有缺欠，让它自然能够纵横自在，活泼泼的。这就是所谓的'浩然之气'。"

先生又说："告子的病根，在于他认为性无善无不善。性无善无不善，虽然这种观点也没有大的差错，但告子偏执地把他看成呆板的了，就会有个无善无不善的性夹在其间。有善有恶，又是从外物的感受上来看，就有个物在心外了，这样就是分成两边看了，就会有差错出现。无善无不善，性本就是如此。等领悟到了这里，这一句话便能说尽了，再不会有内外之分。告子看到了一个性在心里，又看到了一个物在心外，可见他对性，还有了解不透彻的地方。"

十三

【原文】

朱本思①问："人有虚灵，方有良知。若草、木、瓦、石之类，亦有良知否？"

先生曰："人的良知，就是草木瓦石的良知。若草木瓦石无人的良知，不可以为草木瓦石矣。岂惟草木瓦石为然？天地无人的良知，亦不可为天地矣。盖天地万物与人原是一体，其发窍之最精处，是人心一点灵明，风雨露雷，日月星辰，禽兽草木，山川土石，与人原是一体，故五谷禽兽之类皆可以养人，药石之类皆可以疗疾。只为同此一气，故能相通耳。"

【注释】

①朱本思：朱得之，字本思，号近斋，靖江（今属江苏）人，曾入仕，学主道家。

【译文】

朱本思问："人有虚空的灵魂，才有良知。但是像草木瓦石等，是不是也会有良知呢？"

先生说："人的良知，就是草木瓦石的良知。如果草木瓦石没有人的良知，就不是草木瓦石了。岂止是草木瓦石是这样，天地间如果没有人的良知，也不会是天地了。天地万物和人原本就是一体的。它最精妙的发窍的地方，就是人心的一点灵明。风雨露雷、日月星辰、禽兽草木、山川土石，和人原来都是一体的，因此五谷禽兽可以供养人类，而药物石针，则可以治疗疾病。只因为他们同属一气，所以能够相通。"

十四

【原文】

先生游南镇，一友指岩中花树问曰："天下无心外之物。如此花树，在深山中自开自落，于我心亦何相关？"

先生曰："你未看此花时，此花与汝心同归于寂。你来看此花时，则此花颜色一时明白起来。便知此花不在你的心外。"

【译文】

先生游览南镇的时候，一个朋友指着岩石里的花树问先生："天下没有心外之物，那么，就像这棵花树，它在深山中自己盛开自己凋零，跟我们的心又有什么关系呢？"

先生说："你没有看到这树花的时候，它是与你的心一同归于寂静的。

而你来看这树花的时候，这花的颜色一下子就明白起来了。由此可知，这树花并非存在在你的心外。"

十五

【原文】

问："大人与物同体，如何《大学》又说个厚薄①？"

先生曰："惟是道理自有厚薄。比如身是一体，把手足捍头目，岂是偏要薄手足？其道理合如此。禽兽与草木同是爱的，把草木去养禽兽，心又忍得？人与禽兽同是爱的，宰禽兽以养亲，与供祭祀，燕②宾客，心又忍得？至亲与路人同是爱的，如箪食豆羹，得则生，不得则死，不能两全，宁救至亲，不救路人，心又忍得？这是道理合该如此。及至吾身与至亲，更不得分别彼此厚薄。盖以仁民爱物皆从此出，此处可忍，更无所不忍矣。《大学》所谓厚薄，是良知上自然的条理，不可越，此便谓之义；顺这个条理，便谓之礼；知此条理，便谓之智；终始是这个条理，便谓之信。"

【注释】

①厚薄：语出《大学》"其所厚者薄，而其所薄者厚，未之有也"。②燕：同"宴"。

【译文】

有人问道："您认为人与物同为一体，那为何《大学》又说'所厚者薄，所薄者厚'呢？"

先生说："只因为道理本身就分厚薄，比如人的身体，它是一体的，用手脚去保护头和眼睛，难道是非要薄待手脚？理当如此而已。同样喜爱动物与草木，拿草木去饲养禽兽，于心何忍？同样热爱的人与禽兽，却宰杀了禽兽去供养父母、祭祀和招待宾客，又怎么忍心呢？至亲的人与路人也同样对他们满心仁爱，但是如果只有一箪食一豆羹，吃了便能活命，不吃便会死，无法保全两个人，就会救至亲的人而不是过路的人，这又怎么可能忍心？道理本该如此而已。说到我们自身和至亲的人，更不能分清楚彼此厚薄，大概'仁民爱物'都出自于心，从心里生发出来。这里都能忍心，就没有什么不能忍的了。《大学》里说的厚薄，是良知上自然而有顺序的，不能够逾越，这就称为'义'；而顺应了这个秩序，就叫作'礼'；懂得这个顺序，就叫作'智'；始终保持这个顺序，就叫作'信'。"

十六

【原文】

又曰："目无体，以万物之色为体；耳无体，以万物之声为体；鼻无体，以万物之臭为体；口无体，以万物之味为体；心无体，以天地万物感应之是非为体。"

【译文】

先生又说："眼睛没有本体，它以万物的颜色作为本体；耳朵也没有本体，它以万物的声音作为本体；鼻子也没有本体，它以万物的气味作为本体；嘴巴也没有本体，它以万物的味道作为本体；心也没有本体，它以天地万物感应到的是非作为本体。"

十七

【原文】

问"夭寿不贰"。

先生曰："学问功夫，于一切声利嗜好，俱能脱落殆尽，尚有一种生死念头毫发挂带，便于全体有未融释处。人于生死念头，本从生身命根上带来，故不易去。若于此处见得破、透得过，此心全体方是流行无碍，方是尽性至命之学。"

【译文】

有人向先生请教"夭寿不贰"。

先生说："做学问的功夫，对于一切声色、利益、嗜好，都能摆脱干净。但是只要还有一丝一毫在意生死的念头牵累着，便会有和本体不能结合在一起的地方。人有在意生死的念头，是生命本身带来的，所以不容易去掉。如果在这里都能看破、想透彻，心的全部本体才能自由没有阻碍，这才是尽性至命的学问。"

十八

【原文】

一友问："欲于静坐时，将好名、好色、好货等根逐一搜寻，扫除廓清，恐是剜肉做疮否？"

先生正色曰："这是我医人的方子，真是去得人病根。更有大本事人，过了十数年，亦还用得着。你如不用，且放起，不要作坏我的方子。"

是友愧谢。

少间曰："此量非你事，必吾门稍知意思者为此说以误汝。"

在坐者皆悚然。

【译文】

一个朋友问先生："想在静坐的时候，把好名、好色、好财的病根——搜寻出来，清除干净，只怕也是剜肉补疮吧？"

先生严肃地说："这是我医人的方子，真的可以清除病根的，还是有大作用的。即使过了十几年了，也还能产生效用。如果你不用，就暂且把它存起来，别随便糟蹋了我的方子。"

于是朋友满怀愧疚地道了歉。

过了一会儿，先生又说："想来也不能怪你，一定是我的门人里那些略微懂一些意思的人告诉你的，反倒耽误了你的理解。"

于是，在座的人都觉得汗颜。

十九

【原文】

一友问功夫不切。

先生曰："学问功夫，我已曾一句道尽，如何今日转说转远，都不着根？"

对曰："致良知盖闻教矣，然亦须讲明。"

先生曰："既知致良知，又何可讲明？良知本是明白，实落用功便是。不肯用功，只在语言上转说转糊涂。"

曰："正求讲明致之之功。"

先生曰："此亦须你自家求，我亦无别法可道。昔有禅师，人来问法，只把尘尾①提起。一日，其徒将其尘尾藏过，试他如何设法。禅师寻尘尾不见，又只空手提起。我这个良知就是设法的尘尾，舍了这个，又何可提得？"

少间，又一友请问功夫切要。

先生旁顾曰："我尘尾安在？"

一时在坐者皆跃然。

【注释】

①尘尾：拂尘。古人用动物的尾毛或麻等制作拂尘。

【译文】

一个朋友向先生请教功夫不真切该怎么办。

先生说："做学问的功夫，我已经用一句话概括尽了。现在怎么越说越远，全都不着根基了呢？"

朋友说："您的致良知的学说，我们大概都已经听明白了，然而也还需要您再讲明一些。"

先生说："既然你已经知道了致良知，又还有什么可以再说明的呢？良知本来就是清楚明白的，只需切实用功就行了。如果不愿切实地用功，只会在语言上越说越糊涂。"

朋友说:"正是要麻烦您把致良知的功夫说明白。"

先生说:"这也需要你自己去探寻,因为我也没有别的办法能够告诉你的。从前有一个禅师,当别人前来问法,他只会把尘尾提起来。有一天,他的学生把他的尘尾藏了,想试试他没有尘尾怎么办。禅师找不到尘尾了,便只空着手把手抬起来。我的这个良知,就是用来解释问题的尘尾,没有这个,我有什么能提起来的呢?"

不一会儿,又有一个朋友来请教功夫的要点。

先生四顾旁边的学生们说:"我的尘尾在哪儿?"

于是,在座的人都哄然而笑。

二十

【原文】

或问"至诚前知"①。

先生曰:"诚是实理,只是一个良知,实理之妙用流行就是神,其萌动处就是几,诚神几曰圣人。圣人不贵前知。祸福之来,虽圣人有所不免。圣人只是知几,遇变而通耳。良知无前后,只知得见在的几,便是一了百了。若有个前知的心,就是私心,就有趋避利害的意。邵子②必于前知,终是利害心未尽处。"

【注释】

① 至诚前知:语出《中庸》"至诚之道,可以前知。国家将兴,必有祯祥;国家将亡,必有妖孽;见乎蓍龟,动乎四体。祸福将至,善,必先知之;不善,必先知之。故至诚如神"。② 邵子:邵雍(1011～1077),字尧夫,谥康节,北宋哲学家,幼随父迁共城(今河南辉县),隐居苏门山,屡授官不赴,后居洛阳,与司马光从游甚密,著有《皇极经世》等。

【译文】

有人就《中庸》里的"至诚之道可以前知"一句请教先生。

先生说："诚，就是实理，也只是良知。实理的奇妙作用就是神；而实理萌发的地方，就是'几'；具备了诚、神、几，就可以称为圣人。圣人并不重视预知未来。当祸福来临时，虽然他们是圣人，也难以避免。圣人只是明白'几'，遇事能够变通罢了。良知没有前后之分，只要明白现在的'几'，就能以一当百了。如果一定说要有'前知'的心，那就成了私心，有趋利避害的意思。邵雍先生执着于'前知'，恐怕还是他趋利避害的私心没有尽除的原因。"

二十一

【原文】

先生曰："无知无不知，本体原是如此。譬如日未尝有心照物，而自无物不照，无照无不照，原是日的本体，良知本无知，今却要有知，本无不知，今却疑有不知。只是信不及耳。"

【译文】

先生说："什么都知道但又什么都知道，本体本来就是这样的。这就好像是太阳，它未曾有意去照耀万物，但又很自然地没有什么东西是不被太阳照射到的。无照无不照，就是太阳的本体。良知本来什么都不知道，如今却要让它有知；本来良知是无所不知的，但现在却又怀疑它会有所不知。只是因为还不够信任良知罢了。"

二十二

【原文】

先生曰："'惟天下至圣为能聪明睿知'，旧看何等玄妙，今看来原是人人自有的。耳原是聪，目原是明，心思原是睿知。圣人只是一能之尔。能处正是良知。众人不能，只是个不致知。何等明白简易。"

【译文】

先生说："《中庸》里说'惟天下至圣为能聪明睿知'，以前看的时候觉得特别玄妙，如今再看才知道聪明睿智，原本就是每个人都具备的。耳朵原本就聪敏，眼睛原本就明亮，心思原来就睿智。圣人只是能做到一件事而已，那件能做到的事就是致良知。一般人做不到，也只是这个致良知。多么简单明了啊！"

二十三

【原文】

问："孔子所谓'远虑'①，周公'夜以继日'②，与将迎不同，何如？"

先生曰："远虑不是茫茫荡荡去思虑，只是要存这天理，天理在人心，亘古亘今，无有终始。天理即是良知，千思万虑，只是要致良知。良知愈思愈精明，若不精思，漫然随事应去，良知便粗了。若只着在事上茫茫荡荡去思，教做远虑，便不免有毁誉、得丧、人欲搀入其中，就是将迎了。周公终夜以思，只是'戒慎不睹，恐惧不闻'的功夫。见得时，其气象与将迎自别。"

【注释】

①远虑：语出《论语·卫灵公》："子曰：'人无远虑，必有近忧。'"②夜以继日：语出《孟子·离娄下》："周公思兼三王，以施四事；其有不合者，仰而思之，夜以继日；幸而得之，坐以待旦。"

【译文】

有人问先生孔子所说的"远虑"和周公说的"夜以继日"与刻意逢迎有何不同之处。

先生说："'远虑'并非指的是茫茫然地去思虑，只是要存养天理。天理在人们的心里，贯穿古今，无始无终。天理就是良知，千思万虑，只是为了致良知。良知越想就越精明，如果不精深地思考，而只是随意地去应付，良知便会变得粗浅。如果以为远虑就是在事情上不着边际地思考，就难免会有毁誉、得失、人欲等掺杂其中，就成了刻意逢迎了。周公夜以继日地思考，只是'戒慎不睹，恐惧不闻'的功夫。明白了这一点，境界就自然与刻意地逢迎有区别了。"

二十四

【原文】

问："'一日克己复礼，天下归仁'①，朱子作效验说②，如何？"

先生曰："圣贤只是为己之学，重功夫不重效验。仁者以万物为体。不能一体，只是己私未忘。全得仁体，则天下皆归于吾仁，就是'八荒皆在我闼'③意。天下皆与，其仁亦在其中。如'在邦无怨，在家无怨'④，亦只是自家不怨，如'不怨天，不尤人'之意。然家邦无怨，于我亦在其中。但所重不在此。"

【注释】

①一日克己复礼，天下归仁：语出《论语·颜渊》。②"朱子"句：朱熹《论语集注·颜渊》"极言其效之甚远而至大也"。③八荒皆在我闼：宋人吕大临语，见《宋元学案》卷三十一。闼（tà），门楼上的小屋。④在邦无怨，在家无怨：语出《论语·颜渊》。

【译文】

有人问："'一日克己复礼，天下归仁'一句，朱熹先生认为它是从效验上说的。是这样的吗？"

先生说："圣贤只是一个克己的学问。重视自己所下的功夫而不会这么重视效验。仁者与万物同为一体。如果不能做到与万物同体，只因为自己的私欲没有完全忘记。获得了全部的仁的本体，天下便全都归入到我的仁里面了，也就是'八荒皆在我闼'的意思。天下能做到仁，那自己的仁也就在其中了。'在邦无怨，在家无怨'，仅仅是自己没有怨恨，就像'不怨天，不尤人'的意思。家庭、国家都没有怨恨，自己当然也就在其中了。然而，这并不是我们该重视的地方。"

二十五

【原文】

问："孟子'巧力圣智'①之说，朱子云：'三子力有余而巧不足。'②何如？"

先生曰："三子固有力，亦有巧。巧、力实非两事，巧亦只在用力处，力而不巧，亦是徒力。三子譬如射，一能步箭，一能马箭，一能远箭。他射得到俱谓之力，中处俱可谓之巧。但步不能马，马不能远，各有所长，便是才力分限有不同处。孔子则三者皆长。然孔子之和只到得柳下惠③而极，清只到得伯夷而极，任只到得伊尹而极，何曾加得些子？若谓'三子力有余而巧不足'，则其力反过孔子了。巧、力只是发明圣、知之义，若识得圣，知本体是何物，便自了然。"

【注释】

①巧力圣智：语出《孟子·万章下》："孟子曰：'伯夷，圣之清者也；伊尹，圣之任者也；柳下惠，圣之和者也；孔子，圣之时者也。孔子之谓集大成。集大成也者，金声而玉振之也。金声也者，始条理也；玉振之也者，终条理也。始条理者，智之事也；终条理者，圣之事也。智，譬则巧也；圣，譬则力也。由射于百步之外也，其至，不力也；其中，非不力也。'"②"三子"句：语出朱熹《孟子集注·万章下》："三子则力有余而巧不足，是以一节虽至于圣，而智不足以及乎时中也。"三子，指伯夷、伊尹、柳下惠。③柳下惠：即展禽，名获，字禽，春秋时鲁国大夫，食邑在柳下，以善于讲究贵族礼节著称。

【译文】

有人问："孟子主张'巧力圣智'的说法，朱熹先生说：'三子力有余而巧不足。'这样说对吗？"

先生说："伯夷、伊尹、柳下惠三个人不仅有力，而且也还有巧，巧与力实际上并非两回事。巧也只在用力的地方，有力却不巧，也只不过是徒然，白费力气。用射箭做比喻的话，他们三个人里，一个能够步行射箭，一个能够骑马射箭，一个能够远程射箭。只要他们都能射到靶子那里，便都能叫作有力；只要能正中靶心，便都能叫作巧。但是，步行射箭的不能够骑马射箭，骑马射箭的又不能远程射箭，他们三个各有所长，才力各有不同的地方。而孔子则是身兼三长，然而，孔子的'和'最多也只能达到柳下惠的水平，而'清'最多能够达到伯夷的水平，'任'也最多只能达到伊尹的水平，未曾再添加什么了。如果说'三子力有余而巧不足'，那他们的力加在一起反倒能超过孔子了。巧、力只是为了阐明圣、智的含义。如果认识到了圣、智的本体，自然就能够明了了。"

二十六

【原文】

先生曰："'先天而天弗违'①，天即良知也。'后天而奉天时'②，良知即天也。"

"良知只是个是非之心，是非只是个好恶。只好恶就尽了是非，只是非就尽了万事万变。"

又曰："是非两字是个大规矩，巧处则存乎其人。"

"圣人之知如青天之日，贤人如浮云天日，愚人如阴霾天日。虽有昏明不同，其能辨黑白则一，虽昏黑夜里，亦影影见得黑白，就是日之余光未尽处。困学功夫，亦是从这点明处精察去耳。"

【注释】

①"先天"句：语出《周易·乾卦·文言》"夫大人者，与天地合其德，与日月合其明，与四时合其序，与鬼神合其吉凶，先天而天弗违，后天而奉天时"。②"后天"句：同上。

【译文】

先生说："'先天而天弗违'，天就是良知；'后天而奉天时'，良知就是天。"

"良知仅是辨别是非的心，而是非仅是个好恶。明白了好恶，也就是穷尽了是非；而明白了是非，也就穷尽了万事万物的变化。"

又说："'是非'两个字是大规矩，而灵巧的地方就在乎于个人了。"

"圣人的良知，就像青天里的白日；而贤人的良知就像有浮云的天空里的太阳；愚人的良知则像阴霾天气里的太阳。虽然他们的明亮度不尽相同，但他们都是一样能够分辨黑白的，即使在昏暗的夜里，也能够影影绰绰地辨别出黑白来，因为太阳的余光仍旧没有完全消失。在困境中学习的功夫，也只是从这一点光明的地方去精细鉴察罢了。"

二十七

【原文】

问："知譬日，欲譬云。云虽能蔽日，亦是天之一气合有的，欲亦莫非人心合有否？"

先生曰："喜、怒、哀、惧、爱、恶、欲，谓之七情，七情俱是人心合有的。但要认得良知明白。比如日光，亦不可指着方所。一隙通明，皆是日光所在。虽云雾四塞，太虚中色象可辨，亦是日光不灭处。不可以云能蔽日，教天不要生云。七情顺其自然之流行，皆是良知之用，不可分别善恶，但不可有所着。七情有着，俱谓之欲，俱为良知之蔽。然才有着时，良知亦自会觉。

觉即蔽去，复其体矣。此处能勘得破，方是简易透彻功夫。"

【译文】

有人问先生："良知就像太阳，而人的私欲就像是浮云。浮云虽然能够遮蔽太阳，然而也是气候里本就具有的。莫非人的私欲也是人心本就具有的吗？"

先生说："喜、怒、哀、惧、爱、恶、欲，就是所谓的'七情'。这七种感情都是人心本来就具有的，但我们需要把良知体认清楚。就比如是太阳光，也不能指定一个方向照射。只要有一丝空隙，都会是太阳光的所在之处，即使布满了乌云，只要天地间还能依稀辨别形色，也是阳光不会磨灭的表现。不能因为浮云遮蔽了太阳，就强求天空不再产生浮云。上面所说的七种情感顺其自然地运行，都是良知在发生作用，不能认为它们有善、恶的区别，更不能对它们太执着。如果执着于这七情，就成了'欲'，都是良知的阻碍。然而刚开始执着的时候，良知自然能够发觉出来，发觉后便会马上清除这一阻碍，恢复它的本体。如果在这一点上能够看透，才是简易透彻的功夫。"

二十八

【原文】

问："圣人生知安行是自然的，如何？有甚功夫？"

先生曰："知行二字，即是功夫，但有浅深难易之殊耳。良知原是精精明明的。如欲孝亲，生知安行的，只是依此良知实落尽孝而已；学知利行的，只是时时省觉，务要依此良知尽孝而已；至于困知勉行者，蔽锢已深，虽要依此良知去孝，又为私欲所阻，是以不能，必须加人一己百、人十己千之功，方能依此良知以尽其孝。圣人虽是生知安行，然其心不敢自是，肯做困知勉行的功夫。困知勉行的却要思量做生知安行的事，怎生成得？"

【译文】

有人问："圣人生知安行是天生就有的，这话对吗？是否还需要别的什么功夫呢？"

先生说："'知''行'二字，就是功夫，只是这功夫有深浅难易的区别罢了。良知本来就是精明的，比如说孝敬父母，那些生知安行的人，只不过是依照自己的良知，切切实实地去尽孝而已；而那些学知利行的人，则需要时时反省察觉，努力地去依照良知去尽孝而已；至于那些困知勉行的人，他们受到的蒙蔽禁锢已经非常深，虽然需要依照良知去尽孝，但是又被私欲阻碍，因此不能够做到尽孝。这就需要他们用别人一百倍、一千倍的功夫，才能够做到依照良知去尽孝。圣人虽然是生知安行的，但他们在内心里也不敢肯定自己，所以愿意去做困知勉行的功夫。那些困知勉行的人，却时刻想着去做生知安行的事，这怎么可能成功呢？"

二十九

【原文】

问："乐是心之本体，不知遇大故，于哀哭时，此乐还在否？"

先生曰："须是大哭一番了方乐，不哭便不乐矣。虽哭，此心安处即是乐也。本体未尝有动。"

问："良知一而已。文王作彖①，周公系爻②，孔子赞《易》③，何以各自看理不同？"

先生曰："圣人何能拘得死格？大要出于良知同，便各为说何害？且如一园竹，只要同此枝节，便是大同。若拘定枝枝节节，都要高下大小一样，便非造化妙手矣。汝辈只要去培养良知。良知同，更不妨有异处。汝辈若不肯用功，连笋也不曾抽得，何处去论枝节？"

【注释】

①彖（tuàn）：《易传》中说明各卦基本观念的篇名。分《上彖》《下彖》两篇。②爻（yáo）：指爻辞。说明《周易》六十四卦中各爻要义的文辞。每卦六爻，每爻有爻题和爻辞。爻题都是两个字：一个字表示爻的性质，阳爻用"九"，阴爻用"六"；另一个字表示爻的次序，自下而上，为初、二、三、四、五上。如乾卦初爻："初九，潜龙勿用。""初九"是爻题，"潜龙勿用"是爻辞。③《易》：指《易传》。是对《易经》所做的各种解释。包括《彖》上下、《象》上下、《系辞》上下、《文言》《序卦》《说卦》《杂卦》十篇，亦称《十翼》。相传孔子作。据近人研究，大抵系战国或秦汉之际的作品。

【译文】

有人问先生道："快乐才是心的本体，但是遭遇到了大的变故的时候，痛心哭泣，不知道这时本体的快乐是不是还存在？"

先生说："必须是痛哭一番之后才会感觉快乐，如果没有哭，也就不会觉得快乐了。虽然是在哭，自己的内心却得到了安慰，这也是快乐啊。快乐的本体未曾有什么变化的。"

又问："良知唯有一个而已。但是文王作彖辞，周公作爻辞，孔子写《十翼》，为何他们看到的理都分别有所不同呢？"

先生说："圣人岂会拘泥于死旧的模式呢？只要都同样是出自于良知，即便他们各自立说又何妨呢？就以一园翠竹打比方，只要枝节相差不大，就是大同。如果一定要拘泥于每一根的枝节都一模一样，那就并非是自然的神妙造化了。你们这些人只要去培养良知。良知相同，就不妨各自间有些差异存在了。你们这些人如果不愿意用功，就连竹笋都还没有生长出来，到哪里去谈论枝节呢？"

三十

【原文】

乡人有父子讼狱，请诉于先生。侍者欲阻之，先生听之，言不终辞，其父子相抱恸哭而去。

柴鸣治入问曰："先生何言，致伊感悔之速？"

先生曰："我言舜是世间大不孝的子，瞽瞍是世间大慈的父。"

鸣治愕然请问。

先生曰："舜常自以为大不孝，所以能孝；瞽瞍常自以为大慈，所以不能慈。瞽瞍只记得舜是我提孩长的，今何不曾豫悦我？不知自心已为后妻所移了，尚谓自家能慈，所以愈不能慈。舜只思父提孩我时如何爱我，今日不爱，只是我不能尽孝。日思所以不能尽孝处，所以愈能孝。及至瞽瞍底豫时，又不过复得此心原慈的本体。所以后世称舜是个古今大孝的子，瞽瞍亦做成个慈父。"

【译文】

乡下有两父子要打官司，请先生裁决。侍从们想要阻止他们，先生听说了之后，开导的话还没有说完呢，父子两个就已经就抱头恸哭，然后相拥着离开了。

柴鸣治便进来问道："先生的什么话让他们这么快速地感动悔悟了？"

先生说："我跟他们说舜是世界上大不孝的儿子，而瞽瞍则是世上最慈爱的父亲。"

鸣治惊讶地问先生为什么。

先生说："舜常常觉得自己大不孝，所以他才能尽孝；而瞽瞍常常自以为自己是很慈爱，所以他不能做到慈爱。瞽瞍只记得舜是自己从小抚养长大的，可是为什么他现在就不曾取悦过自己呢？他不明白自己的心已经被后妻改变了，仍然觉得自己是慈爱的，因此就越发不能做到对舜慈爱。而舜则只想着从小开始，父亲照顾自己的时候是如何如何地疼爱自己，可是现在却不疼爱了，恐怕是因为自己没有尽孝，所以每天都在想自己没有做到尽孝的地方，所以他就越发能尽孝了。等到瞽瞍高兴的时候，也不过是恢复了心里慈爱的本体。所以，后人都把舜当成是古今的大孝子，而认为瞽瞍则是个慈爱的父亲。"

三十一

【原文】

先生曰："孔子有鄙夫来问，未尝先有知识以应之。其心只空空而已[①]。但叩他自知的是非两端，与之一剖决，鄙夫之心便已了然。鄙夫自知的是非，便是他本来天则。虽圣人聪明，如何可与增减得一毫？他只不能自信。夫子与之一剖决，便已竭尽无余。若夫子与鄙夫言时，留得些子知识在，便是不能竭他的良知，道体即有二了。"

【注释】

①"孔子"之句：语出《论语·子罕》："子曰：'吾有知乎哉？无知也。有鄙夫问于我，空空如也。我叩其两端而竭焉。'"

【译文】

先生说："有农夫前来找先生请教，孔子也不会事先准备好了知识来回答他。孔子的内心也是空无一物的。但是他可以帮助农夫分析他心里明白的是非，替他做出一个决策，这样农夫的心便比较开朗了。农夫知道自己的是非，便是他原本就有的天然准则。虽然圣人聪明，但对这种准则也无法有丝毫的增减。只是他们不够自信，所以孔子给他们进行了剖析之后，他们心里的是非曲直就会显现无余了。如果孔子和他们说话时，还保留有一些知识在他们心里，就不能够尽显他们的良知了，而道体也就分为两处了。"

三十二

【原文】

先生曰："'烝烝乂，不格奸'①，本注说象已进于义，不至大为奸恶②。舜征庸后，象犹日以杀舜为事，何大奸恶如之！舜只是自进于义，以义薰烝，不去正他奸恶。凡文过掩慝，此是恶人常态；若要指摘他是非，反去激他恶性。舜初时致得象要杀己，亦是要象好的心太急，此就是舜之过处。经过来，乃知功夫只在自己，不去责人，所以致得'克谐'；此是舜动心忍性、增益不能处。古人言语，俱是自家经历过来，所以说得亲切，遗之后世，曲当人情。若非自家经过，如何得他许多苦心处？"

【注释】

① 烝烝乂，不格奸：语出《尚书·尧典》"瞽子，父顽、母嚚、象傲，克谐以孝，烝烝乂，不格奸"。瞽子，指舜。象，舜之弟。烝，进。乂（yì），治理，安定。格，至。② "本注"二句：汉代孔安国传注说："谐，和。烝，进也。言能以至孝和谐顽象昏傲，使进进以善自治，不至于奸恶。"

【译文】

先生说："《尚书》中的'烝烝乂，不格奸'，孔安国的本注认为，象已经慢慢上进到了道义的境界，而不至于去做大奸大恶的事。舜被尧征召之后，象仍然整天想着要把舜杀死，这是何等奸邪的事？而舜则只是学习自我修养、自我克治，不直接去纠正他的奸恶，而是用自己的克制来感化他。文过饰非，用以掩盖自己的奸恶，这是恶人们的常态；如果去指责他的是非，反倒会激发他的恶性。舜最初让象起念杀害自己，也是因为想让象变好的心意太过急切，这就是舜的过错。等事情过了之后，才明白原来功夫只在自己，不能责备别人，因此最后能有'克谐'的结局。这就是舜'动心忍性，增益不能'的地方。古人的言论，都是自己经历过的，所以说得特别确切。而流传到了后代，歪曲变通，仍然合乎人情。如果不是自己曾经经历过，又怎能体会到古人的苦心呢？"

三十三

【原文】

先生曰："古乐不作久矣。今之戏子，尚与古乐意思相近。"

未达，请问。先生曰："'韶'之九成①，便是舜的一本戏子；'武'之九变，便是武王的一本戏子。圣人一生实事，俱播在乐中，所以有德者闻之，便知他尽善、尽美与尽美未尽善处。若后世作乐，只是做些词调，于民俗风化绝无关涉，何以化民善俗！今要民俗反朴还淳，取今之戏子，将妖淫词调俱去了，只取忠臣、孝子故事，使愚俗百姓人人易晓，无意中感激他良知起来，却于风化有益；然后古乐渐次可复矣。"

曰："洪要求元声②不可得，恐于古乐亦难复。"

先生曰："你说元声在何处求？"

对曰："古人制管候气，恐是求元声之法。"

先生曰："若要去葭灰黍粒中求元声，却如水底捞月，如何可得？元声只在你心上求。"

曰："心如何求？"

先生曰："古人为治，先养得人心和平，然后作乐。比如在此歌诗，你的心气和平，听者自然悦怿兴起，只此便是元声之始。《书》云'诗言志'，志便是乐的本。'歌永言'，歌便是作乐的本。'声依永，律和声'，律只要和声，和声便是制律的本。何尝求之于外？"

曰："古人制候气法，是意何取？"

先生曰："古人具中和之体以作乐，我的中和原与天地之气相应，候天地之气，协凤凰之音，不过去验我的气果和否。此是成律已后事，非必待此以成律也。今要候灰管，必须定至日。然至日子时恐又不准，又何处取得准来？"

【注释】

① 九成：九乐章。下文"九变"即九成。"韶"为舜的乐，"武"为武王的乐。② 元声：古代律制，以黄钟管发出的音为十二律所依据的基准音。故称元声。

【译文】

先生说："古乐不流行已经很久了。现在的戏曲倒有些与古乐能意思相近。"

德洪不懂，便向先生请教。先生说："《韶》乐里的九章，都是舜的一个戏本；而《武》乐的九变，是武王的一个戏本。圣人一辈子的事迹，都被记录在戏曲当中了。所以，德行高尚的人听了，就明白他是尽善尽美的还是尽美而未尽善的。后代人写作乐曲，只作一些陈词滥调，跟教化民风全然没有关系，这怎么能用来感化百姓呢，怎么能让风俗淳善呢？现在要让民俗返璞归真，把当今的剧本里的妖淫词调都去删除掉，只利用起当中忠臣孝子的故事，让愚昧无知的百姓们都懂得其中的道理。在不知不觉中感化他们的良知，这样对风化才会有好处。同时，古乐也就逐渐恢复本来的面貌了。"

德洪又说："我连找基准音都找不到，只怕古代的音乐也很难得以复兴吧。"

先生问："你觉得基准音应该到哪里去寻找？"

德洪回答说："古人制测管来测量气候的变化，这应该是寻找元声的办法。"

先生说："假若要从葭灰黍粒中寻找元声，好比就是水底捞月，这怎么能成功呢？元声只能去内心寻找。"

德洪问："在心上如何寻找呢？"

先生说："古人大治天下，首先需要培养人们心平气和，然后才是作礼乐教化。就像你吟诵诗歌的时候，心里很平和，听的人才会自然愉快，激发起兴趣。

这里只是元声的开始罢了。《尚书》说'诗言志','志',就是音乐的根本；'歌永言','歌'便是作乐的根本；'声依永，律和声'，律只要求声音和谐，声音和谐就是制作音律的根本。又何苦要到心外去寻求呢？"

德洪又问："那么，古人用律管测量气候的方法，根据又在哪里呢？"

先生说："古人具备了中和的本体之后，才去作乐。而心体的中和，原本就是与天地间的气相符合的。候天地之气，与凤凰的鸣叫相谐，不过是为了验证我的气是不是真的中和，这是制定了音律之后的事情了，不一定要依据这个才能制定音律。如今通过律管来候气，必须确定在冬至这天，但是，当到了冬至子时，只恐又不准确，又到哪里去找标准呢？"

三十四

【原文】

先生曰："学问也要点化，但不如自家解化者，自一了百当。不然，亦点化许多不得。"

【译文】

先生说："学问也需要别人的点化，但总不像自己理解觉悟的那样一了百当，否则的话，即使别人点化再多，也没有作用。"

三十五

【原文】

"孔子气魄极大，凡帝王事业，无不一一理会，也只从那心上来。譬如大树有多少枝叶，也只是根本上用得培养功夫，故自然能如此，非是从枝叶上用功做得根本也。学者学孔子，不在心上用功，汲汲然去学那气魄，却倒做了。"

【译文】

"孔子的气魄很大，凡是帝王的伟业，他无一不会领悟到，但也都只是从他自己的心上生发来的。就像大树，它有许多的枝叶，但也都只是从根本上培养功夫，所以能长成这样，而不是从枝叶上做的功夫。学者们向孔子学习，却不学着在心上用功，只是心急火燎地去学习他的大气魄，这是把功夫做反了嘛。"

三十六

【原文】

"人有过，多于过上用功，就是补甑^①，其流必归于文过。"

【注释】

① 甑（zēng）：古代炊具。

【译文】

"人犯了过错，大多会在那个过错上用功。这就像是补破了的饭甑，必然会有文过饰非的弊病。"

三十七

【原文】

"今人于吃饭时，虽无一事在前，其心常役役不宁，只缘此心忙惯了，所以收摄不住。"

【译文】

"现在的人即使在吃饭的时候，没有其他事情摆在眼前，他们的心仍然忧虑不止，只因为自己的心忙碌惯了，所以收都收不住。"

三十八

【原文】

"琴瑟简编，学者不可无，盖有业以居之，心就不放。"

【译文】

"琴瑟与书籍，这两者学者们缺一不可，因为有了事情做，心就不得放纵了。"

三十九

【原文】

先生叹曰："世间知学的人，只有这些病痛打不破，就不是善与人同。"

崇一曰："这病痛只是个好高不能忘己尔。"

【译文】

先生感叹说："世间懂得学问的人，就只有一个毛病，那就是做不到'善与人同'。"

崇一说："这个毛病实际上只是个好高骛远，不能舍己从人罢了。"

四十

【原文】

问："良知原是中和的，如何却有过、不及？"

先生曰："知得过、不及处，就是中和。"

【译文】

问："良知原本是中和的，却怎么会有过和不及的现象呢？"

先生说："知道了过和不及的地方，就是中和了。"

四十一

【原文】

"'所恶于上'是良知，'毋以使下'即是致知。"①

【注释】

① 所恶于上，毋以使下：语出《大学》。意为上级的无礼让我讨厌，将心比心，我对下级不要无礼。

【译文】

先生说："《大学》里说的'所恶于上'，就是良知；'毋以使下'，就是致知。"

四十二

【原文】

先生曰："苏秦、张仪之智，也是圣人之资。后世事业文章，许多豪杰名家，只是学得仪、秦故智。仪、秦学术善揣摸人情，无一些不中人肯綮①，故其说不能穷。仪、秦亦是窥见得良知妙用处，但用之于不善尔。"

【注释】

① 肯綮（qìng）：筋骨结合的地方，比喻要害处。

【译文】

先生说："苏秦、张仪的智谋，也是圣人的资质。后代的许多事业文章和豪杰名家，都只学到了张仪、苏秦的旧智慧。而苏秦、张仪的学术里，善于揣测人情，没有哪点不是说中了别人的要害，所以说他们的学问真是难以穷尽。张仪、苏秦也能看到良知的妙用处，只是没有把它们用在善上面。"

四十三

【原文】

或问"未发""已发"。

先生曰："只缘后儒将未发已发分说了。只得劈头说个无'未发''已发'，使人自思得之。若说有个'已发''未发'，听者依旧落在后儒见解。若真见得无未发已发，说个有未发已发，原不妨。原有个未发已发在。"

问曰："'未发'未尝不和。'已发'未尝不中。譬如钟声，未扣不付谓无，即扣不付谓有。毕竟有个扣与不扣，何如？"

先生曰："未扣时原是惊天动地。即扣时也只是寂天默地。"

【译文】

有人请教"未发"和"已发"的问题。

先生说："只因为后世儒生们已经把'未发'和'已发'分开来说了，所以，我只能说个没有未发、已发，让人们自己思考明白。因为如果我说有已发、未发，听的人就还是会沦落到后世儒生们的见解当中去。如果真的明白了根本没有什么未发、已发，再说有未发、已发，那也无妨。因为原本就是有未发和已发存在的。"

又问："未发，未尝不平和；已发，也未尝不中正。好比敲钟的声音，没有敲击的时候不能说它就不存在，而敲击了之后也不能说就有了。毕竟还是有个敲和没敲的区别。是这样的吗？"

先生说："没有敲的时候原来也是惊天动地的，敲打了之后，也同样是寂静的天地。"

四十四

【原文】

问："古人论性，各有异同，何者乃为定论？"

先生曰："性无定体，论亦无定体，有自本体上说者，有自发用上说者，有自源头上说者，有自流弊处说者。总而言之，只是一个性，但所见有浅深尔。若执定一边，便不是了。性之本体，原是无善、无恶的，发用上也原是可以为善、可以为不善的，其流弊也原是一定善、一定恶的。譬如眼，有喜时的眼，有怒时的眼，直视就是看的眼，微视就是觑的眼。总而言之，只是这个眼。若见得怒时眼，就说未尝有喜的眼，见得看时眼，就说未尝有觑的眼，皆是执定，就知是错。孟子说性，直从源头上说来，亦是说个大概如此。荀子性恶之说①，是从流弊上来，也未可尽说他不是。只是见得未精耳。众人则失了心之本体。"

问："孟子从源头上说性，要人用功在源头上明彻。荀子从流弊说性，功夫只在末流上救正，便费力了。"

先生曰："然。"

【注释】

① 荀子性恶之说：荀子主张性恶论，与孟子性善论相对立。《荀子·性恶》："人之性恶，其善者伪也。"

【译文】

有人问先生："古人谈论人性时，各有不同的说法，应该把哪种当成定论呢？"

先生说："人性没有固定的体，因此关于它的论述也没有定论。有从它的本体上谈论的，有从它的作用上说的，有从它的源头上谈论的，有从它的流弊上说的。总而言之，人性唯有一个，只是人们对它的见识有浅有深罢了。如果你执着在哪一个方面，就会出错。人性的本体，原来就是无善无恶的。而它的运用与流弊，也是有善有恶的。就好比眼睛，有喜悦时的眼睛；有发怒时的眼睛；直视的时候，就是在看的眼睛；偷看时，就是窥视的眼睛，等等。总而言之，还只是这一双眼睛。如果人们看见了发怒时的眼睛，就说从没有过喜悦的眼睛；看到直视时的眼睛，就说没有看到过偷窥的眼睛。这都是执着的表现，是错误的。孟子说人性，是直接从源头上来说的，也只不是说了个大概；荀子'性恶'之说，则是从它的流弊上说的，也不能完全说他不对，只是不够精全罢了。但是普通人却失去了心的本体。"

问的人说道："孟子从源头上说性，要求人们在源头要弄明白；而荀子则是从流弊上说性，功夫都用在末流上，以求费力补救。"

先生说："是这样的。"

四十五

【原文】

先生曰："用功到精处，愈著不得言语，说理愈难。若著意在精微上，全体功夫反蔽泥了。"

"杨慈湖^①不为无见，又著在无声无臭上见了。"

【注释】

①杨慈湖：杨简(1140～1226)，字敬仲，号慈湖，浙江慈溪人。陆九渊弟子，南宋哲学家，官至宝漠阁学士。

【译文】

先生说："功夫越到了精妙的地方，越不能用语言表达，说理就越困难。如果执意于在精妙的地方，全体的功夫反倒会被拘泥了。"

又说："杨慈湖并非没有自己的见解，只是他又执意于无声无臭上罢了。"

四十六

【原文】

"人一日间，古今世界都经过一番，只是人不见耳。夜气清明时，无视无听，无思无作，淡然平怀，就是羲皇世界。平旦时，神清气朗，雍雍穆穆，就是尧、舜世界；日中以前，礼岩交会，气象秩然，就是三代世界。日中以后，神气渐昏，往来杂扰，就是春秋、战国世界；渐渐昏夜，万物寝息，景象寂寥，就是人消物尽世界。学者信得良知过，不为气所乱，便常做个羲皇已上人。"

【译文】

"人在一天当中，就把古今的世界都经历了一遍，只是人们没有察觉。当夜气清明的时候，没有视觉和听觉，也没有思虑与行动，心怀平定淡然，这就是羲皇的世界；而清晨的时候，神清气朗，气息明朗，庄严肃穆，就是尧、舜时代的样子；到了中午之前，人们用礼仪交往，气度井然，就是夏、商、周三代时的状况；而到了正午之后，神气渐昏，人事往来繁乱，那就是春秋战国时的世界。待到渐渐进入了昏夜，万物都安息了，景象寂寥，就是人消物灭的世界了。学者只要信得过良知，不被气扰乱，就能时时都做个羲皇时代的人。"

四十七

【原文】

薛尚谦、邹谦之、马子莘、王汝止侍坐，因叹先生自征宁藩已来，天下谤议益众，请各言其故。有言先生功业势位日隆，天下忌之者日众；有言先生之学日明，故为宋儒争是非者亦日博；有言先生自南都以后，同志信从者日众，而四方排阻者日益力。

先生曰："诸君之言，信皆有之。但吾一段自知处，诸君俱未道及耳。"

诸友请问。

先生曰："我在南都以前，尚有些子乡愿的意思在。我今信得这良知真是真非。信手行去。更不着些覆藏。我方才做得个狂者的胸次。使天下之人都说我行不掩言也罢。"

尚谦出曰："信得此过，方是圣人的真血脉。"

【译文】

薛尚谦、邹守益、马子莘、王汝止在先生身边侍坐，众人慨叹先生自征伐平定藩王以后，天下的诋毁和非议也与日俱增，于是先生让他们各自谈一下当中的缘故。有的说，先生的功业权势日益显赫，因此天下人的嫉妒一天天变多了；也有的说先生的学说日益昌明于天下，所以替宋儒争是非对错的人也就日益变多了；有的说自打正德九年（1514）以后，志同道合的人当中相信先生学说的人越来越多，所以四方排阻的人也更加卖力了。

先生说："你们各位所说的原因，当然也很有可能是这样的，但我自己知道的一个方面，大家还没有提到。"

各位都向先生询问。

先生说："我在来南京以前，尚有一些当老好人的想法。但是现在，我确切地明白了良知的是非，只管去行动，再不用有什么隐藏。现在我才真正有了敢作敢为的胸襟。即便天下人全都说我言行不符，那也毫无关系了。"

薛尚谦站出来说："有这样的信念，才是圣人真正的血脉！"

四十八

【原文】

先生锻炼人处，一言之下，感人最深。

一日，王汝止出游归，先生问曰："游何见？"对曰："见满街人都是圣人。"先生曰："你看满街人是圣人，满街人倒看你是圣人在。"

又一日，董萝石出游而归，见先生曰："今日见一异事。"先生曰："何异？"对曰："见满街人都是圣人。"先生曰："此亦常事耳，何足为异？"盖汝止圭角未融，萝石恍见有悟，故问同答异，皆反其言而进之。

洪与黄正之、张叔谦、汝中丙戌会试归，为先生道涂中讲学，有信有不信。先生曰："你们拿一个圣人去与人讲学，人见圣人来，都怕走了，如何讲得行！须做得个愚夫、愚妇，方可与人讲学。"洪又言今日要见人品高下最易。先生曰："何以见之？"对曰："先生譬如泰山在前，有不知仰者，须是无目人。"先生曰："泰山不如平地大，平地有何可见？"先生一言蔚裁，剖破终年为外好高之病，在座者莫不悚惧。

【译文】

先生点化学生的时候，往往一句话，便能感人至深。

有一天，王汝止出游回来。先生问他说："你在外面游玩的时候看到了什么呢？"王汝止回答道："我看到满街的人都是圣人。"先生说："你看到满街人都是圣人的话，满街的人反过来看你也是圣人。"

又有一天，董萝石也出游回来。他见到先生便说："我今天看到一件奇怪的事。"先生说："什么奇怪的事？"他回答说："我看见满街人都是圣人。"先生说："这也只是寻常的事情而已，有什么值得奇怪的？"大概王汝止的棱角还没有磨去，而董萝石却早有省悟。所以虽然他们的问题相同，先生的回答却是不同的，先生是依照他们的话来启发他们。

钱德洪、黄正之、张叔谦、王汝中丙戌年（1526）的时候参加会试回来的路上，谈到先生的学说，有人相信，有人不相信。先生说："你们扛着一个圣人去给别人讲学，别人看到圣人来了，早就吓跑了，这还怎么讲？必须做个愚夫愚妇，才能够去给别人讲学。"

钱德洪又说，现在要看出人品的高低是很容易的。先生说："何以见得？"

钱洪答道："先生您就像是泰山，摆在眼前，只有那些有眼无珠的人才会不知道敬仰。"

先生说："但是泰山又比不上平地广阔，平地怎么发现呢？"先生这一句话，说破了我们终年好高骛远的毛病，在座的人无不有所警惧。

四十九

【原文】

癸未春，邹谦之来越问学，居数日，先生送别于浮峰。是夕与希渊诸友移舟宿延寿寺，秉烛夜坐，先生慨怅不已，曰："江涛烟柳，故人倏在百里外矣！"

一友问曰："先生何念谦之之深也？"先生曰："曾子所谓'以能问于不能，以多问于寡，有若无，实若虚，犯而不校'，若谦之者良近之矣。"

【译文】

明嘉靖二年（1523）春天，邹谦之到浙江来求学。住了几天，先生到浮峰为他送行。晚上的时候，先生与希渊等几位朋友，留宿在延寿寺，众人秉烛夜坐，先生感叹惆怅不已，说："江水滔滔，烟柳蒙蒙，谦之瞬间就到了百里之外的地方了。"

一位朋友便问："为什么先生对谦之的思念这么深切呢？"先生说："曾子说'以能问于不能，以多问于寡，有若无，实若虚，犯而不校'，这样的人，和谦之非常接近啊！"

五十

【原文】

丁亥年九月，先生起复，征思田，将命行时，德洪与汝中论学；汝中举先生教言："无善无恶是心之体，有善有恶是意之动，知善知恶是良知，为善去恶是格物。"

德洪曰："此意如何？"

汝中曰："此恐未是究竟话头。若说心体是无善、无恶，意亦是无善、无恶的意，知亦是无善、无恶的知，物亦是无善、无恶的物矣。若说意有善、恶，毕竟心体还有善、恶在。"

德洪曰："心体是'天命之性'，原是无善、无恶的。但人有习心，意念上见有善恶在，格、致、诚、正、修，此正是复那性体功夫，若原无善恶，功夫亦不消说矣。"

是夕侍坐天泉桥，各举，请正。

先生曰："我今将行，正要你们来讲破此意。二君之见，正好相资为用，不可各执一边。我这里接人，原有此二种。利根之人，直从本原上悟入，人心本体原是明莹无滞的，原是个未发之中。利根之人一悟本体即是功夫，人己内外一齐俱透了。其次不免有习心在，本体受蔽，故且教在意念上实落为善、去恶，功夫熟后，渣滓去得尽时，本体亦明尽了。汝中之见，是我这里接利根人的。德洪之见，是我这里为其次立法的。二君相取为用，则中人上下皆可引入于道。若各执一边，跟前便有失人，便于道体各有未尽。"

既而曰："已后与朋友讲学，切不可失了我的宗旨：'无善无恶是心之体，有善有恶是意之动，知善知恶是良知，为善去恶是格物。'只依我这话头随人指点，自没病痛，此原是彻上彻下功夫。利根之人，世亦难遇。本体功夫一悟尽透，此颜子、明道所不敢承当，岂可轻易望人。人有习心，不教他在良知上实用为善、去恶功夫，只去悬空想个本体，一切事为俱不著实，不过养成一个虚寂；此个病痛不是小小，不可不早说破。"

是日德洪、汝中俱有省。

【译文】

明嘉靖六年（1527）九月，先生重新被起用，再次奉命讨伐思恩（今广西武鸣县北）和田州（今广西田阳县北）。出征前，钱德洪和王汝中讨论先生的学问。汝中便引用先生的教诲说："无善无恶才是心之体，而有善有恶则是意的作用，知道善恶是良知，而为善去恶则叫格物。"

德洪说："你觉得这句话怎么样？"

汝中说："这句话恐怕还只是个引子，没有说全。如果说心的本体是无善无恶的，那么，意也应当是无善无恶的，知也应该是无善无恶的知，物也应该是无善无恶的物。如果说意有善恶之分，那还是因为心体终究是有善恶之分存在的。"

德洪说："心的本体是天生的性，本来就是无分善恶的。但是，人有受习性沾染的心，所以意念就有了善和恶。格物、致知、诚心、正意、修身，正是恢复心体的功夫。如果意本来就没有善恶，那么，谈功夫还有什么用呢？"

当晚，德洪和汝中在天泉桥坐在先生旁边侍坐，各人说了自己的看法，请先生来评判一下。

先生说："现在我将要走了，正要给你们来讲明白这一点。你们两位的见解，恰好能够相互补充利用，不能够偏执于一方。我这里引导人，原本就只有两种：资质高的人，便直接让他们从本源上去体悟，而人的本体原本就是晶莹无滞的，原本就是未发之中的。所以资质高的人，只要稍稍去体悟本心就是功夫了。人和己、内与外一齐都悟透了。而资质较差的另一种人，他们的心难免受到了沾染，本体便被蒙蔽了，因此便暂且教他们在意念上去踏实地用功。等行善去恶的功夫纯熟之后，渣滓清除干净之后，人的本体也就自然明亮清洁了。汝中的见解，是我用来开导聪慧的人的说法；而德洪的见解，则是用来教导资质较差的人的说法。如果你们两位能够互相补充借用，那么，资质中等的人就都能够被引入正途了。而如果你们两位都偏执于一个方面，那么眼下就会误导别人，对圣道也不能够穷尽。"

先生接着说："以后与朋友们一起讲学，万万不能抛弃了我的宗旨。'无善无恶是心之体，有善有恶是意之动，知善知恶是良知，为善去恶是格物。'只要根据我这句话，因人而教，自然会没有问题的，这本来就是贯通上下的工夫。资质高的人，世上很难遇到了。能将本体的功夫全都参透，这是连颜回、程颢也不敢自认的，又怎么敢随便对别人寄予这样的期望？人心受到了习性的沾染，如果不教导他在良知上切实地去下为善去恶的功夫，只去凭空想一个本体，对所有的事都不去切实地应对，只会养成虚空静寂的毛病。这个毛病可不是一件小事，所以，我不能不早跟你们说清楚。"

这一天，钱德洪和王汝中又有所省悟。

钱德洪附记

【原文】

先生初归越时，朋友踪迹尚寥落。既后四方来游者日进。癸未年已后，环先生而居者比屋。如天妃、光相诸刹，每当一室，常合食者数十人，夜无卧处，更相就席，歌声彻昏旦。南镇、禹穴、阳明洞诸山远近寺刹，徒足所到，无非同志游寓所在。先生每临讲座，前后左右环坐而听者，常不下数百人。送往迎来，月无虚日。至有在侍更岁，不能遍记其姓名者。每临别，先生常叹曰："君等虽别，不出天地间，苟同此志，吾亦可以忘形似矣。"诸生每听讲出门，未尝不跳跃称快。尝闻之同门先辈曰："南都以前，朋友众游者虽众，未有如在越之盛者。此虽讲学日久，信孚渐博。要亦先生之学日进。感召之机，申变无方，亦自有不同也。"

【译文】

先生刚开始回到绍兴的时候，来拜访的朋友还寥寥无几。后来，从四面八方来求学的人与日俱增。嘉靖二年（1523），与先生比邻而居的人也变多了。比如天妃、光相等古寺里，每间屋子里一起吃饭的都是几十个人，晚上都没有睡觉的地方，大家只能轮流睡觉，歌声通宵达旦。南镇、禹穴、阳明洞等，远近的寺庙里面，只要能够走到的地方，都是志同道合的求学者们在居住。先生每次来讲学，前后左右围坐的听众常常不下几百人。迎来送往，一个月当中没有一天是空闲的。甚至有人来这里听讲，就听了一年多，先生都不能完全记清楚他们的姓名。每次告别的时候，先生常常感叹地说："你们虽然与我分开了，但也在这个天地之间。如果我们有着共同的志向，我就算忘掉了你们的容貌也没有关系。"学生们每每听完讲出去的时候，没有不欢呼雀跃的。我曾听同门的长辈们说："来南京之前，虽然问学的朋友很多，但还是没有在绍兴的时候多。这固然是因为先生讲学的时间长了，获得的信任也就更多了，但主要还是在于先生的学说与日俱进，感化学生的时机和开导学生的方法，都能够应用自如，所以效果也自然有所不同了。"